KB036806

Coding as a Playground

Authorised translation from the English language edition published by Routledge,
a member of the Taylor & Francis Group LLC

Korean language edition © 2018 by Davinchihouse
Korean translation rights arranged with TAYLOR & FRANCIS GROUP,
LLC through EntersKorea Agency, Ltd., Seoul, Korea

아이들이 즐겁게 코딩하면서 컴퓨팅 사고를 키우는 곳

Coding as a Playground

코딩 플레이그라운드

아이들이 즐겁게 코딩하면서 컴퓨팅 사고를 키우는 곳

코딩 플레이그라운드

펴낸날 2018년 11월 30일 1판 1쇄

지은이 Marina Umaschi Bers(마리나 유머시 버스)
옮긴이 곽소아 · 장윤재
펴낸이 김영선
교정·교열 이교숙, 남은영
경영지원 최은정
디자인 현애정
일러스트 @daj_lab
마케팅 PAGE ONE 강용구
홍보 김범식

펴낸곳 (주)다빈치하우스-미디어숲
주소 경기도 고양시 일산서구 고양대로632번길 60, 207호
전화 (02)323-7234
팩스 (02)323-0253
홈페이지 www.mfbook.co.kr
이메일 dhhard@naver.com (원고투고)
출판등록번호 제2-2767호

값 19,800원
ISBN 979-11-5874-043-6

- 미디어숲은 (주)다빈치하우스의 출판브랜드입니다.
- 잘못된 책은 바꾸어 드립니다.

이 도서의 국립중앙도서관 출판예정도서목록(CIP)은 서지정보유통지원시스템 홈페이지(http://seoji.nl.go.kr)와
국가자료공동목록시스템(http://www.nl.go.kr/kolisnet)에서
이용하실 수 있습니다.(CIP제어번호: CIP2018032164)

아이들이 즐겁게 코딩하면서 컴퓨팅 사고를 키우는 곳

Coding as a Playground
코딩 플레이그라운드

Marina Umaschi Bers(마리나 유머시 버스) 지음

곽소아 · 장윤재 옮김

미디어숲

추천사

이 책은 어린아이들에게 놀이를 통해 컴퓨팅 사고력을 향상시킬 수 있는 실질적인 방법을 소개합니다. 저자는 최초의 어린이를 위한 프로그래밍 언어인 로고를 만든 시모어 페퍼트의 제자로 페퍼트 교수님의 컴퓨팅 교육에 대한 철학을 어린아이들에게 어떻게 가르칠 수 있는지 잘 보여주고 있습니다. 이 책은 따라 하기 식의 코딩교육이나 기능 위주의 SW 교육을 탈피하고 싶은 교육자들에게 중요한 지표가 될 것입니다.

- 김수환 -

총신대학교 교수

한국컴퓨터교육학회 이사

CT교사연구회 운영

세계는 지금 코딩 교육 열풍이 불고 있습니다. 그러나 어린아이들을 위한 코딩 교육의 지침서가 없어서 아쉬웠습니다. 이 책은 유아 및 아동이 재미있게 사용할 수 있는 프로그래밍 도구를 소개합니다. 그리고 따라 하기 식의 단순한 프로그래밍 도구 사용법 학습이 아닌 컴퓨팅 사고를 향상시킬 수 있는 프로젝트 기반의 활동을 담고 있는 좋은 책이라 생각됩니다.

- 정인기 -

춘천교육대학교 교수

한국비버챌린지위원회 초등소위원회 위원장

코딩열풍 속에서 수많은 코딩 관련 책이 시중에 나와 있지만, 적어도 이 책은 한 가지 점에서 차별화됩니다. 이 책에는 코딩교육에 대한 섣부른 해답이 아닌 진지한 고민이 진하게 깔려 있습니다. 이 책을 읽는 독자라면 누구나 무엇이 코딩교육이며, 어떻게 하는 것이 올바른 코딩교육인가에 관한 대화의 장에 어느덧 참여하고 있는 자기 자신을 발견하게 될 것입니다. 이 책이 초대하는 대화의 장에서 독자들은 코딩교육을 통해서 길러내고자 하는 컴퓨팅 사고의 실체를 느끼게 될 것으로 확신합니다.

- 정혜진 -

고려대 정보창의연구소 연구교수 역임

수원여대 유아교육과 조교수 역임

(현)국민대 교육학과 조교수

코딩은 고전 문학이나 고전 음악에 감동받은 작가가 새로운 작품을 창작하는 것과 같습니다. 문학과 예술은 개인의 영감과 체험을 공유하는 놀이로서 오픈소스의 개념이 반영되어 있습니다. 이제 시대를 지나 코딩이라는 새로운 창작 놀이터에서 오픈소스 운동이 활발해졌습니다. 이 책 역시 유아 코딩 교육에 대한 저자의 오랜 연구와 실험을 통해 창작된 커리큘럼을 공유하는 오픈소스의 정신을 유감없이 발휘하고 있습니다. 코딩은 유아 및 아동만이 아니라 컴퓨터를 사용하여 교육, 창작, 연구를 하는 전문가는 물론 공부하는 학생들에게도 아주 좋은 '놀이터'가 될 것입니다,

- 김호동 -

동양미래대학교 로봇자동화공학부 교수 역임

(현)서울예술대학교 영상학부 디지털아트전공 교수

(현)교육부 대한민국인재상 중앙심사위원회 대학분과 위원장

컴퓨팅 사고력과 코딩에 대한 관심과 필요성이 높아지면서 수많은 도구와 자료들이 넘쳐나고 있습니다. 많은 사람들이 어떤 것을 어떤 순서로 배워야 할지 궁금해합니다. 당장 쉬운 배움을 원하는 사람들에게 이 책은 조금 불친절할 수 있습니다. 왜냐하면 이 책은 특정한 도구의 사용법을 알려주는 것이 아니라, 오늘날의 코딩 교육과 그 주변에 깔린 문화의 맥락을 이야기하고 그 맥락 안에서 연구한 과정을 이야기하기 때문입니다. 그래서 많은 책들이 달을 가리키는 손가락에 집중할 때, 이 책은 달에 대해서 다시금 생각하게 합니다. 이 책을 통해 코딩 교육이 결코 최근에 생긴 기술적 도구 위주의 유행이 아닌 인류 보편의 리터러시로서 컴퓨터 역사와 함께 진화해왔다는 것을 이해하는 첫걸음이 되길 기대합니다.

- 김승범 -

서울예술대학교 디지털아트과 겸임교수

미디어아티스트

중등 정보교과서 집필진(2015 개정 교육과정, 천재교과서)

풍부한 사례를 통해 교육에 적용할 아이디어뿐만 아니라 컴퓨팅 사고에 관한 생각을 깊게 이해할 수 있는 도움계단이 되어주는 책. 학습과 발달을 위한 놀이가 아니라 놀이를 통한 학습과 발달이 어떻게 가능할지 고민할 때, 저자의 '놀이터 대 놀이 울타리' 은유가 마음에 걸려 자꾸 곱씹어 보게 됩니다. 그러면서 우리 현실에 적합한 방법 또는 우리의 현실을 변화시킬 새로운 방법을 스스로 구성하는 주체가 되었으면 좋겠다는 바람과 정해지지 않은 불확실하고 모호한 지점으로 나아가 볼 자극과 용기를 얻기도 했어요. 교육 현장에서의 변화는 역시 불편함을 환대할 때, 뭔가 시도해보면서 배울 때 비로소 일어나기 시작하리라 생각합니다.

- 최승준 -

한미유치원 설립자, 미디어아티스트

우리 교육 과정에 코딩이 등장하면서 학생과 학부모들은 막연한 두려움 때문에 사교육 시장으로 내몰리고 있습니다. 코딩은 우리 아이들의 미래를 가로막는 벽이 되어서는 안 됩니다. 이 책은 숨 쉬는 것처럼 익숙하고, 재미있는 코딩, 더 나아가 미래를 바꾸는 이 시대 어린아이들의 놀이가 곧 코딩이라는 점을 잘 보여줍니다. 여러분도 코딩 플레이그라운드를 통해 두려움에서 벗어나보세요.

- 윤일규 -

고려대학교 컴퓨터교육학 박사

소프트웨어교육으로 널리 세상을 이롭게 하고 싶은 연구원

처음 책 제목을 읽고 단순히 '코딩'에 대한 책이라고 생각했습니다. 그러나 책장을 한 장씩 넘기다보니 '교육의 미래'를 이야기하는 책이라는 사실을 알게 되었습니다. 모두에게 일독을 권하고 싶지만 특별히 아이들을 가르치는 선생님들께 꼭 읽어보시길 권하고 싶습니다.

- 송석리-

한성과학고등학교 정보교사

코딩은 창의적인 활동입니다. 그리고 유아기에 즐겁게 경험한 코딩은 무한한 창조로 이어질 수 있습니다. 4차 산업혁명으로 AI(인공지능)가 많은 것을 대체하는 시대를 살아갈 우리 아이들에게 코딩 경험은 반드시 필요합니다. 이 책은 아이들에게 코딩을 어떻게 가르칠 것인가를 잘 알려줍니다.

- 김미숙-

고려대학교 서울캠퍼스 어린이집 원장

공대생들조차 딱딱하게 여기던 코딩이라는 단어가 이제는 어린아이들에게까지 자연스럽게 다가온 것 같습니다. 아이들이 '영어'라는 언어를 익히듯 교육용 프로그래밍 도구를 통해 '코딩'이라는 컴퓨터 언어를 접할 수 있다는 것이 매우 흥미로웠습니다. 교사로서 컴퓨팅 사고를 이해하고 가르칠 수 있다는 것도 새로이 알게 되었습니다. 이 책을 통해 아이들의 논리적인 사고 및 문제해결력을 효과적으로 향상시킬 수 있는 방법을 알게 되어 기쁩니다. 아이들이 자신이 원하는 방향으로 프로그래밍하며 즐거워할 모습을 상상하니 벌써부터 기대가 됩니다.

- 김소희-

고려대학교 서울캠퍼스 어린이집 교사 -

어린아이들이 코딩을 하면서 스스로 문제를 해결하고, 그 과정에서 생각하는 방법을 터득할 수 있다는 점이 인상 깊었습니다. 특히 아이들이 코딩을 즐거운 놀이로 경험하고, 그 과정에서 생각의 깊이를 키워주기 위해서는 교사나 학부모가 교육 환경을 잘 구성하는 것이 중요하다고 강조합니다. 늘 새로운 교육 방법을 고민하는 교사로서, 이 책을 활용하여 코딩 교육에 도전해보고 싶습니다.

- 김아름 -

고려대학교 서울캠퍼스 어린이집 교사

컴퓨터와 스마트폰 없이는 살아갈 수 없는 아이들에게 부모 세대인 우리는 어떻게 대처해야 할까요? 유아들에게 컴퓨터 프로그램을 경험하게 하는 게 가능한 일일까요? 그리고 옳은 일일까요? 이 책은 코딩 교육의 의미를 근본적으로 되짚으며, 동시에 아이들이 컴퓨터 언어를 배우는 과정을 구체적인 방법과 사례로 제시함으로써 막연한 두려움이 아닌 새로운 시각에서 코딩을 바라보게 합니다.

- 박성완 -

여섯 살 희엘, 세 살 가엘 두 아이의 엄마, 유아미술교육 전문가

Coding

as a Playground

일러두기

ex) 플레이풀 인벤션 컴퍼니PICO의[1]의 숫자는 옮긴이의 글 주석 번호입니다.

뒤쪽 (옮긴이 주: 217 ~ 225쪽)을 참조바랍니다.

차례

추천사 · 8

시작하며 · 17

옮긴이의 글 · 18

이 책을 소개합니다 · 20

21세기 아이들의 놀이터 · 24
재미있는 코딩 놀이터 · 28
어린 시절의 코딩 · 29

PART I 어떻게 코딩을 가르칠 것인가

1장 프로그래밍 언어의 유래 · 36

페퍼트의 구성주의 · 42

2장 코딩으로 읽고 쓰다 · 45

문자 리터러시와 컴퓨터 리터러시 · 48 표현 매체로서 코딩 · 51
리터러시의 강력한 힘 · 54 리터러시 기술 · 56

3장 아이 수준에 맞는 프로그래밍 언어 · 58

먼 미래에도 코딩이 필요할까요? · 61 아이들을 위한 프로그래밍 언어 · 65
데이지를 이용하여 제어 구조 탐험하기 · 66
시퀀싱으로 구현하는 비봇 · 67 그림 그리는 거북이 · 69

4장 코딩은 아이들의 놀이터 · 72

놀이와 코딩을 접목하라 · 74　신체 놀이가 되기도 하는 코딩 · 78

PART II 아이들에게 필요한 컴퓨팅 사고력

5장 컴퓨팅 사고는 무엇일까 · 82

표현으로서의 컴퓨팅 사고력 · 85　스템, 그 이상을 위해 · 89

컴퓨팅 사고와 코딩 · 90

6장 아이들을 위한 코딩 커리큘럼 · 93

알고리즘 · 94　모듈화 · 95　제어 구조 · 95　재현 · 96

하드웨어와 소프트웨어 · 97　디자인 절차 · 99　디버깅 · 100

놀이하듯 가르치는 코딩 커리큘럼 · 103

7장 코딩하기 · 109

어린 디자이너를 위한 첫걸음 · 116　어린 디자이너를 위한 도구 · 117

아이들이 주도하는 코딩 · 119

8장 아이들의 성장을 돕는 코딩 · 121

콘텐츠 창작과 역량 · 124　창의력과 자신감 · 125

행동 선택 & 성격 · 126　의사소통과 연결 · 128

협업과 배려 · 130　커뮤니티 만들기 · 132

아이들을 위한 새로운 언어

9장 디지털 놀이터, 스크래치 주니어 · 136

코딩 도구 · 139 스크래치 주니어의 탄생 · 148
전 세계에서 사용 중인 스크래치 주니어 · 153 스크린 위의 놀이터 · 154

10장 아이들의 친구, 키보 로봇 · 159

키보를 위한 도구 · 162 키보의 탄생 · 173 복잡성과 단순성 · 177
세상 밖으로 나온 키보 · 179 다양한 곳에서 활약하는 키보 · 181
키보와 PTD · 182 싱가포르의 교육 사례 · 185

11장 프로그래밍 언어 개발을 위한 원칙 · 189

발달적 이정표 · 190 커리큘럼 연결성 · 192 기술적 인프라 · 193
멘토링 모델 · 193 다양성 · 194 사용자 수 · 195 사용자 커뮤니티 · 196
디자인 프로세스 · 196 접근 환경 · 197 제도적 맥락 · 198

12장 아이들에게 코딩을 재미있게 가르치는 방법 · 199

아이들을 위한 커리큘럼 개발하기 · 201

끝내며 · 208

감사의 말씀 · 212

저자 소개 · 215

옮긴이 주 · 217

참고문헌 · 226

시작하며

이 책의 목적은 아이들이 직접 컴퓨터 프로그래머가 되어 컴퓨팅 사고computational thinking를 경험하게 하는 데 있습니다. 아이들은 이러한 과정을 통해 인지적·정서적 능력은 물론 사회성을 키울 수 있습니다. 이 책을 읽는 여러분은 아이들이 코딩을 통해 소비자가 아닌 생산자로서 아주 즐거운 경험을 하는 모습을 볼 수 있을 것입니다.

그리고 코딩이 어떠한 방법으로 아이들의 발달에 적절한 경험(문제해결, 상상, 인지적 도전, 사회적 상호작용, 신체 운동기술 계발, 정서적 탐구, 그리고 서로 다른 다양한 선택 등)을 제공하는지도 확인하게 될 것입니다. 뿐만 아니라 여러분은 코딩을 다양한 분야의 커리큘럼에 통합시키는 방법도 알게 될 것입니다. 프로젝트 기반의 코딩활동은 아이들이 문학, 수학, 과학, 기술, 그리고 예술 분야의 학습에서 성취감을 느끼도록 도와줍니다.

이 책의 저자인 마리나 유머시 버스는 터프츠대학교Tufts University의 엘리엇-피어슨 아동학 및 인간 발달학과 교수이자 컴퓨터과학과의 겸임교수이기도 합니다. 그녀는 터프츠대학교에서 발달테크놀로지연구그룹Developmental Technologies Research Group을 이끌고 있으며, 아이들의 바람직한 발달을 촉진하기 위한 새로운 학습 기술을 중점적으로 연구하고 있습니다.

마리나는 매사추세츠공과대학교MIT 미디어랩Media Lab의 미첼 레스닉Mitchel Resnick 교수, 플레이풀 인벤션 컴퍼니PICO의[1] 폴라 본타Paula Bonta와 함께 공동으로 스크래치 주니어Scratchjr[2] 프로그래밍 언어를 개발했습니다. 그녀는 만 4~7세의 아이들을 위해 로보틱스 플랫폼인 키보KIBO3도 개발하였습니다. 키보에는 별도의 스크린 화면이 필요 없습니다. 아이들은 키보의 나무 블록을 가지고 놀면서 프로그래밍과 공학적 개념을 배우고, 예술적인 공예품을 만들기도 합니다.

옮긴이의 글

최근 몇 년 사이에 국내외를 불문하고 코딩 교육에 대한 관심과 참여가 매우 높아졌습니다. 우리나라는 2015년에 개정된 국가 수준의 교육 과정을 통해 초등학교 5~6학년은 2019년부터, 중학생과 고등학생은 2018년부터 정보 교과를 통해 코딩을 배우게 됩니다. 특히 모든 초등학생과 중학생은 코딩을 필수로 배우게 됩니다. 이제는 미국, 영국 등 주요 국가들을 중심으로 취학 전 어린아이들에게도 코딩을 가르치기 위해 다양한 노력을 하고 있습니다.

코딩 교육은 무엇일까요?

왜 어린아이들도 코딩을 배워야 할까요?

아이들에게 무엇을 어떻게 가르쳐야 할까요?

컴퓨터과학 분야의 유명한 학자이자 객체 지향 프로그래밍과 사용자 인터페이스(GUI) 분야의 선구자로 알려진 앨런 케이Alan Kay는 컴퓨터가 대중화되기도 전에 어린아이들을 위한 컴퓨터에 대한 비전을 제시하였습니다. 비전 속의 어린아이들은 컴퓨터를 이용하여 함께 그림을 그리기도 하고 궁금한 현상을 시뮬레이션 하면서 원리를 탐구해보기도 하며, 서로의 아이디어를 표현하고 전달하는 도구로 활용하였습니다. 이런 과정은 선생님이 가르쳐주는 것이 아니라 어린아이들이 스스로 배우거나 서로 배워가면서 사용하는 것이었습니다. 앨런 케이의 생각은 브루너, 피아제, 페퍼트 등 당대의 학자들과 교류하면서 더욱 확장되었습니다. 특히 어린이를 위한 컴퓨터 교육에 대한 아이디어는 대부분 페퍼트에서 비롯되었다고 말했습니다. 그의 생각은 틀린 것일까요? 그의 생각은 실현하기 어려운 몽상에 불가할까요? 어쩌면 어른들이 어린아이들의 잠재력을 무시하고 있는 것은 아닐까요?

이러한 고민을

코딩을 가르치는 선생님, 코딩 교육을 준비하는 예비 선생님,

그리고 아이에게 코딩을 가르치고자 하는 학부모님 들과도 나누고 싶습니다.

이 책은 우리의 고민을 이끌어줄 주요 관점들을 제시하고 있습니다.

우리는 아이들이 삶을 스스로 온전히 살아갈 수 있도록 이끌어주어야 합니다.

디지털 네이티브로 살아가는 아이들에게 코딩은 새로운 리터러시이자 놀이터입니다.

아이들이 즐겁게 코딩하며 자신을 표현하고, 다른 사람들과 소통하며, 주요 발달 과업을 이룰 수 있도록 이끌어주고 싶습니다.

사랑하는 아들 지우, 그리고 많은 아이들이 코딩 놀이터에서 즐겁게 코딩하며 건강히 자라나기를 기대해봅니다.

2018년 가을

곽소아, 장윤재

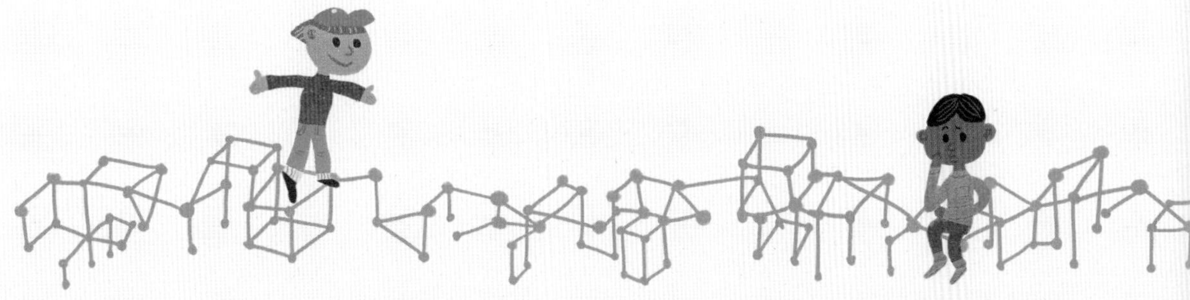

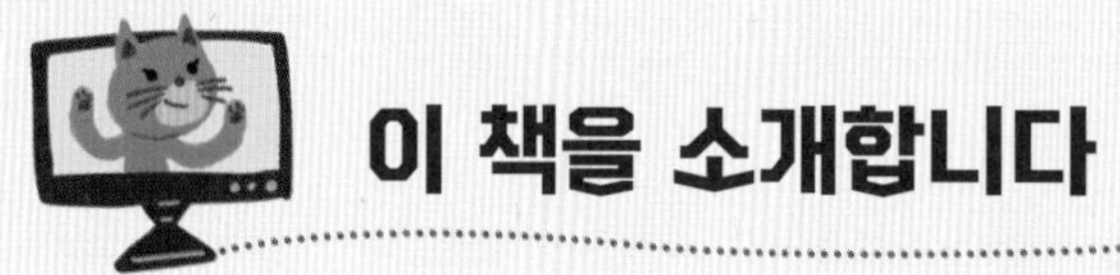

이 책을 소개합니다

올해 5살이 된 리아나는 유치원 교실 안에서 아이패드를 보며 앉아 있습니다. 꽤 집중하고 있네요. 가끔씩 몸을 '씰룩' 하고 움직이기도 합니다. 그러다 갑자기 누군가를 향해 소리를 지릅니다. "내 고양이 좀 봐! 내 고양이 좀 보세요!" 리아나는 자신이 직접 만든 애니메이션을 보게 되어 매우 기뻐합니다. 스크래치 주니어로 스크린 화면에 고양이 캐릭터를 보이게 했다가 사라지게 하는 프로그램을 만든 것입니다. 고양이는 무려 10번이나 나타났다 사라지기를 반복합니다.

리아나는 그래픽으로 표현된 프로그래밍 블록들을 연속으로 조합했습니다. 그중에서 보라색 형태 블록LOOK BLOCK을 조금 더 신중히 조합했습니다. 리아나는 아직 글을 읽을 수는 없지만, 이러한 스크래치 주니어 프로그래밍 블록들이 고양이 캐릭터를 나타내거나 숨길 수 있다는 것을 알고 있습니다. 그녀는 고양이 캐릭터의 행동을 직접 제어할 수 있습니다. 명령어 블록들을 연속으로 알맞게 조합하면 고양이 캐릭터가 스크린 화면에서 몇 번이나 나타났다 사라지게 할 수 있습니다.

5살인 리아나는 또래 아이들과 마찬가지로 프로그래밍 블록들을 길게 붙이고 싶어 합니다. 리아나는 결국 프로그래밍 공간이 부족해질 때까지 10개의 블록들을 이어 붙여서 긴 스크립트를 작성합니다. 이내 선생님이 리아나의 흥분된 목소리를 듣고 달려갑니다.

"선생님, 제가 만든 애니메이션이에요!" 리아나는 매우 자랑스러운 표정으로 선생님께 직접 만든 프로젝트를 보여주었어요. "제가 만들었어요! 이 고양이 좀 보세요. 고양이가 나타났다가 사라지고, 다시 나타났다가 사라지고, 또 나타났다가 사라져요! 몇 번이나요! 여기 좀 보세요!"

리아나는 스크래치 주니어 인터페이스에서 녹색 깃발이 그려진 블록을 클릭해서 애니메

이션을 재생합니다. 이때 선생님이 리아나에게 물어봅니다. "고양이가 몇 번이나 나타났다가 사라지나요?" 리아나는 "10번이요" 하고 대답합니다.

"선생님, 제가 프로그래밍 공간을 다 썼어요. 그런데 고양이가 10번보다 더 많이 나타났다가 사라지게 하고 싶어요." 선생님은 리아나에게 "반복Repeat"이라고 쓰인 주황색 긴 블록을 보여주었어요. 이 블록은 반복되는 루프loop 안에 다른 블록들을 끼워 넣어 사용합니다. 이후 반복 블록을 실행시키면 루프 안에 있는 명령어를 프로그래머가 결정한 횟수만큼 몇 번이고 반복 실행합니다.

리아나는 보라색 블록과 주황색 블록이 조금 다르다는 것을 알게 됩니다. 보라색 블록은 형태 블록에 속하지만, 주황색 블록은 제어 블록CONTROL BLOCK에 속합니다. 리아나는 몇 번의 시행착오 끝에 주황색인 반복 블록 안에 보라색인 보이기Show와 숨기기Hide 블록을 끼워 넣어 새로운 조합을 만들어냅니다. 리아나는 반복 블록 안에 보라색 블록 하나를 끼워 넣을 수 있으며, 반복 횟수는 자신에게 가장 크다고 생각하는 숫자까지 지정할 수 있습니다. 리아나는 반복 횟수로 99를 지정하고, 녹색 깃발을 클릭하여 애니메이션을 실행합니다.

그러자 고양이 캐릭터가 계속해서 스크린 화면에 나타났다가 사라집니다. 잠시 후 리아나는 애니메이션 보는 것이 지루해집니다. 리아나는 애니메이션 실행을 멈추고, 먼저 작성한 프로그래밍 코드로 돌아가서 반복 횟수를 '20'으로 변경합니다.〈그림 0.1〉

리아나는 자신이 선택하고 조합한 명령어 블록들이 화면에서 어떻게 동작되는지를 이해했습니다. 그리고 프로그래밍 블록들을 연속적으로 조합하여 고양이 캐릭터가 나타나고 사라지는 복잡한 동작을 완성하였습니다.

〈그림 0.1〉 리아나가 스크래치 주니어로 만든 'Disappearing Kitten' 프로그램.

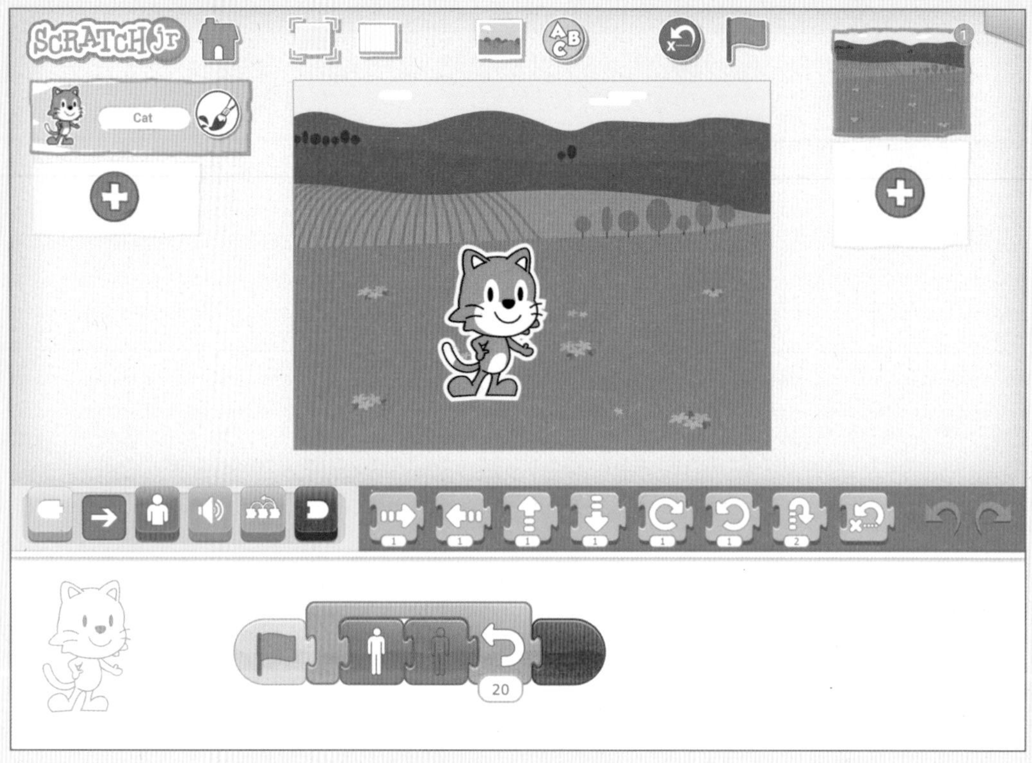

고양이 캐릭터가 스크린 화면에 나타났다 사라지기를 20회 반복하는 것으로 프로그램이 완성되었습니다.

리아나는 프로그래밍 블록들을 논리적으로 정확하게 조합하였습니다. 이전 수학 시간에 배운 패턴의 개념들을 시도하고, 적용하기도 했습니다. 그 과정에서 프로그램을 성공적으로 완성하기 위한 블록들을 알게 되었고, 루프와 매개변수의 개념에 대해서도 배웠습니다.

리아나는 문제해결 과정에 몰입하였으며, 자신의 관심 분야에 놀라운 집중을 보였습니다. 전체 재생 시간이 아주 긴 고양이 애니메이션을 만드는 과정에 말입니다. 리아나는 자신만의 독창적인 아이디어로 프로젝트를 완성하였을 뿐 아니라, 자신이 좋아하는 주제를 반영하여 최종 산출물을 만들어냈습니다.

리아나는 완성된 프로젝트를 다른 사람들에게 보여주는 것을 자랑스러워했습니다. 그리고 완성된 프로젝트가 기대에 못 미쳤을 경우에도 코드를 수정할 수 있다는 사실에 몹시 흥미로워 했지요. 또 셈과 숫자 감각에 대한 수학적 아이디어를 활용하기도 했습니다. 리아나는 반복 블록에 입력한 숫자 99를 숫자 20으로 변경하여 고양이 캐릭터가 화면에서 나타났다가 사라지는 횟수를 줄였습니다.

리아나가 사용한 스크래치 주니어는 유아들을 위해 특별히 개발된 프로그래밍 언어로, 데스크톱뿐만 아니라 태블릿에 무료로 다운받아서 사용할 수 있습니다. (2018년 7월 현재, iOS 또는 안드로이드가 설치된 장치, 크롬 OS가 설치된 장치에서만 사용할 수 있다-옮긴이)

스크래치 주니어는 제가 소속한 터프츠대학교의 발달테크놀로지연구그룹 연구진과 미첼 레스닉 교수가 이끄는 매사추세츠공과대학 미디어랩의 평생 유치원 연구진, 플레이풀 인벤션 컴퍼니의 폴라 본타와 브라이언 실버맨Brian Silverman 등 많은 사람들이 협력하여 개발했습니다. 지금까지 전 세계 6백만 명이 넘는 아이들이 스크래치 주니어를 사용하여 자신의 프로젝트를 만들었습니다.

리아나의 선생님은 유치원 교실에서 아이들이 스크래치 주니어를 자유롭게 사용하고, 자신만의 프로젝트를 만들 수 있는 기회를 주었습니다. 리아나는 매우 기뻐하며 스크래치 주니어 프로그래밍에 열중했습니다. 그녀는 고양이 캐릭터가 자신이 원하는 대로 움직일 때까지 결코 포기하지 않았습니다.

리아나는 이러한 과정에 열심히 참여하였고 정말 좋아했습니다. 그녀는 새로운 것을 배우는 것을 즐겼고, 완전히 몰입하였습니다. 리아나에게는 문제해결 과정보다 컴퓨팅 사고를 계발하는 것이 더 중요합니다. 즉 코딩으로 자신의 생각을 표현하기 위해서는 관련 개념들을 이해하고, 필요한 기능들을 익히며, 스스로 생각하는 방법을 연습해야 합니다.

이 책은 유아들에게 코딩이 어떠한 의미가 있는지를 소개합니다. 특히 아이들이 직접 프로그래머가 되어 컴퓨터과학자처럼 생각함으로써 얻을 수 있는 발달 과업developmental milestones과 학습 경험에 중점을 둡니다.

코딩은 아이들이 기술을 단지 사용하는 것에 그치지 않고 기술을 이용하여 새로운 것을 만드는 생산자가 되도록 돕습니다. 아이들은 자신만의 영화 또는 애니메이션, 인터랙티브 게임, 스토리 프로젝트 등을 만들 수 있습니다. 코딩은 문제해결 과정을 경험하고 프로그래밍 개념과 기능을 익히는 인지적 활동만을 이끌지 않습니다. 아이들은 코딩을 통해 자신의 정서적 사회활동에도 참여하게 됩니다.

리아나는 자신의 프로젝트에 몰입하여 디버깅debugging[4]하고, 프로젝트를 완성하였습니다. 그리고 혼자 힘으로 해내었다는 것을 매우 자랑스럽게 생각하였지요. 리아나가 완성한 "고양이 애니메이션"은 리아나의 개인적 성향을 잘 보여줍니다. 리아나는 애니메이션 영화를 좋아하며 자신만의 작품 만들기를 매우 좋아합니다.

스크래치 주니어와 같은 프로그래밍 언어들은 우리가 필요로 하고 원하는 것, 새로운 발견과 좌절, 꿈과 일상의 모든 것을 표현할 수 있게 합니다. 영어, 스페인어 또는 일본어 등의 여느 자연어가 그러한 것처럼요. 우리는 프로그래밍 언어의 구문과 문법을 배울 필요가 있습니다. 그리고 프로그래밍 언어 학습에 시간을 들일수록 더욱 유창하게 구사할 수 있게 되지요.

우리는 실제로 다양한 언어들을 배우고 있습니다. 사랑에 대한 시를 쓰기 위해, 슈퍼마켓에 가기 전에 쇼핑 목록을 만들기 위해, 학술 에세이를 쓰기 위해, 피자를 주문하기 위해, 사적인 모임에서 정치적 사건들을 논쟁하기 위해 등등 서로 다른 목적으로 새로운 언어들을 배워 왔습니다.

언어는 우리가 새로운 방식으로 생각하고 소통하는 데 도움을 줍니다. 새로운 언어를 유창하게 사용하게 되면, 새로운 언어로 꿈도 꾸게 됩니다.

21세기 아이들의 놀이터

프로그래밍 언어는 고유한 표현 방식을 지원하는 인터페이스를 가지고 있습니다. 리아나가 스크래치 주니어로 프로젝트를 완성한 것처럼 화면에서 코딩을 하거나 다른 물리적 환경에서도 코딩을 할 수 있습니다. 예를 들어, 터프츠대학의 발달테크놀로지연구그룹에서 개발한 키보 로봇은 화면 없이 명령어 코드를 작성합니다.

키보는 못 또는 구멍이 있는 나무 블록들을 직접 손으로 연결하여 프로그래밍합니다. 각각의 나무 블록들은 키보의 명령어를 표현합니다. 직진하기, 흔들기, 박수 기다리기, 불 켜기, '삐-' 소리내기 등등.

마야와 나탄이 키보를 어떻게 사용하는지 살펴볼까요? 유치원생인 두 아이가 키보 로보틱스 프로젝트에 참여하고 있습니다. 마야는 키보가 '〈호키포키Hokey-Pokey〉 노래에 맞춰 춤을 추도록 하기 위해 명령어 블록을 고르고 있습니다. 마야는 초록색 "시작BEGIN" 블록으로 명령어 조합을 시작하고, 빨간색 "끝END" 블록으로 끝마칩니다.

이제 중간에 들어갈 블록을 선택해야 합니다. 그런데 마야는 선생님이 가르쳐준 〈호키포키〉 노래를 잊어버렸습니다. 막막해하는 마야에게 친구 나탄이 〈호키포키〉 노래를 다시 불러줍니다.

다 같이 로봇을 안에 넣고
로봇을 밖으로 빼고
로봇을 안에 넣고
힘껏 흔들어, 손들고 Hokey Pokey
하며 빙빙 돌면서 즐겁게 춤추자~

마야는 노래를 부르며 노래 가사에 맞춰 블록을 선택하고 순서대로 조합하기 시작합니다.

시작 블록 : "로봇을 안에 넣고,"
전진하기 블록(FORWARD Block) : "로봇을 밖으로 빼고,"
후진하기 블록(BACKWARD Block) : "로봇을 안에 넣고,"
시작 블록 : "힘껏 흔들어."

마야가 갑자기 블록 조립하는 것을 멈추고 나탄에게 "'호키포키' 블록이 없어!" 하고 말합니다. 그러자 나탄이 "그런 블록은 없어~. 우리가 직접 만들어야 해. 대신에 파란색과 빨간색 불을 켜보자. 우리만의 호키포키 동작을 만드는 거지!"

마야는 친구 나탄에게 머리를 끄덕이며, 파란색 불 켜기BLUE LIGHT ON 블록과 빨간색 불 켜기RED LIGHT ON 블록을 추가합니다. 그리고 "즐겁게 춤추자~" 부분을 표현하기 위해 흔들기

SHAKE, 돌기SPIN, 그리고 '삐-' 소리내기BEEP 블록을 추가합니다.

마야와 나탄은 다시 노래를 부르며 필요한 블록들이 모두 포함되었는지 살펴봅니다. 그리고 키보의 전원을 켜서 완성된 프로그램을 테스트해봅니다. 키보의 스캐너에 빨간 불이 깜빡이면 로봇이 나무 블록에 프린팅되어 있는 바코드를 스캔할 준비가 된 것입니다.〈그림 0.2〉 마야는 키보의 스캐너를 "키보의 입"이라고 부르네요.

〈그림 0.2〉 호키포키 프로그램을 스캔하는 키보 로봇.

키보의 동작은 '시작하기, 전진하기, 후진하기, 전진하기, 흔들기, 돌기, 끝내기' 순으로 실행됩니다.

나탄은 블록을 하나씩 차례대로 스캔합니다. 그런데 너무 빨리 다음 블록들을 스캔하느라 "빨간색 불 켜기" 블록을 건너뛰네요. 마야가 이를 지적하고 스캔을 다시 시작합니다. 아이들은 키보 로봇이 호키포키 춤을 추는 것을 빨리 보고 싶어 합니다. "자~ 하나, 둘, 셋! 하면 노래를 시작하겠습니다" 하고 마야가 나탄에게 말했습니다.

나탄이 노래를 하고, 키보와 마야는 호키포키 춤을 춥니다. 그런데 키보가 너무 빨리 춤을 추네요. 마야가 나탄에게 "좀 더 빨리 노래해봐" 하고 말합니다. 나탄은 이전보다 더 빨리 노래를 해보지만, 키보의 춤 동작을 따라가기엔 역부족입니다.

"마야, 안 되겠어! 키보의 춤추는 속도에 맞춰 빨리 노래하기가 힘들어." 나탄이 말합니다.

잠시 골똘히 고민하던 마야에게 아이디어가 떠올랐습니다. 마야는 키보의 움직임을 느리게 재생하기 위해 각 동작의 블록을 두 개씩 연결합니다. 예를 들어, "로봇을 안에 넣고" 부분에서 전진하기 블록을 하나가 아닌 두 개를 조합합니다. 이후 동작들도 같은 방법으로 두 개씩 연결합니다.

나탄이 다시 노래를 시작합니다. 이번에는 키보가 나탄의 노래에 맞춰 춤을 춥니다. 나탄과 마야 모두 박수를 치며 몸을 흔들고, 위아래로 점프하기 시작합니다.

리아나가 스크래치 주니어로 고양이 애니메이션을 만들었던 것처럼, 나탄과 마야도 키보를 프로그래밍하는 과정에서 일련의 순서와 절차, 알고리즘적 사고, 문제해결과 같은 컴퓨터과학의 핵심 내용과 기술을 경험했습니다. 뿐만 아니라 유치원에서 배우는 '판단, 예측, 숫자 세기'와 같은 수학적 개념들을 탐구하고 적용하였습니다. 나탄과 마야가 서로를 도와서 문제를 함께 해결하기도 했지요.

> 어린아이들이 이미 집에서도 스크린에 너무 많이 노출되어 있습니다. 아이들은 학교에 가서 스템〔STEM, 과학(Science), 기술(Technology), 공학(Engineering), 수학(Math)〕[5] 교육을 통해 새로운 개념과 기술을 배우고 싶어 합니다. 그러나 저는 아이들이 STEM 못지않게 중요한 것들을 배우길 바랍니다. 다른 친구들과 어울려 지내고 서로 협력하는 방법 말이에요. 저는 아이들이 스크린 화면이 아니라 서로를 바라보며 함께 배우기를 바랍니다. 그런 점에서 키보는 완벽합니다. —마리사, 유치원 교사

유치원 교사 마리사는 과학기술 동아리 활동에서 키보를 가지고 진행합니다. 그녀는 아이들에게 각 모둠별로 키보 로봇이 춤을 추도록 프로그래밍을 하고, 완성된 춤을 소개하는 시간을 줍니다. 이 시간에는 누구든지 일어서서 키보와 함께 춤을 출 수 있습니다. 이내 교실 안에는 아이들의 웃음과 박수소리가 가득해집니다.

이 시간에는 신체 활동, 사회화 활동, 언어발달 학습, 문제해결 및 창조적인 놀이가 모두 포함됩니다. 재미있는 활동들이지요. 아이들은 코딩 수업을 듣는 것이 아니라 놀이터에서 노는 것처럼 느낍니다.

이 책의 저자인 마리나 유머시 버스는 이전 연구에서 유아기에 경험하는 새로운 기술의 역할을 논의하기 위해 "놀이터 대 놀이 울타리playground vs. playpen"라는 은유를 만들었습니다 (Bers, 2012).

코딩은 아이들에게 놀이터가 될 수 있습니다. 아이들은 코딩 놀이터에서 창의적인 생각을 하고, 자신의 생각을 표현하고, 혼자 또는 친구들과 함께 탐험하며, 새로운 기능들을 배우고, 다양한 문제들을 해결합니다. 그리고 이 모든 것들을 즐거운 놀이로 경험할 수 있습니다.

재미있는 코딩 놀이터

놀이터는 아이들에게 개방된 공간입니다. 반면, 놀이 울타리[6]는 아이들의 놀이 공간을 일정 부분 제한합니다. 놀이터는 상상력과 창의력을 불러일으킵니다.

"놀이터 대 놀이 울타리"라는 은유는 어린이들의 발달 수준에 적절한 경험인지를 가늠하는 데 도움이 됩니다. 프로그래밍 언어와 같은 새로운 테크놀로지는 어린이들이 문제해결, 상상력, 인지적 도전, 사회적 상호작용, 신체 운동기능 발달, 감각적 탐구, 그리고 다양한 의사결정을 경험하는 기회를 줍니다.

개방된 놀이터와는 달리, 놀이 울타리에서는 어린이들이 대담한 시도를 할 자유, 자율적으로 탐험할 수 있는 기회, 창의성을 발현할 기회, 위험을 감수하는 경험 등을 충분히 누리지 못합니다. 비록 놀이 울타리가 놀이터보다 더 안전하지만, 놀이터는 아이들이 성장하고 학습하는 데 필요한 무한한 가능성을 제공합니다. 이 책은 놀이터로서 코딩 활동에 중점을 둡니다.

코딩을 하는 데 프로그래밍 언어의 종류는 그리 중요치 않습니다. 우리가 스페인어, 영어 또는 북경어와 같은 다양한 언어를 구사하여 자신을 표현하는 것처럼 말입니다.

리아나는 스크래치 주니어로 만든 애니메이션 영화에서 고양이 캐릭터를 나오게 했다가 숨겼습니다. 마야와 나탄은 키보의 나무 블록을 사용하여 로봇이 호키포키 춤을 추도록 프로그래밍하였습니다. 아이들은 각자 프로그래머, 프로듀서, 그리고 제작자가 되어 자신만의 프로젝트를 완성하였습니다. 이 책의 뒷부분에는 스크래치 주니어와 키보에 대해 더욱 자세히 소개합니다. 그리고 어린이들을 위한 컴퓨터과학이 가진 잠재력에 대해 논의해봅니다.

이 책은 코딩을 즐겁게 접근하는 방법을 소개합니다. 어린아이들에게 제한을 주는 놀이 울타리가 아닌, 무한한 가능성을 주는 놀이터로서 코딩을 보여줍니다.

독자 여러분, 이 즐거운 여정을 통해 컴퓨팅 사고의 역할과 코딩과의 관계도 함께 생각해 봐요.

어린 시절의 코딩

코딩에 대한 새로운 바람이 불기 시작했습니다. 지난 2014년, 미국의 오바마 대통령은 처음으로 공식 행사에서 한 줄짜리 코드를 작성했습니다.[7] 오바마 정부는 미국 초·중등 교육 수준을 한 단계 끌어올리기 위해 '모두를 위한 컴퓨터과학' 계획을 추진했습니다.

최근 몇 년간 변화된 연구와 정책들을 살펴보면, 코딩에 새로운 초점이 맞춰진 것을 확인할 수 있습니다. 이 책을 쓰는 시점에서, 유럽의 12개국에서는 코딩을 국가 차원, 지방정부 차원, 지역사회 차원 등의 정규 교육 과정에 통합시키고 있습니다. 오스트리아, 불가리아, 체코 공화국, 덴마크, 에스토니아, 프랑스, 헝가리, 아일랜드, 이스라엘, 리투아니아, 몰타, 스페인, 폴란드, 포르투갈, 슬로바키아 그리고 영국 등이 해당됩니다.

유럽 이외에 호주, 싱가포르에서도 K-12(유치원부터 고등학교까지-옮긴이) 교육 과정에 과학기술과 컴퓨터 프로그래밍을 도입하기 위한 구체적인 정책과 기본적인 제도를 확립했습니다. 미국은 다른 국가들에 비해 뒤처져 있습니다. 미국 내 평균 4개 학교 중 1개 학교에서 컴퓨터과학을 가르치며, 약 32개 주에서만 고등학생들이 컴퓨터과학 교과를 이수하여 졸업합니다.[8] 현재 컴퓨터과학 교과가 개설된 32개 주들 중에서도 고등학교 3학년(K12)을 위한 표준 교육 과정을 마련한 주는 오직 7개에 불과합니다.[9]

지난 2013~2015년 사이, 전 세계 198개국, 약 182백만 명의 초·중·고 학생들이 '코딩 시간Hour of Code'을 수료했습니다.[10] 지난 2015년 1월에는 전 세계인이 코딩 시간을 이수한 총 누적 시간이 1억 시간에 도달하였습니다. 코딩 시간이 역사상 가장 규모가 큰 코딩 교육 캠페인이 된 것이지요.[11]

뿐만 아니라, 온라인 스크래치 프로그래밍 커뮤니티(https://scratch.mit.edu/)는 8세 이상의 어린 창작자들을 위한 것으로, 2016년 기준으로 총 18,345,991개의 프로젝트가 공유되었습니다.[12] 코드 닷 오알지(Code.org, https://code.org/)는 학교에서도 프로그래밍을 가르치고, 컴퓨터과학을 다양한 분야에 적용하고 통합하는 것을 전 세계적으로 독려하는 비영리단체입니다. 코드 닷 오알지에 따르면 미국의 스템 분야의 새로운 직업 중 약 71%가 컴퓨팅 관련 분야입니다. 그러나 스템 교육을 받은 졸업생의 약 8%만이 컴퓨터과학 관련 직업에 종사하고 있습니다. 이러한 차이는 조기 교육의 중요성을 시사합니다.

대부분의 직종에서 코더(Coder, 이 책에서는 코더(Coder)와 프로그래머(Programmer)를 혼용해서 사용합니다. 코더 또는 프로그래머를 프로그램을 개발하는 사람을 통칭하는 용어로 이해하면 됩니다. - 옮긴이)[13]를 필요로 하며, 이러한 사회적 요구가 점점 증가하고 있습니다. 미국의 노동 통계청은 2014년부터 2024년까지 컴퓨터와 정보과학기술 분야의 직업에서 고용률이 약 12% 증가할 것으로 예측했습니다. 그리고 향후 20년 동안 컴퓨터와 정보과학기술 분야에서 약 488,500여 개의 새로운 일자리가 추가될 것으로 예상하였으며, 그 어떤 직업군들보다도 가장 급격한 증가를 보일 것으로 예측하였습니다.

그러나 이 책은 새로운 노동 인력을 키우기 위한 방안으로 코딩 교육을 강조하려는 것은 아닙니다. 이 책에서는 코딩을 21세기의 새로운 리터러시(literacy, 글을 읽고 쓰는 능력)로 바라보고자 합니다.

리터러시로서의 코딩은 생각하는 방법과 소통하는 방법, 그리고 아이디어를 표현하는 방식을 새롭게 변화시킵니다. 뿐만 아니라 코딩은 우리가 의사결정 과정과 시민단체에 참여할 수 있도록 새로운 방법을 제시해줍니다.

지난 역사를 통해서, 그리고 현재의 개발도상국들을 살펴보면, 읽고 쓸 수 없는 사람들은 권력의 구조에서 배제됩니다. 읽고 쓸 수 없는 사람들의 목소리는 우리 사회 어디서도 들을 수 없습니다. 코드code를 작성할 수 없는 사람들도 마찬가지일까요? 컴퓨팅 사고를 할 수 없는 사람들도 그러할까요?

우리는 아이들에게 읽고 쓸 수 있도록 가르칩니다. 그러나 모든 아이들이 전문적인 글을 쓰는 작가로 성장하기를 기대하지는 않습니다. 문자를 읽고 쓰는 능력인 리터러시는 어느 누구에게나 중요한 기술이자 지식 습득을 위한 도구입니다. 코딩도 마찬가지입니다.

저는 모든 아이들이 소프트웨어 엔지니어 또는 프로그래머로 성장하기를 바라지 않습니다. 그러나 모든 아이들이 단순히 디지털 콘텐츠를 소비하는 것이 아니라 직접 디지털 콘텐츠를 만들 수 있는 생산자가 되었으면 합니다. 즉, 모든 아이들이 컴퓨터 문해력computational literacy을 키울 수 있기를 바랍니다.

지금까지는 코딩 교육이 주로 고학년을 대상으로 대규모로 계획되었지만, 최근에 어린아이들을 위한 코딩 교육이 새롭게 시도되고 있습니다. 지난 2016년 4월, 백악관은 정책 입안자, 산업계 및 교육자를 초청하여 어린아이들을 위한 스템 교육을 계획하였습니다. 저 역시 해당 행사에 초청되어 코딩과 컴퓨팅 사고의 중요성에 대해 논의하였습니다. 관련 내용은 백악관 심포지엄 영상에서 확인할 수 있습니다.[14]

영국에서는 유아 교육 과정에도 코딩을 포함하도록 커리큘럼을 개정했습니다. 싱가포르는 전국의 유치원에 키보 로봇을 제공하는 '플레이 메이커Play Maker' 계획을 실시하고 있습니다. 관련 내용은 이 책의 10장에서 자세히 다룹니다.

스크래치 주니어 또는 키보와 같은 새로운 프로그래밍 인터페이스가 개발되면서 많은 연구자들이 컴퓨팅의 조기 경험을 권장합니다. 스템 교육 과정을 배운 학생들과 어린 시절에 프로그래밍을 배운 아이들은 일반 아이들보다 스템 분야의 직업에 대한 성性 고정관념이 더 적고, 과학기술 분야로 더욱 쉽게 진출한다는 연구 결과가 있습니다. 사회 경제와 국가 경쟁력 측면에서도 효율적입니다. 이후의 교육보다 적은 비용을 들이고도 교육의 효과를 낼 수 있으며, 이를 오래 지속할 수 있기 때문입니다.

미국의 국가 연구 보고서인 "배움을 향한 열정Eager to Learn, 2001"과 "뉴런에서부터 공동체까지From Neurons to Neighborhoods, 2002"에서는 '학생들이 향후에 성공적으로 학업 성취를 하기 위해서는 초기 학습 경험이 중요하다'는 내용을 포함하고 있습니다.

예를 들어, 초등학교 1학년 아이들 중에서 읽기 능력이 좋은 아이들은 초등학교에 입학하기 오래전부터 읽기와 관련된 기초 능력들을 형성하였으며, 1학년 말까지 읽기 능력에 문제가 있거나 이를 향상시키지 못한 아이들은 학교 교육 전 과정에 걸쳐 학업 성취에 실패할 확률이 매우 높은 것으로 나타났습니다. 코딩도 조기 교육, 초기 학습 경험이 중요할까요?

어린아이들에게 코딩을 가르치는 것은 사회 경제적 관점에서도 효율적이지만, 아이들의 인지적 성취에도 도움이 될 수 있습니다. 최근 급증하는 컴퓨팅 관련 직종의 요구에 부응하기 위해서는 일찍부터 프로그래밍을 가르쳐야 합니다.

그러나 어린아이들에게 코딩을 가르쳐야 하는 가장 중요한 이유는 바로 코딩은 리터러시이기 때문입니다. 즉, 코딩은 아이들이 체계적으로 생각하고, 생각을 표현하며, 다른 친구들과 함께 소통하는 데 필요한 언어이기 때문에 가르쳐야 합니다. 아이들은 코딩을 하는 동안 더 나은 문제해결자, 수학자, 기술자, 스토리텔러, 발명가, 그리고 협력자가 되는 방법을 배웁니다.

아이들은 일련의 순서가 있는 간단한 프로그램을 만드는 과정에서 개인적 기술과 사회적 기술을 습득하고 더욱 발전시킵니다. 앞서 소개한 리아나가 고양이 캐릭터를 스크린 화면에서 보이고 숨기기를 반복하는 애니메이션을 완성한 것처럼, 마야와 나탄이 서로 힘을 합쳐 키보 로봇이 호키포키 춤을 추도록 한 것처럼 말입니다.

코딩의 컴퓨팅 사고는 서로 밀접하게 연결되고 서로를 강화합니다. 코딩은 명령어들을 일련의 순서대로 조합하는 것, 그리고 예상대로 프로그램이 실행되지 않을 때 디버깅하거나 문제를 해결하는 모든 과정을 포함합니다. (여기에서 코딩은 명사가 아닌 동사이며, 시간이 지남에 따라 발현되는 것을 의미합니다. - 옮긴이).[15] 이러한 일련의 과정에서 아이들은 컴퓨터과학의 핵심과 컴퓨팅 사고를 경험합니다.

컴퓨터과학의 핵심과 컴퓨팅 사고를 계발하기 위해서는 코딩만이 유일한 방법일까요? 절대 그렇지 않습니다. 어린아이들은 단순한 게임, 노래, 춤 등으로도 컴퓨터과학의 핵심과 컴퓨팅 사고를 경험하고 발전시킬 수 있습니다.

그러나 이 책에서는 모든 아이들이 컴퓨팅 사고를 계발하기 위해서는 코딩을 해야 한다고 말하고 싶습니다. 아이들의 놀이를 제한하는 놀이 울타리 관점이 아닌, 아이들에게 무한한 가능성과 기회를 주는 놀이터로서의 코딩을 강조합니다. 이 책은 세 부분으로 구성됩니다.

Part Ⅰ: 어떻게 코딩을 가르칠 것인가

Part Ⅱ: 아이들에게 필요한 컴퓨팅 사고력

Part Ⅲ: 아이들을 위한 새로운 언어

이 책에는 관련 연구들의 결과, 이론적 근거, 기술적 설계, 권장하는 커리큘럼, 그리고 연구에 참여한 아이들과 교사들의 사례들이 두루 포함되어 있습니다. 이러한 자료들을 통해 독자 여러분들 스스로가 어린아이들의 발달 단계에 적절한 코딩 방법들을 생각해낼 수 있도록 도울 것입니다. 어린아이들이 마치 놀이터에서 노는 것처럼 코딩하는 방법을요.

최근 유아 교육에서 코딩 및 컴퓨팅 사고를 도입하기 위한 새로운 시도가 늘고 있습니다. 아울러 새로운 기준과 프레임워크, 새로운 프로그래밍 언어와 인터페이스들이 함께 개발되고 있습니다. 그러나 어린아이들을 위한 컴퓨터 프로그래밍은 즐거운 놀이와 창의적 활동, 사회적·정서적 성장을 함께 이끌어줄 수 있어야 합니다.

코딩은 기술적 스킬을 한데 모아놓은 것이 아니라
새로운 리터러시이자 자신을 표현하는 새로운 방식입니다.
코딩을 배우는 것은 일반적인 글쓰기 방법을 배우는 것처럼
우리 모두에게 매우 가치 있는 일입니다.
코딩은 자신의 아이디어를 구성하고, 표현하며, 공유하는 새로운 방식입니다.

레스닉 & 시겔

어떻게 코딩을 가르칠 것인가

프로그래밍 언어의 유래

1969년, 신시아 솔로몬과 매사추세츠공과대학MIT의 시모어 페퍼트는 보스턴 외곽의 렉싱턴에 위치한 무제이 주니어Muzzey Jr. 고등학교에서 프로그래밍을 가르쳤습니다. 당시에는 "프로그래밍"이 굉장히 생소한 단어였고, 프로그래밍의 의미 역시 알려진 게 거의 없었습니다. 심지어 프로그래밍 수업이 진행되는 교실 안에 컴퓨터도 없었습니다. 프로그래밍 수업이 진행되는 교실에는 타이핑 기계와 유사한 텔레타이프만이 몇 대 놓여 있을 뿐이었습니다.

〈그림 1.1〉 텔레타이프 실제 모습[16]

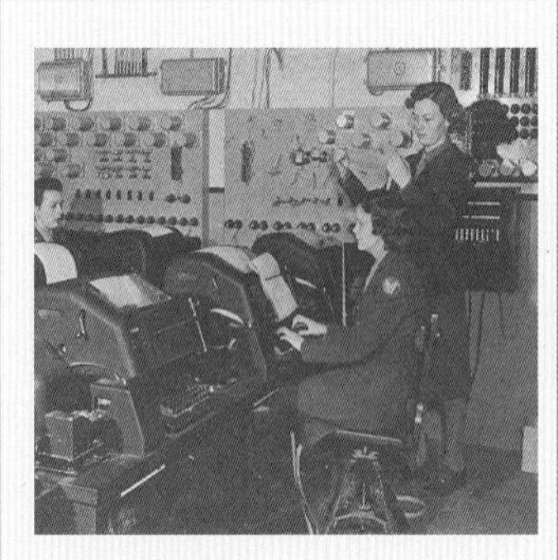		
제2차 세계대전 중 텔레타이프 기계를 사용하는 모습.	펀치 테이프 판독기와 펀치가 있는 텔레타이프 모델 Teletype Model 33 ASR. 터미널terminal로도 사용가능.	텔레 프린터로 표현한 예술.

학생들이 교실에서 작성한 프로그램에 대한 정보는 BBN연구실에 있는 PDP-1Programmed Data Processor-1 컴퓨터에 전달되었습니다. PDP-1 컴퓨터는 최초의 상업용 컴퓨터 중 하나이며 로고LOGO 프로그래밍을 위한 전용 시분할 시스템timeshared system을 지원하였습니다.

학생들은 텔레타이프의 터미널Teletype Terminal[17] 환경에서 프로그래밍 작업을 저장하고 필요한 정보를 검색했습니다.

〈그림 1.2〉 PDP-1 컴퓨터의 실제 모습[18]

왼쪽부터 CRT디스플레이, PDP-1 컴퓨터, 타자기.

PDP-1 컴퓨터는 값이 매우 비싸고 크기도 거대했지만, 1996 포켓 오거나이저pocket organizer와 맞먹는 컴퓨팅 파워를 가지고 있었고 메모리를 다소 적게 사용했습니다. 그리고 천공카드punched paper를 사용하여 정보를 저장했습니다.

〈그림 1.3〉 천공카드와 데이터 처리 모습[19]

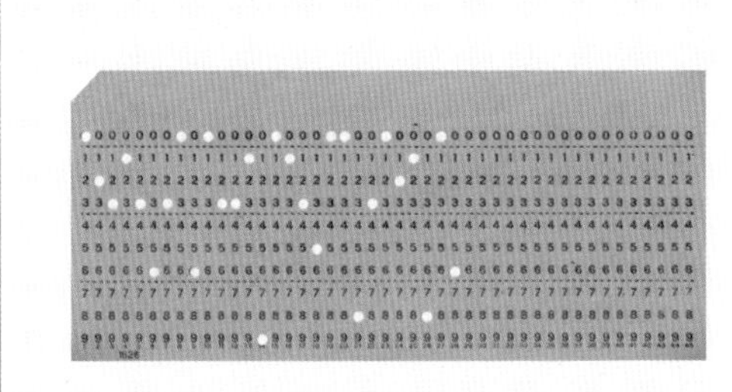	
천공카드에 구멍을 뚫어 정보를 표시한 모습.	컴퓨터 역사 박물관에 소장된 PDP-1 컴퓨터가 천공카드를 읽어 들이는 모습. ※ 영상 보기: http://www.computerhistory.org/pdp-1/800

당시 PDP-1 컴퓨터의 기본 모델은 12만 달러에 판매되었습니다. 현재 시가로 약 95만 달러, 한화로는 약 10억 원이지요. 이러한 시대적 상황에서도, 무제이 주니어 고등학교의 학생들은 프로그래머가 되기 위해 PDP-1 컴퓨터를 배웠답니다.

신시아 솔로몬은 고등학생들에게 "명령어 문장을 작성하여 수학 퀴즈를 직접 만드는 방법"을 가르쳤습니다. 이러한 학습 활동은 향후 어린이들을 위한 프로그래밍 언어인 로고[20]의 시초가 되었습니다.

매사추세츠공과대학의 시모어 페퍼트, BBN연구소의 월리 퍼지그와 다니엘 밥로우는 수많은 연구진들과 함께 아이들을 위한 리스프LISP[21] 프로그래밍 언어들을 연구하였습니다. 오랜 기간 연구한 결과, 리스프 프로그래밍 언어가 다양한 버전으로 개발되었습니다.

〈그림 1.4〉 LISP 프로그래밍 작성 예시[22]

LISP Programming Language. Lesson 1

Introduction

Lisp is a family of computer programming languages with a long history. Developed first as an abstract notation for recursive functions, it later became the favored language of artificial intelligence research during the fields heyday in the 1970s and 1980s. Lisp languages are today used in a number of fields, from Web development to finance [1], and are also commonin computer science education.

John McCarthy (born September 4, 1927, in Boston, Massachusetts), is a prominent computer scientist who received Turing Award in 1971 for his major contributions to the field of artificial intelligence. In fact, he was responsible for the coining of the term "artifical intelligence", which he did at the Dartmouth Conference in 1955.

History

Lisp was invented by John McCarthy in 1958 while he was at MIT. McCarthy publishedits design a paper in Communications of the ACM in 1960, entitled "Recursive Functions of Symbolic Expressions and Their Computation by Machine, Part I". (Part II was never published.) He showed that with a couple of simple operators and a notation for functions (See minimal lisp below) you can build a whole programming language.

Example

```
(defun factorial (n)
  (if (<= n 1)
    1
    (* n (factorial (- n 1))))
```

[1] http://alu.clikinet/IndustryApplication

팩토리얼 함수 계산식을 LISP 프로그래밍 언어로 작성한 모습.

시모어 페퍼트와 마빈 민스키는 매사추세츠공과대학의 인공지능연구소에서 LISP 프로그래밍 언어 연구를 이끌었습니다. LISP는 인공지능을 구현하는 데에도 사용되었습니다.

1969년에는 시모어 페퍼트를 중심으로 로고 연구 그룹이 결성되었습니다. 연구진은 로고의 새로운 버전을 개발할 때마다 학교에서 아이들에게 로고를 직접 가르치고 수업 활동을 관찰하였습니다. 그리고 관찰한 내용들을 기록하였습니다. 이러한 접근은 전통적인 피아제 학파의 영향을 받은 것으로, 매사추세츠공과대학에서 이 메모들을 한데 모아 공식 문서로도 발간하였습니다.

> 1970~1971년, 우리는 실제로 바닥을 기어 다니는 거북이와 컴퓨터 화면에서 움직이는 거북이를 모두 만났답니다. —신시아 솔로몬

로고 개발 연구에 참여했던 신시아 솔로몬은 위와 같이 회상하였습니다.

로고는 최초로 아이들을 위해 개발한 프로그래밍 언어입니다. 로고 프로그래밍 언어는 실제로 바닥을 기어 다니는 거북이와 컴퓨터 화면상의 거북이의 움직임을 모두 제어할 수 있습니다. 컴퓨터의 터미널 시스템에 실제 거북이 로봇을 연결한 후에 거북이의 움직임을 제어하였습니다. 여러 명의 아이들이 함께 거북이 로봇을 제어하기 위해서는 로고 프로그램에서 지원하는 4개의 터미널 시스템을 번갈아 사용하였습니다.

〈그림 1.5〉 바닥을 기어 다니는 로고 거북이[23]

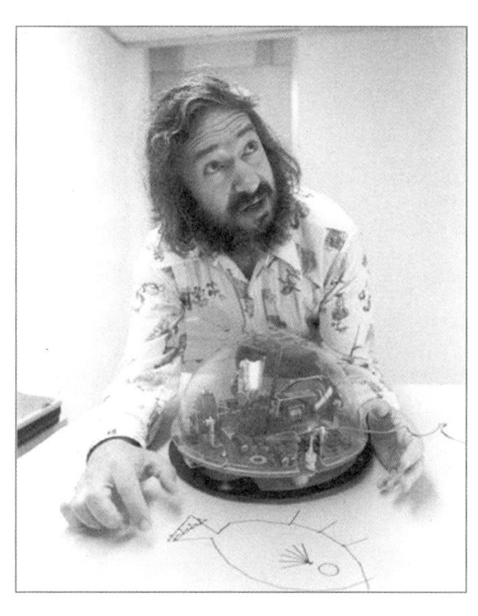

로고 거북이와 시무어 페퍼트.

아이들은 로고를 사용하여 스토리를 작성하거나 객체 (예를 들어, 거북이)를 프로그래밍하여 그림 그리기, 주변 환경 탐색하기, 음악 만들고 연주하기 등의 활동을 할 수 있습니다. 1970년대 초, 문제해결을 비롯한 창의적인 표현 도구로써 아이들을 위한 프로그래밍 언

어가 처음으로 개발된 것입니다.

수학으로 박사 학위를 받았던 시모어 페퍼트[24]는 로고를 이용한 수학적 아이디어를 탐구에도 적용했습니다. 시모어 페퍼트는 로고의 두 가지 서로 다른 인터페이스의 장점을 깨달았습니다. 컴퓨터의 스크린 화면에서 움직이는 가상의 거북이와 실제로 바닥을 기어 다니는 거북이 모두의 가치와 장점을 잘 알고 있었습니다. 바닥을 기어 다니는 거북이는 수십 년 후에 레고LEGO 사와 매사추세츠공과대학 간의 파트너십을 통해 레고 마인드스톰[25]으로 진화합니다. 로고의 거북이 프로그램은 지금껏 다양한 버전으로 개발되어 (예를 들어, Terrapin Logo, Turtle Logo, Kinderlogo) 유료 또는 무료로 배포되었습니다.

로고에 기하학의 원리도 적용되었습니다. 아이들이 거북이의 움직임을 프로그래밍하면, 거북이 객체가 펜을 들고 그림을 그렸습니다. 거북이 기하학 작품을 만들어낸 것이지요.〈그림 1.6〉

〈그림 1.6〉 테라핀 고로를 사용하여 완성한 '거북이 기하학'

코드 작성 예시 : Repeat 44 [fd 77 lt 17 repeat 17 [fd 66 rt 49]].

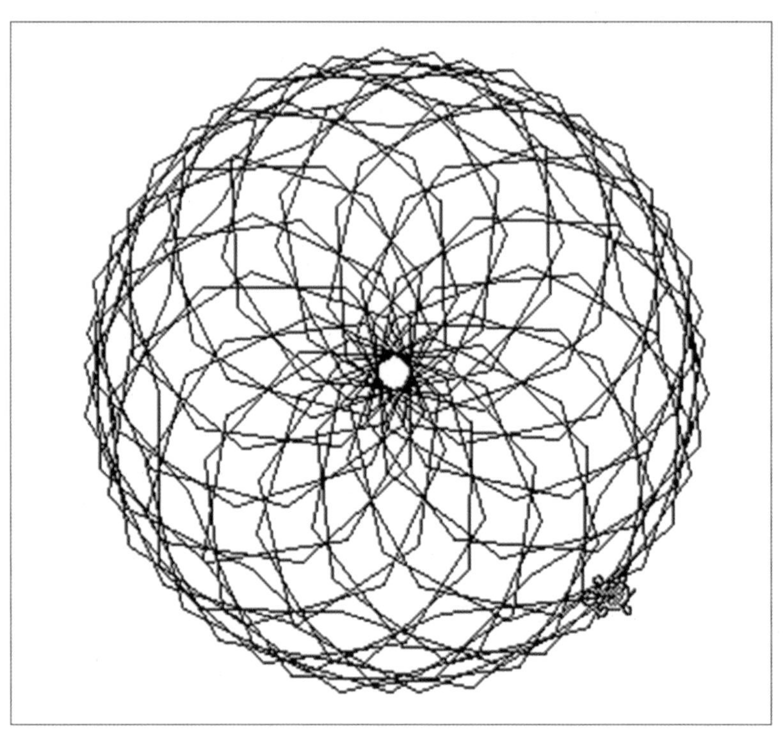

아이들은 거북이 객체를 통해 다양한 크기의 정사각형, 직사각형 또는 원을 그리면서 자연스럽게 각도의 개념을 탐구합니다. 또한 코딩을 통해 수학적 개념과 원리를 다양한 방법으로 표현하면서 수학을 재미있게 배웁니다. 시모어 페퍼트와 연구진은 어린아이들도 코드 작성하는 방법을 배우길 원했습니다. 어리다고 해도 코딩을 통해 창작자가 될 수 있으니까요.

"전진하기 60, 오른쪽으로 회전하기 90"

만약 여러분이 거북이를 이용하여 정사각형 도형을 그린다면, 위와 같은 절차를 몇 번이나 반복해야 할까요? 만약 직사각형을 그리려면 위의 로고 명령어를 어떻게 수정해야 할까요?

아이들은 로고 프로그래밍을 하는 과정에서 이러한 질문들을 고려하여 다양한 문제들을 해결합니다.

그러나 로고는 아이들이 각도를 계산하는 데 집중하기보다는 아름다운 도형을 창작하도록 하는 데 중점을 두었습니다. 아이들은 자신이 원하는 로고 프로젝트를 완성하기 위해 수학적 지식을 활용하였지만, 여기에 그치지 않았습니다. 아이들은 로고 프로젝트를 수행하는 과정에서 수학의 원리와 개념을 유용하고, 창의적으로 표현하는 관점을 길렀습니다.

로고의 교육 사례들은 컴퓨팅 파워를 교육에 적용하고자 했던 초기 연구자들에게 많은 것을 일깨워 주었습니다. 특히 프로그래밍은 아이들이 흥미 있어 하는 분야에서 뭔가를 만들 수 있는 능력과도 관계가 있다는 것을요. 연구자들은 그림 그리기, 스토리텔링, 게임, 음악 등 다양한 표현 도구들을 개발하고 지원했습니다. 이로써 프로그래밍은 다양한 표현의 수단이 되었습니다.

아마 과거의 연구자들에게는 스템(STEM : 과학(Science), 기술(Technology), 공학(Engineering), 수학(Math)) 분야에 코딩을 접목하는 아이디어가 굉장히 획기적으로 느껴질 것입니다. 스템 교육은 아이들에게 해당 분야의 주요 기능과 지식들을 알려주는 데 그치지만, 프로그래밍은 아이들이 코딩하는 것 이상의 것들을 경험하게 해줍니다. 아이들은 프로그래밍을 통해 나를 표현하고 다른 사람들과 소통하는 경험을 합니다.

페퍼트의 구성주의

90년대 후반, 저는 시모어 페퍼트가 소속된 매사추세츠공과대학 미디어랩의 박사 과정 학생이었습니다. 당시 로고 프로그래밍 언어가 가진 '표현의 잠재력'을 학교 현장에 널리 전하기 위해 준비하고 있었습니다. 그러나 교사들 대부분은 창의력과 개인적인 표현의 도구로써 로고를 간과하고, 전통적인 교수법으로 가르쳤습니다. 이 때문에 연구진들은 농담 삼아 시모어 페퍼트를 로고 로봇 박스 안에 넣고 싶어 했습니다. 페퍼트가 로고 박스 안에 숨어 있다가 교사나 학생들이 필요할 때마다 나와서 도움을 주길 원했기 때문입니다.

페퍼트는 이러한 연구진의 마음을 이해하고, 교사들을 설득하고 변화시키는 데 적극적으로 힘을 보태주었습니다. 특히 교사들에게 자신의 이론과 철학, 그리고 교육론을 소개하고 공유하는 데 주력했습니다.

그리고 자신의 구성주의Constructionism 관점을 확장시켜 1980년에 『마인드스톰: 어린이, 컴퓨터, 그리고 파워풀 아이디어Mindstorms: Children, Computers and Powerful Ideas』를 출판했습니다. 이 책에는 어린아이들도 코딩을 통해 훌륭한 학습자와 사상가가 될 수 있다는 페퍼트의 철학이 잘 드러나 있습니다.

로고는 어린이들이 자신에게 의미 있는 프로젝트를 만들 수 있도록 신중하게 설계되었습니다. 그러나 교사가 구성주의 관점을 온전히 이해하지 못한 상태로 하향식(top-down) 교수법이나 지시적 수업으로 로고를 가르치면, 우리가 의도했던 로고는 전혀 다른 도구가 되어 버립니다. 본래 로고는 아이들을 위한 놀이터로 설계되었지만, 교사로 인해서 의도치 않게 놀이 울타리가 될 수도 있습니다.[26]

시모어 페퍼트의 '구성주의'는 장 피아제Jean Piaget의 구성주의Constructivism로부터 깊은 영감을 받아 이를 더욱 확장시킨 것입니다.[27] 페퍼트는 스위스의 저명한 철학자이자 발달심리학자인 피아제와 함께 연구하며, '직접 해보면서 배우는 것'의 중요성을 깨달았습니다.

> 피아제에게 배운 것 중에서 가장 값진 것은 '학습의 본질은 학습자가 직접 자신만의 무엇을 만드는 것'입니다. 다시 말해 학습자는 무언가를 직접 함으로써 스스로 새로운

개념과 지식을 온전히 자신만의 방식으로 받아들입니다." —시모어 페퍼트[28]

피아제의 구성주의에서 지식은 조절과 동화의 과정을 거쳐 형성되는 것으로 보았습니다.[29] 반면 페퍼트는 지식을 형성하고 잘 유지하기 위해서는 계산적으로 접근하는 방식에 중점을 두었습니다. 페퍼트의 구성주의는 컴퓨터야말로 우리가 진정으로 관심 있는 분야의 프로젝트를 만들 수 있게 도와주는 강력한 교육용 기술임을 강조합니다.

초기 로고 프로그래밍 언어가 실제로 바닥을 기어 다니는 거북이와 컴퓨터 스크린 화면에 보이는 거북이를 모두 지원했듯이, 프로그래밍은 실제 세계에서도 창작의 수단이 됩니다. 페퍼트의 구성주의에 따르면, 아이들은 자신의 사고 활동을 돕는 객체를 다루며 무언가를 만들고, 창조하고, 프로그래밍하고, 설계할 때야말로 개별 학습과 발견 학습을 성공적으로 해냅니다. 계산적으로 다룰 수 있는 객체는 시퀀싱sequencing[30], 추상화abstraction, 모듈화modularity와 같은 컴퓨터과학에 대한 핵심 내용 및 기술을 유발합니다. 그리고 이러한 객체를 다루는 과정에서 자신만의 생각을 표현하고, 다른 사람들과 의사소통할 수 있습니다.

코딩은 새로운 방식으로 생각하고, 생각을 다양한 방법으로 표현하는 수단이 됩니다.

이 책의 5장과 6장에서는 코딩이 수반하는 컴퓨터과학의 핵심 내용을 살펴볼 것입니다.

페퍼트의 구성주의는 저에게도 많은 영감을 줍니다. 그래서 페퍼트의 구성주의는 이 책의 이론적 기반이 되기도 합니다. 그러나 시모어 페퍼트 교수는 구성주의 개념을 정의하는 것을 거부하였습니다.

> 구성주의 개념을 정의함으로써 그 뜻을 전달하는 것은 모순입니다. 왜냐하면 결국 구성주의는 직접 구성함으로써 모든 것을 이해해야 하는 것이기 때문입니다. —시모어 페퍼트

저 역시 페퍼트의 뜻을 존중하며 구성주의에 대한 의미를 정의하지 않았습니다. 하지만 어린아이들의 학습 활동에서 고려해야 할 기본 원칙들을 정의했습니다.

1. 개인적으로 의미 있는 프로젝트를 만들고 커뮤니티에 공유하기
2. 실제적인 작품을 만들며 폭넓게 탐구하기
3. 학습 주제와 관련된 핵심 내용 및 기술 탐구하기
4. 학습 과정에서 자기 성찰하기

위와 같은 원칙들은 어린이를 대상으로 한 '직접 해보면서 배우기', '프로젝트 기반 학습'과도 관련이 있습니다. 페퍼트의 구성주의는 직접 해보면서 배우기, 프로젝트 기반 학습으로 의미가 확장됩니다. 구성주의적 관점으로 보면, 어린아이들은 나무 블록 로봇에 이르기까지 다양한 학습을 할 수 있습니다.

예를 들어, 아이들은 나무 블록을 가지고 놀면서 물체의 크기와 모양을 탐색하고, 로봇을 프로그래밍하는 과정에서는 센서와 같은 디지털 개념을 탐구합니다. 오늘날에는 주변에서 센서가 부착된 정수기나 엘리베이터 문을 쉽게 찾아볼 수 있습니다. 그리고 이것들을 '스마트 객체smart objects'라고 부릅니다.

어린아이들을 위한 교육은 아이들의 실생활 경험을 중시합니다. 일상생활 속에서 스마트 객체의 존재감이 날로 높아지고 있습니다. 아이들은 '스마트 객체'를 직접 만들거나 고치고, 센서를 활용한 교육용 로봇을 프로그래밍하는 과정에서 프로젝트 제작자가 될 뿐 아니라, 코딩과 공학에 대한 기본 지식을 학습하고 관련 지식들을 탐구합니다. 아이들은 이러한 경험을 통해 "생각하는 것에 대해 생각합니다think about thinking". 즉, 아이들은 인식론자가 됩니다. 지식의 본질에 대해 깊이 연구했던 장 피아제처럼, 그리고 매사추세츠공과대학 미디어랩의 연구 그룹의 이름을 '인식론과 학습Epistemology and Learning'으로 명명했던 시모어 페퍼트처럼 말입니다.

페퍼트 교수는 전통적인 구성주의 학자들과 비슷한 관점으로 리터러시를 바라보았습니다. 글을 읽고 쓰는 능력인 리터러시는 우리가 살아가는 데 필요한 "아주 중요한 도구"입니다. 그리고 우리가 사는 이 세상을 이해하는 데 필요한 "인식론적 도구"이기도 합니다.

과연 컴퓨터 문해력이 21세기의 새로운 리터러시가 될까요? 다음 장에서는 리터러시로서 코딩을 살펴보겠습니다.

2장

코딩으로 읽고 쓰다

코딩은 새로운 리터러시입니다. 즉, 코딩은 새로운 방식의 읽고 쓰는 능력입니다. 컴퓨터 과학 분야의 연구자들은 60년대 초반부터 코드를 읽고 쓰는 것이 일반 문자를 읽고 쓰는 것과 다양한 측면에서 유사하다고 주장해 왔습니다. 컴퓨터 리터러시와 문자 리터러시, 모두 우리가 생각하고 표현하는 데 필요한 것들입니다. 이 장에서는 인지적·사회적·역사적 관점으로 기존의 리터러시 의미를 살펴보고, 리터러시로서 코딩에 대해 논의해 보겠습니다.

지금까지 리터러시를 연구했던 수많은 학자들은 리터러시를 상징적이고 기본적인 인간 본연의 능력이라고 정의했습니다. 우리 인간은 리터러시를 이용하여 무언가를 창조하고, 다른 사람들과 소통하며, 때로는 누군가를 논리적으로 설득하기도 합니다. 머릿속에 있는 생각은 금방 잊히지만, 리터러시가 있으면 자신의 생각을 글로 표현하여 오래 지속할 수 있습니다. 글을 읽고 쓰는 방법을 알면 내가 직접 글을 쓰거나 다른 사람들이 쓴 글을 읽고 그 뜻을 헤아리기도 합니다.

리터러시를 함양하기 위해서는 기술technologies이 필요합니다. 메리엄-웹스터 사전Merriam-Webster Dictionary에는 기술을 "필요한 분야에 실제로 적용 및 활용하는 지식"으로 정의하고 있습니다. 읽기와 쓰기는 문자 리터러시의 기술이고, 코딩은 컴퓨터 리터러시의 기술입니다.

이러한 기술들은 서로 다른 도구들을 필요로 합니다. 기술을 위한 도구는 상징적이거나 특정 인프라를 지원 또는 사용하는 것이 될 수 있습니다. 예를 들어, 신문기사를 인쇄하는 기술은 대중에게 문자 리터러시를 확산시킵니다. 그리고 프로그래밍 언어는 컴퓨터 리터러시 발달을 돕습니다.

한편, 리터러시 이전의 구두 능력Orality은 목소리와 제스처를 사용합니다.

미국 예수회의 사제이자 학자인 월터 옹Walter Ong은 말하기 능력이 리터러시로 전환됨에 따라 인류의 문화에 어떠한 파급 효과가 있었는지, 그리고 인류의 의식이 어떻게 변화되어 왔는지를 연구하였습니다. 그에 따르면 말하기 능력과 리터러시는 '단어들에 의한 기술Technologizing of the Word'입니다.[31]

그는 우리 사회가 말하는 능력 대신 글을 쓰고 출판하는 '리터러시' 중심의 사회로 변화하는 모습을 연구했습니다. 그리고 이러한 사회 변화에 대응하기 위해서는 기존의 생각하는 방식을 근본적으로 변화시켜야 한다고 주장했습니다.

> 글쓰기가 없다면, 우리가 우리의 생각을 말 또는 글로 표현하기 위한 방법들을 생각조차 하지 못했을 것입니다. 우리는 일반적으로 글쓰기가 생각하는 방식에 어떠한 영향을 주는지 잘 깨닫지 못합니다. 우리가 글쓰기를 내면화했기 때문이지요.
> 따라서 우리는 생각하는 것과 글쓰기를 각각의 것으로 분리할 수 없을 뿐 아니라 글쓰기 기술의 존재와 그 영향력을 잘 인식하지 못합니다. **—월터 옹**

월터 옹은 글쓰기가 생각하는 방법을 변화시키는 기술이기 때문에 누구든지 반드시 배워야 한다고 주장했습니다. 예를 들어, 말하기 문화oral cultures에서는 "무언가를 찾는 것looking up something"에 대한 개념을 이해하지 못할 수도 있습니다. 글로 쓰지 않으면 단어가 시각적으로 존재하지 않기 때문에 의미가 없습니다.

마찬가지로 시각적인 의미를 내포하는 단어들을 글로 표현하지 않으면 의미가 없습니다. 말하기 문화에서는 단어가 소리로 표현되며, 이것은 공간이 아닌 시간 속에서 일어납니다. 글쓰기가 없는 말하기 문화에서는 현존하는 정보들을 잘 보존하기 위해 별도의 전략을 사용합니다. 예를 들어, 말을 할 때 지혜나 교훈이 담긴 속담, 짧은 구절의 시, 또는 표현하고자 하는 대상의 주요 특징들을 중심으로 표현합니다.

또한, 여러 번 되풀이하여 말로 표현하기도 합니다. 예를 들어, 주술사나 스토리텔러는 사람들에게 이야기를 들려줍니다. 그들이 해주는 이야기를 사람들이 잘 기억할 수 있도록 주기적으로, 또 반복적으로 들려주지요. 반면, 글을 읽고 쓸 줄 아는 리터러시 문화에서는 순차적인 생각, 논리적인 생각, 역사적 또는 진화적인 생각을 중시합니다. 글 쓰는 과정에서 이러한 생각들이 필요하기 때문이지요.

월터 옹은 말하기 문화에서 리터러시 문화로 전환되는 시점에 각별한 관심을 보였습니다. 그는 리터러시가 인식론적 함의를 지닌 역사적·사회적 현상으로 바라보았습니다. 그리고 컴퓨터 리터러시에 대한 비판이 초기 글쓰기에 대한 비판과도 유사한 것을 확인하였습니다.

세월의 흐름에 따라 글쓰기 기술도 변화합니다. 이러한 변화는 우리가 세상을 이해하고 살아가는 방식에 영향을 줍니다. 예를 들어, 옛날 서기들은 자신만이 지식을 소유하려고 했으며, 소수의 선택된 사람들만 그 지식을 공유했습니다. 그러나 오늘날 출판사는 책과 인쇄물을 통해 지식과 생각을 널리 확산시킵니다.

우리는 글쓰기를 통해 우리의 생각을 재구성합니다. 글쓰기는 우리가 논리적이고 순차적인 사고를 발전시키는 데 도움이 됩니다. 또한, 글로 표현할 때에는 글의 주체와 대상을 분리할 수 있습니다. 예를 들어, 누가 무엇에 대해 말하고 있는지를 명확히 분리하여 생각할 수 있습니다. 문자로 쓰인 것은 그 자체로 생명력을 지닙니다. 사람들이 그것을 분석하고, 검토하며, 해석할 수 있기 때문이지요. 특정 대상을 분석하고, 검토하며, 해석하는 과정은 메타인지, 즉 생각에 대한 생각을 수반합니다.

> 우리가 무언가에 대해 생각하는 방법을 생각하지 않으면, 생각하는 것에 대해 생각할 수 없습니다. —시모어 페퍼트

페퍼트 교수는 세상을 이해하고 알아가는 방법으로서 메타인지의 중요성을 강조했습니다. 페퍼트의 관점에서 보면, 컴퓨터 혹은 컴퓨터 프로그램을 만드는 능력은 아이들에게 무언가를 만들어내는 기회를 제공합니다. 아이들은 일반적인 글쓰기 과정과 마찬가지로, 생각을 작은 단위로 나누고 분석하는 메타인지를 발휘하여 컴퓨터 프로젝트를 만들어냅니다.

예를 들어, 친구들에게 분수의 원리를 가르쳐주기 위해서 로고 프로그램으로 게임을 만든

다고 가정해봅시다. 게임을 만들기 위해서는 컴퓨터과학, 수학적 개념은 물론이고, 다양한 요소들을 종합적으로 고려해야 합니다. 게임을 하게 될 친구들이 분수에 대해서 얼마나 알고 있을지를 생각해야 하고, 친구들의 수준에 맞춰 게임의 난이도를 적절히 조절해야 합니다.

뿐만 아니라 친구들이 선호하는 색상과 게임에 지속적인 참여를 이끄는 요소들을 고려하여 게임 인터페이스를 설계해야 합니다. 게임을 하는 친구들의 입장이 되어 도전 과제에 직면했을 때의 반응도 고려해야 할 요소 중 하나입니다.

인지발달과 관련된 연구결과에 따르면, 무언가를 궁리하려면 먼저 관점을 가져야 합니다. 어린아이들은 아무것도 없는 상태에서 "생각에 대해 생각"을 할 수가 없습니다. 프로그래밍을 할 때에도 마찬가지입니다.

어린아이들은 '인터랙티브 수학 분수 게임'을 만드는 과정에서 생각해야 할 것들을 생각합니다. 아이들은 로고를 이용하여 프로그래밍하는 과정에서 '컴퓨터 리터러시'를 함양하게 됩니다. 그러나 무엇보다도 가장 중요한 것은, 아이들이 직접 인식론자가 되어보는 경험입니다. '지식이 어떻게 구성되는지', '어떻게 배우고 활용하는지'를 궁리하고 탐구할 수 있는 기회이기 때문입니다.

문자 리터러시와 컴퓨터 리터러시

아이들이 만든 컴퓨터 프로젝트는 마치 전문 작가가 쓴 글처럼 그 자체로도 살아있습니다. 많은 사람들과 프로젝트를 공유하면 누구나 보고 읽고 실행할 수 있으며, 필요하다면 수정할 수도 있습니다. 이러한 과정은 아이들에게 정서적 반응을 일으킵니다.

일단, 프로젝트가 다른 사람들에게 공유되면 본래 기획한 의도와 다르게 해석될 수 있습니다. 문학 작품이나 게임을 다른 사람들이 본래 의도와는 다르게 수정하는 것은 자연스러운 일입니다. 이를 통해 계속하여 새로운 것들이 만들어집니다.

어린 코더는 프로그램에서 버그(코드상의 오류 또는 문제-옮긴이)를 찾아내고 해결합니다. 글을 쓰는 작가들은 문법상 오류나 비약들을 찾아내어 수정하지요. 컴퓨터 리터러시에서 매우 중요한 작업인 디버깅은 문자 리터러시의 '수정 및 편집' 작업과도 유사합니다.

독창적인 아이디어로 시작하여 공유 가능한 작품(컴퓨터 게임이나 문학 작품)으로 완성하는 과정에서 창의적이고 비판적으로 생각하는 과정이 서로 긴밀하게 연결됩니다.

> 작가가 작품을 만드는 과정에서 가장 많은 비중을 차지하는 작업은 바로 작품을 비판적으로 바라보는 것입니다; 좋은 아이디어와 재료를 선별하고, 결합하고, 구성하고, 삭제하고, 수정하고, 테스트하는 과정 모두 창의적으로 생각하는 것만큼이나 중요합니다.
>
> —시모어 페퍼트

창작물은 창작자의 손을 떠나는 순간부터 그 자체만으로도 강력한 힘을 가집니다. 때로는 창작물이 만들어진 과정을 숨길 수도 있습니다.

이 책의 뒷부분에서 언급하겠지만, 컴퓨터 리터러시로 무언가를 할 때에는 프로그래밍을 가장 우선적으로 고려해야 합니다. 프로그래밍을 하는 과정은 우리가 새로운 창작물을 완성할 수 있도록 이끌어줍니다. 프로그래밍을 통해 완성한 최종 산출물뿐 아니라 이것을 완성하는 과정 역시 중요합니다.

일반적으로, 어린아이들을 가르칠 때에는 아이들이 학습한 내용과 활동 과정을 기록하는 것이 매우 중요합니다. 예를 들어, 레지오 에밀리아Reggio Emilia[32]의 교육 이론은 아이들이 완성한 결과뿐 아니라 결과를 만들어내기까지의 경험과 기억, 생각과 아이디어들을 기록하고 문서화하는 것을 중요하게 다룹니다. 아이들이 단계적으로 완성한 작품 예시, 각 단계별 사진, 교사가 작성한 피드백 내용, 그리고 학부모 또는 다른 친구들이 써준 의견 등 다양한 자료들이 모두 해당됩니다. 학습 과정을 기록하고 문서화하면, 쉽게 확인하기가 어려운 학습 과정을 명확히 드러내줍니다. 이러한 자료를 통해 아이들이 어떠한 과정으로 작품을 만들었는지를 확인할 수 있습니다.

마찬가지로, 리터러시 관련 연구들의 목표는 잘 보이지 않는 글쓰기 과정을 명료화하는 것입니다. 작가들은 다양한 정보들을 참고하고 재구성하여 글을 씁니다. 컴퓨터 리터러시의 초기 연구들은 코딩 또는 공유 가능한 프로젝트를 만드는 과정에서 컴퓨팅 사고가 어떻게 개입되는지를 밝혀내고자 하였습니다.

> 컴퓨터 비평computer criticism은 컴퓨터를 비난하는 것이 아닙니다. 문학 비평이 문학을 컴퓨터의 잘못이나 결점을 이야기하는 것이 아닌 것처럼 말입니다. 컴퓨터 비평의 목적은 컴퓨터의 잘못이나 결점을 이야기 하는 것이 아니라; 이해하고, 설명하고, 관점을 취하는 것을 의미합니다. —시모어 페퍼트

이처럼 페퍼트는 컴퓨터 비평이 우리가 살아가는 사회, 특히 교육에서 컴퓨터와 컴퓨터 프로그래밍의 역할을 조명하는 데 도움이 될 것이라고 생각했습니다. 다른 학문 분야에 비하면 컴퓨터 비평 분야는 이제 막 시작 단계에 불과하지만, 리터러시로서 코딩을 이해하는 데 필요한 관점을 제시합니다.

리터러시에는 본래 창작자와는 다른 작품을 만들어낼 수 있는 능력이 전제되어 있습니다. 컴퓨터 리터러시 역시 마찬가지입니다. 작품을 만들고자 하는 의도와 열정, 그리고 누군가와 대화하고 소통하려는 열망이 있다면 누구든지 본래의 작품 의도와는 다르게 수정하고 다르게 만들 수 있습니다.

일반적인 글쓰기처럼 코딩 역시 표현의 수단입니다. 최근 코딩과 문제해결 과정에 필요한 컴퓨팅 사고를 설명할 때 이러한 관점을 간과하는 경우가 종종 있습니다. 코딩으로 생각을 표현하기 위해서는 기본적으로 문제해결을 위한 지식이 필요합니다. 그러나 문제를 해결하는 것이 코딩의 궁극적인 목표는 아닙니다.

애니메이션을 만들기 위해서는 프로그래밍 기능들을 잘 다룰 줄 알아야 합니다. 애니메이션을 만드는 과정에서 다양한 문제들을 해결하지만, 이 역시 자신의 생각을 표현하는 데 필요한 과정입니다. 완성된 애니메이션은 다른 사람들에게 공유되며, 작품에 반영된 아이디어와 생각 역시 많은 사람들에게 전해집니다.

표현 매체로서 코딩

코딩을 하는 아이들의 머릿속에는 어떤 일들이 벌어질까요? 글을 읽고 쓰는 아이들의 머릿속에는 어떤 일들이 벌어질까요? 아이들이 코딩을 배울 때와 일반적인 글쓰기 방법을 배우는 과정은 서로 같을까요, 아니면 다를까요?

우리 인간 사회에 문자가 개발되기 전까지는 말로 표현하기 위한 언어가 필요했습니다. 글을 읽고 쓰는 능력인 리터러시 이전에 말하는 능력이 먼저 발달되었지요. 오랜 역사를 지녔으며, 교육의 변화를 이끌기도 하는 문자 리터러시는 컴퓨터 리터러시에 무엇을 시사할까요?

미국의 저명한 교육심리학자 제롬 브루너Jerome Bruner는 인지심리학과 교육학 이론을 발전시키는 데 큰 공헌을 하였습니다. 그는 언어 발달 과정에서 사회적 상호작용에 주목했습니다. 브루너의 접근은 놈 촘스키Noam Chomsky's[33]의 주장과는 대조적으로 언어의 사회적·관계적 특징들을 강조였습니다. 브루너는 러시아의 사회 문화 발달 이론가인 레프 비고츠키Lev Vygotsky[34]에 영감을 받아 인간의 사회적 상호작용이 언어 및 인지발달을 돕는 근본적인 역할을 한다고 주장하였습니다.

아이들은 다른 사람들과 소통하기 위해 언어를 배우고, 그 과정에서 구문과 문법과 같은 언어적 코드를 배웁니다. 아이들은 언어를 "배우는 것"과 동시에 언어를 "사용"합니다. 이들 중 어느 것이 먼저인지는 구분하기 어렵습니다.

물론 아이들은 혼자서 언어를 배우고 사용하지 않습니다. 아이들은 또래 친구나 어른들, 다양한 게임과 노래를 통해서 언어를 배웁니다. 때로는 다른 친구나 교사의 도움을 받기도 하지요.

"코딩 놀이터" 관점에서도 아이들은 코드를 배우는 동시에 코드를 사용합니다. 그리고 코드를 많이 작성할수록 더욱 유창해집니다.

제롬 브루너에 따르면, 단지 언어 개념 및 범주를 이해하는 것만으로는 바람직한 언어 학습의 결과를 기대하기가 어렵습니다. 문법적·구문적 규칙을 따라 누군가가 이미 만들어놓은 문제해결 과정을 그대로 답습하는 것만으로도 부족합니다. 아이들이 스스로 이러한 규칙과 문제해결 과정을 스스로 만들어내고, 배운 것들을 다른 상황에 적용할 때 비로소 바람직한 학습이 이루어집니다.

예를 들어, 초대장을 작성하거나 책을 쓰기 위해 글을 쓰고, 애니메이션을 만들거나 기하학적 모양을 그리기 위해 프로그래밍 코드를 작성할 수 있어야 합니다. 어린아이들에게 코딩을 가르치는 목적은 아이들이 프로그래밍 문법을 숙달하도록 하는 것이 아닙니다. 아이들에게 프로그래밍 언어를 가르치는 목적은 바로 아이들 스스로가 의미 있고 창의적인 프로젝트를 만들 수 있도록 이끌어주는 것입니다.

코딩은 아이들이 컴퓨팅 사고를 경험하도록 하지만, 언제나 그러한 것은 아닙니다. 아이들에게 칠판에 쓰인 코드를 그대로 복사하여 작성하거나, 아이들 스스로가 생각하지 않고 주어진 코드 구문을 그대로 암기할 때에는 컴퓨팅 사고를 충분히 경험하거나 발전시키지 못합니다. 리터러시로서 코딩은 아이들 스스로가 생각하도록 할 뿐 아니라 직접 무언가를 하고, 만들고, 창작하는 기회를 줍니다. 즉, 아이들은 코딩을 통해 다른 사람들과 공유할 수 있는 창작물을 만들어냅니다.

어린아이들에게 코딩을 하기 위해서는 아이들이 컴퓨터의 동작을 정의하는 언어(컴퓨터 명령어)를 잘 알아야 하며, 컴퓨터 명령어를 새롭게 조합하여 자신만의 프로젝트를 창작하는데 활용할 수 있어야 합니다. 아이들은 점차 성장하면서 보다 정교한 프로그래밍 언어를 배우고, 복잡한 문법과 규칙, 그리고 새로운 구문들을 학습하게 됩니다.

어린아이들이 "학교에 가는 방법"을 코딩한다고 생각해봅시다. 이것은 아이들에게 도전과제이자 논리적인 퍼즐입니다. 교사는 아이들에게 문제를 제시하고, 아이들은 직접 문제를 해결해야 합니다.

전통적인 컴퓨터과학 수업에서도 이러한 수업이 이루어졌습니다. 내재적 동기가 높은 아이들에게는 이러한 접근이 효과적일 수 있겠지만, 일반적으로는 그 효과를 기대하기가 어렵습니다. 문제해결 과제만 주어지고, 아이들 스스로가 자신을 표현하는 기회가 적은 수업일수록 바람직한 학습 결과로 이어지기가 어렵습니다.

코딩의 궁극적인 목적은 "표현"이지 문제해결이 아닙니다. 그리고 문제해결은 표현을 위한 도구일 뿐입니다.

어린아이들에게는 발달 수준에 맞는 프로그래밍 언어가 필요합니다. 아이들을 위한 프로그래밍 언어는 아이들 스스로가 자신을 표현할 수 있도록 해야 합니다. 어린아이들에게는 세상을 향한 자신의 목소리를 찾아가는 것이 아주 중요한 발달과업이기 때문입니다. 아이들은 스크래치 주니어로 프로그래밍하며 아빠에게 생일축하 카드를 쓰거나 자신이 좋아하는 노래나 박자에 맞춰 키보 로봇이 춤을 추게 할 수 있습니다.

이 과정에서 아이들은 컴퓨터과학에 대한 핵심 개념과 기능을 배우고, 다양한 문제들을 해결합니다. 아이들에게는 코딩의 궁극적인 목적이 문제해결이 아닙니다. 아이들에게 문제해결이란 자신을 표현하고, 다른 사람들과 의사소통할 수 있게 해주는 메커니즘일 뿐입니다.

지난 2013년, 미첼 레스닉Mitchel Resnick과 데이비드 시겔David Siegel은 스크래치 재단 창설을 앞두고 주요 논의를 하였습니다. 주요 내용은 코딩에 접근하는 방식에 변화를 주는 것이었습니다. 다음은 논의 내용 중 일부입니다.

> 코딩은 기술적 스킬Technical Skills을 한데 모아놓은 것이 아니라 새로운 리터러시이자 자신을 표현하는 새로운 방식입니다. 코딩을 배우는 것은 일반적인 글쓰기 방법을 배우는 것처럼 우리 모두에게 매우 가치 있는 일입니다. 코딩은 자신의 아이디어를 구성하고, 표현하며, 공유하는 새로운 방식입니다.
> 대체로 교사들은 코딩을 처음 접하는 학생들에게 캐릭터가 장애물을 피해 이동하여 목표를 달성하는 프로그램을 만들라고 합니다. 이러한 활동은 초보 학생들이 코딩에 대한 기본 개념을 배우는 데에는 도움이 될 수 있으나, 학생들 스스로가 창의적으로 표현하고 지속적으로 코딩하며 학습하도록 이끌어주지는 못합니다. 이러한 활동은 작문 수업에서 학생들이 자신의 이야기를 쓸 기회가 없이 문법이나 구두법만을 배우는 것과 같습니다. — 레스닉 & 시겔

셰익스피어, 미켈란젤로, 그리고 아인슈타인에게 이 모든 공을 돌리기에는 아직 이릅

니다. 그러나 곧 그렇게 될 것입니다. —시모어 페퍼트

페퍼트가 위와 같이 언급한 지 20년이 지난 오늘날, 우리는 셰익스피어, 미켈란젤로, 그리고 아인슈타인의 성과를 쉽게 확인할 수 있습니다. 그들은 프로그래밍 언어의 창안자이며, 성공적인 사업가, 박애주의자, 그리고 기업인이 된 프로그래머들입니다. 그들은 살아생전 컴퓨테이션의 강력한 사회적 영향력을 누구보다도 잘 알고 있었기 때문입니다.

리터러시의 강력한 힘

컴퓨터 리터러시와 문자 리터러시는 역사적·사회적인 관점에서도, 의사소통과 시민성의 관점에서도 공통점을 갖고 있습니다. 많은 사람들이 코드와 컴퓨터 프로그래밍을 배울수록, 코딩은 컴퓨터과학 분야를 넘어 다른 모든 분야의 중심이 됩니다. 그러한 과정에서 리터러시의 시민성이 작용하지요.

오래전 소수의 선택된 사람들만 리터러시를 전유하였다면, 오늘날의 인쇄 기술은 리터러시의 대중화에 중요한 역할을 하고 있습니다. 리터러시는 사회를 변화시키는 강력한 힘을 지니고 있습니다. 예를 들어, 인류는 오래전부터 리터러시 캠페인(문맹퇴치 운동–옮긴이)을 벌여왔습니다. 리터러시 운동에는 늘 많은 사람들과 자원이 동원되었지요. 학자 브홀라H. S. Bhola는 1500년대 초 유럽의 종교개혁 시기까지 리터러시 캠페인의 역사를 추적했습니다. 그의 연구에 따르면 리터러시 캠페인은 종종 사회적·경제적·문화적·정치적 변화와 혁신을 이끌었습니다.

1970년대의 성인 대중들을 위한 리터러시 캠페인은 대부분 정부에 의해 시작되었습니다. 이 시기에는 전쟁이 끝난 후 혁명과 탈식민지를 위한 공식적인 계획 차원에서 진행되었습니다. 예를 들어, 1960년대 브라질 교육자인 파울로 프레이리Paulo Freire[35]는 여러 국가들의 리터러시 캠페인을 이끌도록 국가로부터 위임을 받았습니다. 당시 프레이리는 사회적으로 억압받는 사람들을 위한 교육을 연구하는 것으로 잘 알려져 있었습니다.

지난날, 미첼 레스닉과 데이비드 시겔은 프레이리가 리터러시를 실용적인 기술 그 이상의

것으로 생각하고, 가난한 지역사회에서 리터러시 캠페인을 펼친 업적에 대해 이야기를 나누었습니다. 프레이리는 단순히 사회적 약자들에게 일자리를 찾아준 것이 아니라, 리터러시를 함양하여 그들 스스로가 일자리를 만들어내고, 삶을 개선하는 방법을 배우게 하였습니다. 프레이리는 사회적으로, 경제적으로 또는 정치적으로 억압받는 사람들이 교육을 통해 그들의 존엄성을 되찾을 수 있어야 하며, 글을 읽고 쓰는 능력인 리터러시가 이를 가능케 한다고 주장하였습니다. 그는 억압받는 사람들 스스로가 그들의 해방과 자유를 위해 노력해야 한다고 굳게 믿었습니다.

프레이리가 주도한 리터러시 캠페인의 첫 번째 단계는 사회적 약자들에게 읽고 쓰는 방법을 가르치는 것이었습니다. 리터러시는 사회적 약자들을 억압에서 해방시켜주는 도구가 되었습니다. 리터러시는 약자들에게 지적으로, 그리고 정치적으로 강력한 힘을 주었습니다.

앞서 월터 옹이 언급하였듯이, 말하기 문화에서는 특정 개인이나 소수의 그룹만이 글을 읽고 쓸 수 있었으며, 문자로 쓰인 자료와 책이 등장하여도 선택된 사람들만 이를 독점하였습니다.

글을 읽거나 쓰지 못하는 문맹인은 사회로부터 그들의 권리와 사회적 지위 등을 박탈당할 수 있습니다. "리터러시로서 코딩"은 단순히 누군가가 컴퓨터과학 분야로 진학하거나 취업하도록 프로그래밍을 가르치는 것을 의미하지 않습니다. 비록 우리 사회가 필요로 하는 컴퓨터 프로그래머와 소프트웨어 개발자가 부족하다고 해도 말이지요.

진정한 "리터러시로서 코딩"은 누구에게나 자신의 목소리를 내고 시민사회에서 자신의 역할을 충실히 수행하도록 지적 도구를 제공하는 것을 의미합니다. 현대 사회에서는 디지털 기술을 직접 만들어내는 사람들이 단순히 소비하는 사람들보다는 더 좋은 삶을 살 수 있습니다. 문제를 혁신적으로 해결하는 사람들은 내일의 민주주의를 만들어갈 수 있습니다. 다문화, 다민족, 다양화된 종교, 그리고 글로벌 세계의 복잡하고 도전적 과제들에 유연하게 대처하면서 말입니다.

코딩은 전문적인 기술, 그 이상입니다. 코딩은 21세기를 살아가는 우리 모두가 배워야 하는 리터러시입니다. 코딩은 우리 자신에 대해 생각하는 방식뿐 아니라 우리가 살아가는 사회를 이해하는 방식, 그리고 사회를 지속하기 위한 합법적이고 민주적인 메커니즘을 구축하는 방식을 변화시킬 수 있습니다. 코딩은 우리 사회의 바람직한 변화를 이끌 수 있습니다.

이 책의 뒷부분에서 자세히 살펴보겠지만, 제가 연구하고 개발한 바람직한 기술 발달 프레임워크는 우리 사회에 공헌하는 관점으로 어린아이들에게 코딩을 가르칩니다. 아이들은 코딩을 통해 더 나은 세상을 만들 수 있습니다. 교사들은 아이들에게 코딩을 가르치고자 할 때, 교육학적 접근법에 대해 잘 알고 있어야 합니다. 우리가 아이들에게 단순히 퍼즐을 풀도록 코딩을 가르친다면, 아이들이 컴퓨터 리터러시를 함양할 수 있는 중요한 기회를 뺏는 것과 같습니다. 교사는 아이들이 코딩을 배워 자신의 목소리를 내고 공유할 수 있게 기회를 주어야 합니다.

리터러시 기술

다음은 미셸 푸코Michel Foucault[36]가 언급한 "자아의 기술technologies of the self"에 대한 철학적 구성을 기반으로, 리터러시 기술에 대해 정의한 내용입니다. 다음 내용은 문자 리터러시와 컴퓨터 리터러시에도 모두 해당됩니다.

> 리터러시 기술은
>
> 1) 무언가를 만들고 변형시키는 것입니다.
> 2) 의미 있는 기호 체계sign systems를 사용합니다.
> 3) 개인의 행동을 결정합니다.
> 4) 생각을 통해 우리 자신을 변화시킵니다.
>
> — 푸코, 마틴, 거트먼, 휴턴

위 내용은 앞서 언급한 "리터러시로서 코딩"과도 맥락이 통합니다. 리터러시에는 여러 기술들이 필요합니다. 이러한 기술들은 행동과 사고를 수반합니다. 다시 말해 읽기, 쓰기 그리고 코딩과 같은 기술들은 우리의 생각과 행동을 변화시킬 수 있습니다. 읽기와 쓰기의 기술은 다양하며, 도구 역시 다양한 종류와 방법으로 사용할 수 있습니다.

예를 들어, 새로운 아이디어를 대중들에게 전달하기 위해서는 손으로 직접 글을 쓰는 것이 아닌, 인쇄 기술을 사용하는 것이 더 효율적입니다. 어린아이들이 글자 쓰는 방법을 처음 배울 때에는 크레용을 사용하는 것이 좋지만, 긴 에세이를 쓸 때는 적절하지 않습니다. 코딩을 위한 프로그래밍 도구들 역시 종류도 많고, 사용 방법도 다양합니다.

아이들의 문자 리터러시와 컴퓨터 리터러시를 동시에 향상시킬 수 있는 최적의 도구가 있을까요? 어린아이들의 발달 수준에 맞는 프로그래밍 도구를 새롭게 개발하려면 어떻게 해야 할까요?

지금껏 많은 학자들이 아이들의 글쓰기 능력을 향상시키기 위한 도구들을 연구해왔습니다. 초등학교 교사들은 갓 입학한 학생들과 학부모들에게 작문을 배우기 위한 도구들을 신중히 선택하라고 권합니다. 이와 마찬가지로, 기술 분야를 처음 접하는 어린아이들에게는 발달 수준에 맞는 프로그래밍 언어와 플랫폼을 제공해야 합니다.

어린아이들의 컴퓨터 리터러시를 향상시키기 위한 프로그래밍 도구를 개발하기 위해서는 소프트웨어 공학 전문가뿐 아니라 학습과 아동발달 이론 전문가들도 함께 참여하여 협력해야 합니다. 서로 다른 분야의 연구자들이 함께 소통하고 서로의 아이디어를 나누어야 합니다. 이러한 학제 간 연구는 얼마든지 가능합니다.

저는 지난 20년 동안 두 가지 분야('컴퓨터과학/소프트웨어 공학'과 '아동발달 및 학습' 분야-옮긴이) 모두에서 편하게 일할 수 있는 연구자와 실무자를 양성하려고 최선을 다해왔습니다. 예를 들어, 터프츠대학교의 발달테크놀로지연구그룹을 인지과학, 교육학, 아동발달학, 기계공학, 인간요인human factors학, 컴퓨터과학과 같은 다양한 분야의 연구자들로 구성하였습니다.

이 책의 후반부에는 발달테크놀로지연구그룹이 수년간의 노력으로 설계하고 개발한 프로그래밍 언어인 스크래치 주니어와 키보 로보틱스를 소개합니다. 그리고 아이들을 위한 새로운 프로그래밍 언어를 개발할 때 고려해야 할 아동발달 및 학습 관점의 원칙들을 제시합니다. 이러한 연구가 활성화될수록 어린아이들을 위한 다양한 프로그래밍 언어가 개발될 것입니다.

3장

아이 수준에 맞는 프로그래밍 언어

펜은 글을 쓰는 데 필요한 도구입니다. 펜이 있으면 어떠한 언어로도 글을 쓸 수 있습니다.

저는 아르헨티나에서 태어나 자랐습니다. 그래서 스페인어로 글을 쓸 수 있습니다. 물론 영어로도 글을 쓸 수 있습니다. 대학원 진학을 위해 미국으로 이주하기 전에 제2 외국어로 영어를 배운 덕분입니다. 저는 프랑스어와 히브리어로도 글을 쓸 수 있습니다. 어린 시절 아이보리 코스트Ivory Coast와 이스라엘에 살면서 배웠지요. 히브리어로 글을 쓰는 것은 영어로 쓰는 것과는 매우 다릅니다.

예를 들어, 히브리어로 글을 쓸 때에는 오른쪽에서 왼쪽 방향으로 쓰고, 모음을 쓰지 않고 자음만 쓰지요. 프랑스어에는 스페인어 또는 영어에서는 사용하지 않는 문자나 악센트가 있으며, 프랑스어로 작성하는 문장은 영어의 문장 구조와 확연히 다릅니다.

저는 지금껏 오랜 기간에 걸쳐 문자 리터러시를 개발해왔습니다. 특정 언어에 국한되지 않는 문자 리터러시를요. 저는 글 쓰는 방법을 터득한 이래로 말로 표현하는 언어들을 상징적으로 표현할 수 있으며, 또한 상징적으로 표현된 것들의 개념을 이해할 수 있습니다.

서로 다른 언어들은 각각 고유한 구문과 문법이 있지만, 글쓰기의 기본 원칙들을 이해하고 있으면 언어의 종류에 구애받지 않고 글을 쓸 수 있습니다. 글을 유창하게 쓰기까지 모든 과정은 사고방식에도 영향을 미칩니다. 저는 글쓰기를 통해 생각을 순차적으로 정리할 수 있게 되었습니다.

만약 여러분이 펜을 가지고 있고, 사용할 언어에 능통하다면 연애편지, 연구 보조금 신청서, 쇼핑 목록 등 어떠한 종류의 글이든 쓸 수 있습니다. 제가 연애편지를 쓴다면 스페인어로, 보조금 청구서나 쇼핑 목록은 영어로 쓸 것입니다. 다른 사람들과 소통하기 위해 쓰는 글과 온전히 나를 위해 쓰는 글의 특징이 서로 다르듯이, 글을 쓸 목적에 따라 사용할 언어를 적절히 선택해야 합니다.

저는 남편과 스페인어로 대화합니다. 제 남편도 아르헨티나 출신이기 때문입니다. 반면, 연구지원금을 신청하거나 쇼핑 목록을 작성할 때에는 주로 영어를 사용합니다. 미국 국적의 연구 재단들로부터 연구지원금을 받고 있으며, 일상생활 역시 대부분이 영어로 이루어지고 있기 때문입니다.

만약 제가 지금 펜을 가지고 있다면, 다른 사람들과 함께 있지 않아도 그들과 소통할 수 있습니다. 펜으로 글을 쓰거나 낙서 또는 그림을 그려서 다른 사람들에게 보여주면 되지요. 창의적인 생각을 표현하는 콘텐츠 창작자가 되면, 언제 어디서든 다른 사람들과 소통할 수 있습니다. 생각만 해도 정말 흥미로운 일입니다.

반면, 지루하고 수동적인 방식으로도 펜을 사용할 수 있습니다. 제가 어린 시절에는 스펠링 철자를 배우기 위해 같은 문자를 100번이나 반복해서 써야 했습니다. 선생님은 이렇게 수동적으로 반복하여 글자를 쓰는 것이 스펠링을 익히는 과정이라고 일러주었습니다. 만약 당시 선생님이 브루너Bruner가 쓴 책이나 연구 자료를 읽었더라면, 언어는 배우는 것과 동시에 사용할 수 있다는 것을 알았을 것입니다. 그리고 스펠링을 반복해서 쓰는 것보다 다양하고 풍부한 표현 활동을 소개했을 것입니다.

펜은 도구입니다. 도구를 사용하는 의도에 따라 창의성이 표현되기도 하고 또는 표현되지 않기도 합니다. 펜은 글을 쓰기 위한 수단이자 매체이며 도구입니다.

컴퓨터 역시 도구입니다. 컴퓨터를 이용하면 지루한 작업도, 창의적인 작업도 모두 할 수 있습니다. 컴퓨터로 콘텐츠를 사용하기도 하지만, 컴퓨터를 사용해 나만의 콘텐츠를 직접 만들 수도 있습니다. 컴퓨터로 재미있는 게임을 할 수도 있지만, 내가 직접 재미있는 게임을 만들 수도 있습니다. 프로그래밍 언어를 알고 있다면 코딩을 할 수 있습니다. 스크래치 주니어, 로고 또는 자바JAVA[37] 언어로 코딩을 할 수 있습니다. 저는 대학원에 재학 중일 때 리스프LISP 언어를 배웠지만, 오랜 기간 사용하지 않았기 때문에 지금은 리스프 언어 작성 방법을 대부분 잊었습니다.

각각의 프로그래밍 언어들은 고유한 구문과 문법을 가지고 있으며, 언어에 따라 특정 작업에 더 효과적일 수 있습니다. 제가 애니메이션을 만든다면 스크래치 주니어를 사용할 겁니다. 넷플렉스Netflix나 아마존Amazon에서 보는 것과 같은 추천 시스템을 프로그래밍해야 한다면 자바를 사용할 것입니다. 아름다운 기하학 도형으로 아름다운 작품을 만들고자 한다면 로고를 선택할 겁니다.

저는 수년에 걸쳐 컴퓨터 리터러시를 일정 수준 이상으로 계발하였지만 전문 프로그래머는 아닙니다. 또한 소프트웨어 엔지니어도 아닙니다. 그러나 관련 분야에서 사용하는 프로그래밍 언어 중 일부를 유창하게 구사하여 저를 표현하거나 다른 사람들과 의사소통을 할 수 있습니다. 컴퓨터와 같은 도구 그 자체는 언어가 아닙니다. 하지만 우리가 언어를 유창하게 구사할 때, 언어는 도구가 됩니다. 펜은 스페인어가 아닙니다. 컴퓨터는 로고 프로그래밍 언어가 아닙니다.

도구는 언어를 사용하여 무언가를 할 수 있도록 돕습니다. 도구와 언어는 동사가 아닌 명사입니다. 도구와 언어는 행동적 의미를 갖고 있지 않기 때문입니다.

'쓰기Writing'와 '코딩coding'은 동사입니다. 두 단어 모두 행동을 수행하는 주체가 있으며, 행동을 위한 의도와 선택을 포함합니다.

프로그래밍 언어는 문자로 쓰인 자연어처럼 구문과 문법을 가지고 있으며, 정보를 저장하거나 전송할 수 있습니다. 프로그래밍하는 과정에서도 읽고 쓰는 과정, 상징적인 코드로 표현하고encoding, 코드를 해석decoding하는 과정이 모두 포함됩니다. 마치 일반적인 글을 쓰는 과정처럼 말입니다. 프로그래밍 언어도 자연어처럼 우리의 필요에 의해 사용됩니다. 프로그래밍 언어를 목적과 필요에 맞게 잘 사용하려면 프로그래밍 언어 사용 방법을 배워야 합니다. 그리고 프로그래밍 언어를 배우는 과정에서 새로운 사고방식이 계발됩니다.

글쓰기 과정과 코딩하는 과정 모두 다른 사람들과 공유할 수 있는 최종 산출물을 만들어 냅니다. 글을 쓰는 것과 코딩하는 것은 비슷한 점이 매우 많습니다. 둘 다 "이해"와 "생산"을 수반합니다.

글쓰기와 코딩 모두 초보자부터 전문가까지 다양한 수준으로 이루어지며, 그 과정에서 도구와 언어가 필요합니다. 그리고 글쓰기와 코딩 모두 표현과 의사소통을 가능하게 합니다.

문자 리터러시와 컴퓨터 리터러시 모두 도구를 사용하는 방법을 아는 것만으로는 얻을 수 없습니다. 비록 도구 사용법을 익히는 것이 리터러시 함양을 위한 필수 전제조건임에도 불구하고, 언어를 구사하는 방법까지 터득해야 하지요.

도구를 유창하게 사용하는 것과 도구를 사용하는 방법이 얼마나 쉽고 편한지에 대한 것들도 고려해야 합니다. 시모어 페퍼트 교수는 유창성을 "다양한 세계를 탐구하는 데 필요한 지식을 적용하도록 도와주는 기술"로 생각했습니다. 예를 들어, 컴퓨터 프로그래밍에 능숙한 사람이라면 다양한 프로젝트를 만들어낼 수 있고, 새로운 프로그래밍 언어도 수월하게 배울 수 있습니다. 그러나 초보자들은 많은 시간과 노력을 투자해야만 성취할 수 있습니다. 유창성은 쉽게 얻을 수 없습니다. 그럼에도 도구를 유창하게 사용한다는 것은 매우 흥미로운 일입니다.

먼 미래에도 코딩이 필요할까요?

문자로 쓰인 자연어와 프로그래밍 언어 모두 상징적인 표현으로 나타나며, 누군가에 의해 해석될 수 있습니다. 즉, 자연어와 프로그래밍 언어 모두 특정 매체를 통해 문자, 아이콘 기반의 인터페이스, 터치 기반의 인터페이스 등으로 표현될 수 있습니다. 그리고 이러한 매체는 시간이 지나면서 본래의 특징이 변하거나 사라지기도 합니다.

일반적으로 우리는 텍스트 기반의 인터페이스에 가장 익숙합니다. 그러나 텍스트를 입력하는 방식뿐 아니라 점자 시스템처럼 직접 무언가를 만지며 프로그래밍할 수도 있습니다. 키보[38]는 손으로 직접 나무 블록을 조합하여 프로그래밍합니다.

오늘날 우리는 코딩과 프로그래밍 언어가 밀접하게 연관되어 있다고 생각합니다. 그러나 항상 그러한 것은 아닙니다. 초기 컴퓨터들은 프로그램을 만들기 위해서 코딩보다 공학적 기술에 의존했습니다.

1944년에 완성된 하버드의 Mark I 컴퓨터[39]는 전기회로를 스위칭하거나 와이어를 진공관 튜브에 물리적으로 연결하여 프로그래밍하였습니다. 컴퓨터로 새로운 계산을 할 때마다 전기회로를 다시 배선해야 하기 때문에, 목적과 상황에 맞는 특수 목적 컴퓨터를 만들어야 했습니다. 그러나 1945년에 '프로그램 내장 개념'이 등장하면서 컴퓨터 프로그램이 메모리에 저장될 수 있었습니다. 오늘날 데이터를 메모리에 저장하는 것과 같은 방식으로 말입니다.
이로 인해 물리적 공학 기술을 의미했던 '프로그래밍'의 개념이 상징적 표현으로 변화되었습니다. 실로 엄청난 변화였지요.
프로그래밍은 '코드(상징적인 문자)'를 능숙하게 다루는 것을 뜻하게 되었습니다. 이로써 컴퓨터는 공학적 기술뿐 아니라 글쓰기 기술이 되었습니다. —아네트 비

어떤 사람들은 컴퓨터가 우리 인간의 언어를 이해할 수 있게 된다면, 프로그래밍을 하지 않아도 된다고 생각합니다. 이러한 것이 실제로 일어나게 될지 아직 장담할 수는 없지만, 먼 미래에도 여전히 컴퓨터에 명령을 지시하기 위한 논리, 시퀀싱, 분해 및 문제해결에 관한 것들이 필요할 것입니다. 우리 인간은 기계가 인공지능을 완벽히 구현하는 것을 경계합니다. 그리고 컴퓨터로 무언가를 만들어내기 위해서 많은 것들을 고려합니다. 따라서 지금 당장은 미래에 코딩이 필요할지를 고민하는 것보다 특정 시스템이나 프로그래밍 언어에 국한되지 않고 컴퓨팅 사고를 향상시키는 방법을 고안해내는 것이 중요합니다.

컴퓨팅 사고는 큰 작업을 일련의 논리적 순서에 맞춰 작은 단계로 분해하는 것으로부터 시작됩니다. 마치 요리를 하는 것처럼요. 컴퓨터를 사용하지 않는 언플러그드unplugged(컴퓨터가 없는 환경에서 컴퓨터과학 원리나 개념을 쉽게 이해하고 학습할 수 있도록 놀이나 퍼즐을 이용하여 배우는 컴퓨터과학 분야의 교수 학습)방법으로도 컴퓨팅 사고를 촉진할 수 있습니다. 인기 있는 보드 게임인 로봇 거북이Robot Turtles, Shapiro, 2015가 대표적인 언플러그드 방법입니다. 2013년에 출시된 로봇 거북이 게임은 3~8세의 어린아이들을 위해 설계되었습니다. 한 명씩 돌아가며 게임을 하는데 컴퓨팅 사고를 기르는 데 도움을 줍니다. 프로그래밍 활동이나 컴퓨터 없이도 어떻게 컴퓨팅 사고를 할 수 있을까요?

게임 방식은 간단합니다. 먼저, 보드 위에 "장애물 카드obstacle cards"를 사용하여 얼음 장벽, 상자, 돌담이 있는 미로를 만듭니다. 게이머들은 각자의 거북이를 보드의 모퉁이에 올려

두고, 미로 속 임의의 위치에 보석을 올려둡니다. 게임이 시작되면 게이머들이 지시 카드를 한 번에 하나씩(예를 들어, 우회전, 좌회전, 전진) 사용하여 장애물을 피해 미로를 통과합니다. 보석을 가장 먼저 획득한 사람이 게임에서 승리합니다. 만약 보석을 찾아가는 과정에서 문제가 생기면, 버그 카드를 사용할 수 있습니다. 이 버그 카드를 사용하면 미로를 지나 보석을 찾는 과정을 수정 또는 변경할 수 있습니다.〈그림 3.1〉

〈그림 3.1〉 로봇 거북이 보드 게임은 네 명이 참여

버그 카드에는 기발한 버그 캐릭터가 그려져 있습니다. 이 버그 카드는 실제로 프로그램 코드의 "버그bug" 또는 해결하지 못한 문제를 의미합니다.

이 게임에서는 모든 플레이어가 각자의 보석을 찾아가는 길을 탐색해야 합니다. 보석을 성공적으로 찾아가는 경로는 여러 가지이므로, 그중에서 가장 효과적인 방법을 생각해야 합니다. 아이들은 게임을 하는 과정에서 시퀀싱과 디버깅, 큰 문제를 작은 단계로 세분화하기, 전략을 세우고 테스트하기 등과 같은 컴퓨팅 사고의 핵심을 경험하게 됩니다. 이 책의 6장에서 이러한 활동들을 더욱 자세히 다룰 것입니다.

터프츠대학교의 발달테크놀로지연구진은 아이들의 컴퓨팅 사고를 높이기 위한 노래와 춤, 카드 게임, 빙고 게임, 사이먼 세이즈Simon Says[40] 게임과 같은 낮은 수준의 기술 전략들을 적용했습니다.

시퀀싱과 문제해결을 시작으로 컴퓨팅 사고가 전개됩니다. 컴퓨팅 사고를 향상시키기 위한 소프트웨어와 응용 프로그램들도 개발되고 있습니다. 최근 높은 평가를 받고 있는 교육용 게임 '라이트 봇(Lightbot, http://lightbot.com)'은 미로 탐색 아이디어를 적용했습니다. 게임 플레이어는 화면에서 명령어를 조합하여 라이트 봇이 걷기, 회전, 점프, 조명 켜기 등을 수행하게 합니다. 게임이 진행됨에 따라 탐색해야 할 미로와 사용할 수 있는 명령어 목록이 더욱 복잡해집니다.

하지만 이런 종류의 소프트웨어는 컴퓨팅 사고를 촉진시킬 수는 있지만, 프로그래밍 언어가 주는 다양한 경험을 모두 제공하지는 못합니다. 아이들은 라이트 봇 게임을 통해 미로를 탐색하는 문제를 해결할 수는 있지만, 그 과정에서 자신의 생각이나 아이디어를 표현하지는 못합니다. 즉, 컴퓨팅 사고의 일부만을 경험합니다. 이러한 소프트웨어로는 창의적인 프로젝트를 만들 수가 없습니다. 어린아이들을 위한 코딩 소프트웨어는 놀이 울타리가 아니라 놀이터여야 합니다. 놀이 울타리에서는 반복적인 기술, 분산된 기술, 그리고 고립된 기술을 연습할 수는 있지만 놀이터가 줄 수 있는 무한한 가능성과 개방성이 없습니다.

프로그래밍 언어는 어린이들이 코드를 가지고 노는 놀이터가 될 수 있습니다. 만약 프로그래밍 언어가 아이들의 발달 수준에 맞게 개발된다면, 아이들이 재미있고 즐겁게 코딩할 수 있습니다. 그러한 과정에서 아이들은 컴퓨팅 사고를 발전시킵니다. 아이들이 프로그래밍 언어를 유창하게 표현하려면 우선적으로 프로그래밍 언어의 문법과 구문에 대해 배워야 합니다.

우리가 스페인어, 영어 또는 히브리어로도 글을 쓰는 것처럼, 자신을 표현하고 다른 사람들과 의사소통할 수 있다면 언어의 종류는 그리 중요하지 않습니다. 마찬가지로 프로그래밍 언어 역시 유창하게 표현하게 되면 자신을 표현하고, 다른 사람들과 소통할 수 있습니다. 기술 유창성은 많은 시간과 노력을 기울여야만 성취할 수 있습니다.

문제해결 과정은 프로그래밍 언어를 가르치거나 컴퓨팅 사고를 촉진하기 위한 것이 아닙니다. 문제해결 과정은 다른 사람들에게 우리가 누구인지, 무엇을 하는지를 보여주고 이해시키는 과정입니다.

아이들을 위한 프로그래밍 언어

어린아이들에게는 발달 수준 및 능력에 맞춰 적절한 프로그래밍 언어가 필요합니다. 이 책의 3장에서 관련 내용을 자세히 다룰 것입니다.

어린아이들을 위한 프로그래밍 언어는 심플하고, 명령어를 다양한 방법으로 조합할 수 있어야 하며, 고유한 문법과 구문이 있어야 하고, 문제를 해결할 수 있는 여러 가지 방법들을 지원해야 합니다. 즉, 아이들을 위한 프로그래밍 언어는 놀이 울타리가 아닌 놀이터여야 합니다.

아이들에게 컴퓨터로 자신만의 작품을 만들고 다른 사람들과 공유할 수 있는 기회를 주어야 합니다. 초보 수준에서 전문가 수준까지 컴퓨터 리터러시가 향상될 수 있게 이끌어야 합니다. 특정 프로그래밍 언어에 능숙한 아이는 새로운 프로그래밍 언어를 비교적 쉽게 배울 수 있습니다. 프로그래밍 언어를 유창하게 구사하는 아이는 아마도 컴퓨팅 사고의 일부를 숙달했을 것이며, 다른 상황에서도 이를 적절히 적용할 수 있게 됩니다.

최근 어린아이들을 위한 다양한 프로그래밍 언어와 로봇 시스템이 출시되고 있습니다. 저는 그중에서 스크래치 주니어와 키보 개발에 참여했습니다. 이 책의 9장과 10장에서는 각각 스크래치 주니어와 키보에 대해 자세히 살펴보고, 아이들의 활동 사례들을 소개합니다.

다음은 아이들이 도구를 사용하여 학습하는 과정에서 컴퓨터과학과 컴퓨팅 사고에 대한 핵심 내용 및 기술을 어떻게 경험하는지를 살펴보겠습니다.

데이지를 이용하여 제어 구조 탐험하기

초등학교 1학년인 션은 엄마가 자신의 아이패드에 '아기공룡 데이지Daisy the Dinosaur(이하 데이지)' 어플리케이션을 다운받아 주었습니다. 션은 최근 몇 주간 학교 수업 시간에 데이지Daisy를 배웠습니다. 엄마는 션이 집에서도 프로그래밍을 연습하길 바랍니다. 데이지는 무료로 사용할 수 있는 프로그래밍 어플리케이션입니다.

아이들은 녹색 또는 핑크색 공룡인 데이지를 화면 위에서 움직일 수 있게 프로그래밍합니다(www.daisythedinosaur.com). 데이지는 '도전 모드Challenge Mode'와 '자유 모드Free Play Mode' 중에서 하나를 선택할 수 있습니다. 이 어플은 스크래치 주니어처럼 간단하며 아이들이 좋아하는 그래픽 환경으로 되어 있습니다. 특히 사용법이 복잡하지 않아서 데이지 어플을 처음 보는 아이들도 바로 코딩을 할 수 있습니다. 아이들은 데이지를 프로그래밍하여 이동, 스핀 돌기, 점프, 구르기와 같이 간단한 동작을 시키면서 프로그래밍에 대한 기본 개념들을 탐구합니다. 좀 더 심화된 코드에서는 "언제when" 또는 "반복하기repeat" 명령어를 사용합니다.

데이지 어플과는 다른 스크래치 주니어의 주요 특징 중 하나는 프로그래밍 블록이 그림으로만 되어 있다는 것입니다. 스크래치 주니어에서는 따로 명령어를 읽을 필요가 없지만, 데이지에서는 각 프로그래밍 블록에 표시된 "회전" 또는 "축소"와 같은 명령어를 읽어야 합니다. 션의 엄마는 데이지 앱을 설치할 때 "도전 모드"로 설정해주었습니다. 션의 엄마는 아이가 얼마나 많은 도전들을 성공적으로 해낼 수 있을지 궁금했습니다.

학교에서 데이지가 제시하는 어려운 도전들을 대부분 해결한 션은 엄마에게 "자유 모드"로 변경해달라고 말합니다. 자유 모드에서는 션이 원하는 모든 것을 프로그래밍할 수 있습니다. 션은 데이지가 화면 위에서 회전하거나 걷고, 크기를 키우거나 줄일 수 있게 프로그래밍합니다. 처음에는 션이 프로그래밍 블록에 쓰인 명령어를 혼자 읽기 어려워하자, 엄마가 옆에서 명령어를 함께 읽고 기능과 의미를 확인해주었습니다. 시간이 지나자 션은 혼자 힘으로도 명령어를 읽고, 그 의미를 이해하게 되었습니다. 션이 혼자서 프로그래밍을 시작한 지 15분 정도 지나자, 엄마에게 마술 트릭 프로그램을 만들었다며 아이패드를 보여줍니다.

"엄마, 션은 마술사예요. 제가 공룡 데이지를 아주 거대하게 변신시킬 수 있어요!"

"어떻게 할 수 있니?" 하고 엄마가 션에게 묻자, 션이 "아브라카다브라! 하고 큰소리로 외치면서 데이지를 손가락으로 터치하면 돼요!" 하고 션이 대답합니다. 그러고는 화면 속 데이지를 손가락으로 터치합니다. 그러자 공룡 데이지가 아주 거대한 공룡으로 변신합니다.

이번에는 션이 자랑스러운 표정을 지으며 직접 만든 코드를 엄마에게 보여줍니다.

"엄마! 제가 조금 전에 '언제'라는 새로운 명령어 블록을 알게 되었어요. 그리고 이 블록을 사용해서 데이지를 터치할 때 크기가 커지게 했어요. 그런데 이 명령어 블록은 학교에서 배우지 않았어요."

션의 엄마는 아이의 상상력에 깜짝 놀랐습니다. 그리고 션이 스스로 즐겁고 자유롭게 탐구하며 새로운 개념들을 터득한 것을 매우 기특해했습니다. 션은 데이지 코드에서 제어 구조를 새로 알게 되었습니다. 아이패드 화면에서 데이지를 터치하면 데이지에게 새로운 일들이 일어나도록 하는 방법을 배운 것입니다. 이것이 컴퓨터과학의 핵심입니다.

션은 데이지를 터치하거나 심지어는 아이패드를 흔들어서 프로그램을 실행하는 방법에 대해 엄마에게 설명해줍니다. 션은 지금 당장이라도 새로 배운 명령어 블록을 친구들에게 소개하고 싶어 합니다.

시퀀싱으로 구현하는 비봇

수지는 미로 찾기를 좋아하는 5살 유치원생입니다. 수지는 유치원 선택 수업 시간에 친구들과 함께 미로를 직접 그리거나 미로가 그려진 책을 보며 길 찾기 놀이를 합니다. 화요일 아침 동아리 활동 시간이 시작되자, 맥키넌 선생님이 아이들에게 아주 놀라운 물건을 보여줍니다. 바로 '비봇BeeBot'이라는 새로운 로봇 친구이지요. 비봇은 노란색과 검은색이 칠해진 꿀벌 모양의 로봇입니다(www.bee-bot.us). 꿀벌 로봇의 등에는 '전진하기', '후진하기', '왼쪽으로 돌기', 그리고 '오른쪽으로 돌기' 같은 방향키가 있습니다. 비봇에는 약 40개의 명령어를 입력할 수가 있고, 녹색 버튼을 누르면 꿀벌 로봇이 움직이기 시작합니다.

맥키넌 선생님은 아이들에게 비봇 프로그래밍을 시연해줍니다. 그러고는 아이들에게 비봇이 지도 위에 표시된 경로를 따라 이동하도록 한 명씩 돌아가면서 프로그래밍을 해보라고 지시합니다. 그런데 수지는 수업 시간 내내 비봇에는 전혀 관심이 없습니다. 수지는 평소 좋아하는 미로 그림을 그리며 놀고 있네요. 수지의 차례가 오자, 맥키넌 선생님은 수지 앞에 비봇을 내려놓습니다. 수지는 마지못해 미로 그리는 것을 멈추고 선생님의 설명을 듣습니다. 선생님은 수지에게 비봇의 등 위에 있는 '전진하기', '후진하기', '왼쪽으로 돌기' 같은 다른 버튼들을 보여줍니다. 선생님은 비봇이 바닥에 그려진 지도를 따라 움직이도록 명령어 버튼을 순서에 맞게 누르는 방법을 수지에게 설명합니다. 녹색 시작 버튼을 눌러서 비봇이 움직이게 합니다. 선생님은 이제 수지에게 해보라고 말합니다.

"수지야, 이것 좀 봐. 이것은 학교 지도란다." 맥키넌 선생님이 수지에게 커다란 지도를 펼쳐 보이며 설명했습니다. 학교 지도에는 음악실, 카페테리아, 그리고 도서관과 같은 다양한 장소가 그려져 있습니다.

"수지가 비봇을 음악실에 가도록 프로그램 해볼까?"

그러자 수지는 '앞으로 전진하기' 버튼을 몇 번 누른 다음 '시작' 버튼을 누릅니다. 비봇이 지도를 따라 똑바로 움직이는지 지켜보던 수지가 "앗, 안 돼!" 하고 외칩니다.

"이런, 수지야. 비봇이 왜 체육관으로 가버렸을까?" 선생님은 수지에게 비봇이 학교 지도에 그려진 경로를 따라 가도록 프로그래밍해야 한다고 일러줍니다.

"수지야, 이 지도가 미로라고 생각해봐. 비봇이 미로를 지나 음악실을 찾아가는 거지. 그러려면 비봇이 회전을 해야 할까? 만약 회전을 해야 한다면 언제 해야 하지? 명령어를 어떠한 순서로 조합해야 하는지를 잘 생각해보렴." 하고 선생님이 말했습니다.

선생님이 학교 지도를 미로에 비유하여 설명한 순간, 수지는 프로그래밍에 흥미를 느끼기 시작했습니다. 비봇의 등 위에 있는 명령어 버튼을 일련의 순서에 맞춰 눌러서 음악실에 도착하게끔 하고 싶어졌지요. 수지는 길고 완벽한 프로그램을 한 번에 입력하는 대신 한 번에 하나의 명령어를 비봇에 입력하기 시작합니다. 수지에게는 비봇이 음악실을 찾아가는 모든 과정을 한 번에 모두 기억해내기가 어렵기 때문입니다. 키보와는 달리 비봇에서는 조합한 프로그램 명령어를 확인할 수가 없습니다. 수지는 선생님의 도움을 받아 다양한 문제해결 전략을 시도해봅니다.

예를 들어, 비봇이 음악실을 찾아가는 문제를 쉽고 간단한 단계로 나누고, 비봇이 한 번에 하나 또는 두 단계의 작업을 수행하도록 프로그래밍하는 것이지요. 마침내 수지는 비봇을 음악실에 도착하게 합니다. "비봇이 음악실에 도착했어요!!" 수지는 몹시 기뻐하며 환호성을 질렀습니다. 수지를 비롯한 아이들은 꿀벌 로봇이 미로를 따라 움직이도록 프로그래밍하는 것을 매우 재미있어 했습니다. 아이들은 비봇이 지도 위에서 다양한 경로를 따라 미로를 탐험하도록 프로그래밍하였습니다.

다음 날, 맥키넌 선생님이 수지에게 비봇으로 다른 미션을 해결해보라고 말하자 수지가 "선생님! 저는 어제 이미 미로의 모든 경로들을 다 탐험했어요!"라고 대답합니다. 그러자 선생님은 수지에게 수지와 친구들이 탐험할 미로를 새롭게 디자인해볼 것을 권유합니다.

그림 그리는 거북이

신디는 이제 막 알파벳과 기본 단어들을 쓰기 시작한 유치원생입니다. 신디는 컴퓨터나 키보드를 사용해본 경험이 거의 없지만, 오늘 컴퓨터실을 방문하게 되어 너무도 기쁩니다. 신디는 컴퓨터 수업 시간에 게임하는 것을 아주 좋아합니다. 산토스 선생님이 아이들에게 오늘은 컴퓨터실에서 프로그램 만드는 방법을 배울 것이라고 설명합니다.

"프로그램은 스크린 화면에서 무언가가 이루어지도록 명령한 것들을 모아놓은 것이에요." 산토스 선생님은 킨더로고Kinderlogo를 이용하여 프로그래밍하는 방법을 아이들에게 설명해줍니다. 킨더로고는 아이들이 명령어 단어를 모두 쓰지 않고 일부만 작성하여 프로그래밍을 하도록 지원합니다. 아이들은 킨더로고로 거북이가 화면에서 움직이도록 프로그래밍할 수 있습니다. 킨더로고는 복잡한 명령어를 사용하는 다른 프로그래밍 언어(다른 버전의 로고들 포함)들과는 다릅니다. 킨더로고에서는 수지처럼 아직 글을 읽지 못하는 어린이들도 명령어를 쉽게 작성할 수 있습니다.

아이들은 "전진하기", "오른쪽 방향으로 돌기", "왼쪽으로 돌기" 등과 같이 긴 명령어를 모두 입력하는 대신, 키보드 키를 입력하는 것만으로도 거북이를 움직일 수 있습니다. 산토스 선생님은 키보드의 〈F〉 키를 눌러 거북이를 앞으로 움직이게 하고, 〈R〉 키를 눌러서 거북이가 오른쪽 방향으로 방향을 전환하도록, 〈L〉 키를 눌러서 왼쪽 방향으로 전환하도록 하는 방법을 알려줍니다.

아이들이 프로그래밍을 하자, 거북이가 스크린 화면에서 선을 그리면서 움직입니다. 마치 거북이가 펜을 쥐고 있는 것처럼 말이지요. 아이들은 거북이가 그림을 그리도록 프로그래밍 하는 방법을 알게 되자 매우 기뻐합니다. 이제 선생님은 아이들에게 자신이 좋아하는 모양을 거북이가 그리도록 프로그래밍해 보라고 합니다. 신디는 키보드의 〈F〉 키를 누르면 거북이가 전진하고, 〈R〉 키를 누르면 거북이가 오른쪽 방향으로 회전한다는 것을 알고 있습니다. 그러나 키보드의 키를 눌러본 경험이 거의 없는 수지는 키보드에서 명령어 키를 찾는 것이 어렵게 느껴집니다.

신디에게는 거북이를 프로그래밍하기 위해 해결해야 할 문제가 많습니다. 키보드의 키들이 거북이를 어떻게 움직이는지를 알아야 하고, 도형을 그리기 위해 눌러야 할 키의 순서를 생각해야 하지요. 또 키보드에서 필요한 키(지금도 배우고 있을 알파벳이 적힌 키)를 찾아 입력해야 합니다. 신디는 키보드에서 〈F〉 키를 제외한 다른 키들을 찾는 것을 매우 어려워합니다. 신디가 어려워하는 모습을 본 산토스 선생님은 신디 옆에 앉아 무엇을 어려워하는지를 확인합니다. 선생님은 신디가 프로그래밍 개념과 해결해야 할 문제의 단계들을 잘 이해하고 있지만, 키보드를 사용하는 방법을 어려워한다는 것을 알아차렸습니다. 선생님은 키보드의 〈F〉, 〈L〉, 〈R〉 키 위에 색상 스티커를 붙여 신디가 쉽게 찾을 수 있게 도와줍니다.

이제 신디는 명령어를 순차적으로 조합하여 도형을 그릴 수 있게 되었습니다. 신디는 평소 좋아하던 정사각형을 그리고 싶어 합니다. 신디는 먼저 직선을 그린 다음 새로운 선들을 계속하여 추가합니다. 신디는 정사각형을 그리기 위해 여러 가지 시도들을 합니다. 그러나 거북이가 생각처럼 잘 움직이지 않자, 신디는 프로그램 실행을 자주 멈추고 코드를 수정하고 변경합니다. 신디는 정사각형 그리기를 두 번씩이나 다시 시작합니다. 마침내 신디는 컴퓨터 수업 시간이 끝나기 전에 정사각형을 그려냈습니다.

"산토스 선생님! 이것 좀 보세요. 제 거북이가 정사각형을 그렸어요!" 신디가 자랑스러운 표정으로 산토스 선생님에게 자신의 프로그램을 보여줍니다. 산토스 선생님은 신디가 그린 정사각형을 집으로 가져갈 수 있게 스크린샷을 찍어 인쇄해줍니다. 선생님은 정사각형이 인쇄된 종이를 신디에게 건네면서, 신디가 오늘 얼마나 열심히 참여했는지를 알려줍니다. 그리고 부모님에게 정사각형과 명령어 코드를 모두 보여드릴 것을 신디에게 당부합니다. 그러자 신디는 고개를 끄덕이며 다음에도 킨더로고를 프로그래밍하고 싶다고 말합니다.

“선생님! 다음에는 거북이로 제 이름을 써볼 거예요.” 산토스 선생님은 미소를 띠며 신디의 이름 철자를 확인합니다.

션, 수지, 그리고 신디. 세 아이 모두 각자 서로 다른 프로그래밍 환경에서 컴퓨팅 사고의 핵심을 경험하였습니다. 무엇보다도 중요한 것은 아이들이 이러한 경험을 하는 과정을 매우 재미있어 한다는 점입니다. 많은 아이들이 킨더로고를 이용하여 즐겁게 코딩을 합니다.

4장

코딩은 아이들의 놀이터

코딩을 놀이로 접근하면 재미있게 배울 수 있습니다. 어린아이들에 대한 연구들을 보면 놀이는 아이들에게 훌륭한 학습이 될 수 있습니다. 어린아이들에게 놀이는 상상력과 지능, 언어와 사회적 기술, 지각 운동 능력을 발달시키는 매개 역할을 합니다. 저는 아이들에게 컴퓨터과학과 컴퓨팅 사고를 가르칠 때 놀이로 접근하는 것이 필요하다고 생각합니다. 프로그래밍 언어는 아이들에게 놀이터가 될 수 있으며, 반드시 놀이터가 되어야 합니다.

학계에서는 놀이를 다양한 관점으로 정의하지만, 반드시 학술적 의미를 지닌 놀이가 아니어도 됩니다. 아이들이 즐겁게 놀이할 때 아이들은 활동에 몰입하게 되고, 상상력을 발휘하며, 내적으로 동기화됩니다. 이럴 때 아이들은 놀이 활동을 멈추고 싶어 하지 않지요. 어린아이들에게 놀이터로서 코딩을 가르쳤던 사람들은 아이들이 얼마나 열정적으로 코딩하고 자신만의 프로젝트를 만들어내는지를 잘 알고 있습니다. 아이들은 그토록 좋아하는 간식 시간에도 코딩하기를 원했습니다. 아이들은 놀이를 하는 동안, 그리고 무언가를 직접 하는 동안에 배웁니다.

놀이는 아이들의 언어 능력과 사회적 역량, 창의력, 상상력, 그리고 생각하는 능력을 향상시켜줍니다. 프롬버그Fromberg는 놀이를 "우리 인간의 모든 경험들을 통합시킨 것"이라 정의했습니다. 아이들은 놀이를 할 때 이전에 했었던 행동이나 보았던 것, 읽었던 것, TV에서 본 것, 또는 다른 매체를 통해 접했던 것들을 떠올립니다. 아이들은 이전의 경험들을 게임과 게임의 시나리오에 적용하기도 하고, 이전 경험들에 대한 자신의 감정을 표현하거나 다른 친구들에게 전하기도 합니다. 때문에 아이들의 놀이 과정을 지켜보면, 아이들을 더 잘 이해할 수 있습니다.

코딩으로 프로젝트를 만드는 것 역시 아이들의 다양한 경험들을 통합시킬 수 있습니다.

올해 5살인 메리는 스크래치 주니어를 이용하여 개구리의 생애를 표현하는 애니메이션을 만듭니다. 6살 스테파니는 친구들에게 문자 쓰는 방법을 가르쳐주는 게임을 만듭니다. 6살 사비에는 이전에 배운 박쥐의 서식지 개념을 활용하여 키보를 박쥐로 만들고 빛으로부터 보호해줍니다. 클레어는 키보 로봇으로 다양한 색상의 불빛을 켜고 끕니다.

이 같은 사례들에서 아이들은 이전에 배운 개념과 지식들을 코딩에 적용하는 것을 알 수 있습니다. 수학과 과학, 리터러시와 생물, 컴퓨터과학과 로봇공학 분야의 지식을 코딩에 적용합니다. 뿐만 아니라 아이들은 자신만의 프로젝트를 만들고 다른 친구들과 공유합니다. 인내심이 많은 교사들은 아이들이 프로젝트를 창작하는 모든 과정을 관찰하고, 이를 통해 많은 것을 배웁니다. 아이들이 완성한 프로젝트만으로는 아이들이 관련 내용을 어떻게 이해하고 학습하는지를 확인하기가 어렵습니다. 대부분의 학습은 경험하는 과정에서 이루어집니다.

바람직한 교수법은 학습자가 경험하는 과정을 파악하고, 각각의 과정에 서로 다른 개념과 의미를 부여하며, 아이들에게 학습하는 과정에서 직면하게 될 도전 과제들을 제시하고, 아이들에게 적절한 비계scaffold[41]를 제공하는 것입니다. 아이들은 즐거운 놀이로서 코딩을 하는 과정에서 실수하는 것을 두려워하지 않습니다. 아이들에게 놀이는 단지 놀이일 뿐이지요.

우리가 게임을 하면 이기기도 하지만, 때로는 지기도 합니다. 어떤 놀이에서는 승자와 패자가 없기도 합니다. 아이들은 가상 놀이를 통해 무엇이든 될 수 있고, 무엇이든 할 수 있습니다. 종이 박스는 아이들에게 근사한 성이 될 수 있고, 긴 플라스틱은 멋진 검이 될 수 있습니다. 아이들은 슈퍼히어로가 되기도 하고, 무서운 괴물이 되기도 합니다. 어린아이들에게 가상 놀이는 인지적으로 유연하게 사고하도록 돕고, 궁극적으로는 창의력을 향상시킵니다. 창의력 관련 연구로 저명한 칙센트미하이Csikszentmihalyi[42]는 놀이에 대해 다음과 같이 표현하였습니다.

> 놀이란 삶의 일부분입니다. (…) 결과에 대해 염려하지 않아도 되고, 행동을 충분히 실천해볼 수 있는 좋은 기회이지요. —미하이 칙센트미하이

놀이터로서 코딩을 접근하는 것은 이와 비슷한 기회를 제공합니다. 이러한 접근은 짧은 시간 내에 주어진 문제를 해결해야 하고, 즉각적으로 완벽한 답을 찾아내야 하는 전통적인 컴퓨터과학 교육과는 다릅니다. 이 책에서 제안하는 놀이터로서 코딩은 시행착오로 인한 모든 결과들을 긍정적으로 바라봅니다. 코딩하는 과정에서 경험하는 모든 것이 학습 경험이 되기 때문입니다.

놀이와 코딩을 접목하라

전통적인 아동발달 이론가들은 놀이에 대해 많은 연구를 했습니다. 피아제는 다음과 같이 세 가지 발달 단계에 따른 놀이를 구분했습니다.[43]

단계	발달 시기	놀이
1	초기 유아기~후기 유아기(0~2세)	비상징적인 연습 놀이
2	초기 아동기(2~6세, 7세)	메이크 빌리브 게임[44] 상징 놀이
3	후기 아동기(7~11세)	규칙이 있는 놀이

위와 같은 피아제의 놀이 단계는 놀이의 내용보다는 구조적인 변화에 따라 구분되며, 아이들의 상징적인 사고 능력을 발달시키는 과정에 주목했습니다. 어린아이들을 위한 프로그래밍 언어는 메이크 빌리브 게임make believe game의 개방적인 특징도 지니고 있어야 합니다.

전통적인 피아제 학파의 이론에 따르면, 놀이 과정에서 또는 놀이 그 자체만으로는 아이들의 인지 구조를 새롭게 형성하지는 못합니다. 즉, 놀이는 단지 즐거움을 위한 것으로, 아이들이 놀이를 통해 이전에 배운 것들을 연습할 수는 있어도 놀이의 결과가 반드시 학습으로 이어지지는 않는다고 주장했습니다. 피아제에 따르면 놀이에는 아동의 상징적 발달이 반영되지만, 아동의 발달 과정에 기여하지는 못합니다.

반면, 비고츠키를 비롯한 다른 이론가들은 '놀이가 인지 발달을 촉진한다'는 새로운 관점을 제시하였습니다. 비고츠키에 따르면 메이크 빌리브 게임은 아동의 상징적 사고와 자기 규제 발달을 촉진할 수 있습니다.

저는 놀이를 연구하는 학자가 아닙니다. 그러나 지난 수십 년 동안 놀이터로서 코딩을 하는 어린아이들을 관찰한 결과, 아이들은 프로그래밍 블록에 내장된 다양한 코딩 명령어들을 가지고 놀면서 새로운 것들을 배운다는 사실을 알게 되었습니다. 그러한 사례들을 수백 가지나 소개할 수 있습니다.

스크래치 주니어로 캐릭터가 원을 따라 회전하게 하려고 했던 아이는 새 명령어 블록을 추가하는 것만으로도 캐릭터가 12번 선회한다는 것을 알게 되었지요. 어떤 아이들은 스크린화면 위를 여기저기 터치하다가 새로운 페이지를 만들게 되었습니다. 응용 프로그램에서 새로운 파트를 추가하는 방법을 우연히 알게 된 것이지요. 저는 아이들이 "이 명령어 블록은 어떤 기능을 하지요?" 하고 질문하기 전에 자신의 프로그램에 해당 블록을 추가하는 모습들을 보았습니다. 아이들은 스크래치 주니어의 명령어를 새롭게 배우고 사용하는 것을 어려워하지만, 스스로 과감하게 시도해보기도 합니다. 이러한 경우는 대부분 캐릭터의 움직임을 지시하는 것과 같은 간단한 개념들을 다룰 때입니다. 보다 어려운 개념들을 다룰 때에는 교사나 또래 친구들을 통해 배우기도 합니다.

어떤 아이들은 스크래치 주니어에서 "메시지message" 블록을 어려워합니다. 이 메시지 블록은 서로 다른 캐릭터들이 서로 상호작용 하도록 합니다. 예를 들어, 고양이 캐릭터는 강아지 캐릭터로부터 "메시지"를 받을 때만 동작을 합니다.〈그림 4.1〉

저는 교사들이 아이들에게 추상적인 개념을 잘 이해시키기 위해서 가시적인 유추tangible analogies법을 적용하는 사례들을 관찰했습니다. 만약 한 아이가 다른 친구에게 편지를 보내면, 친구는 언제 편지가 도착하였는지, 또는 안에 무엇이 들어 있는지를 확인할까요? 아이들은 실제 편지가 담긴 봉투를 열어봄으로써 다른 사람과의 의사소통에 대한 추상적 개념을 이해합니다. 스크래치 주니어의 "메시지" 블록을 사용하는 것도 마찬가지입니다. 아이들이 친구들에게 메시지를 보내거나 게임 속 캐릭터들이 서로 메시지를 보내도록 명령어 블록들을 조합함으로써 의사소통에 대한 추상적 의미를 시각화할 수 있기 때문입니다.

〈그림 4.1〉 스크래치 주니어에서 '메시지' 블록을 사용하는 모습.

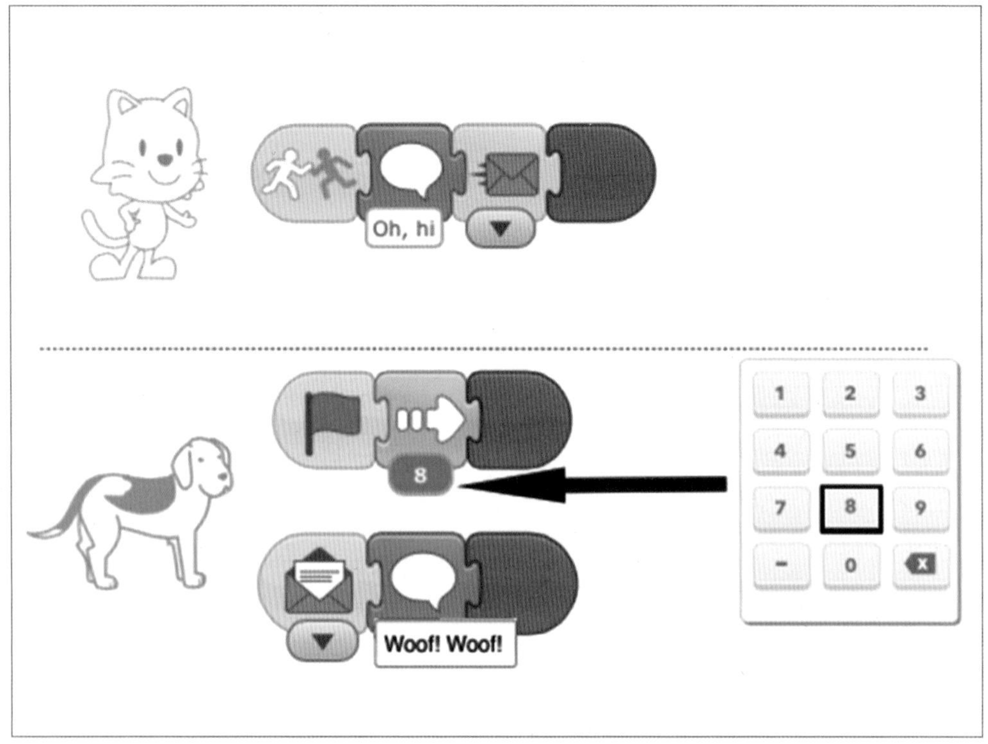

위 예제는 고양이와 강아지가 서로를 향해 메시지를 보내는 방법을 보여줍니다. 강아지가 고양이에게 가까이 다가가서 서로 맞닿게 되면 (여덟 단계에 거쳐서) 고양이는 "오, 안녕!" 하고 강아지에게 인사를 합니다. 이 인사말은 스크래치 주니어의 주황색 블록인 "메시지"로 제어합니다. 강아지가 고양이로부터 인사를 받으면, "멍! 멍!" 하고 답례를 합니다. 고양이와 강아지의 완벽한 호흡을 보여주지요.

어떤 아이들은 풍부한 상상력을 발휘하여 놀이와 스토리텔링을 하였습니다. 아이들은 스크래치 주니어 프로그램의 그림 편집기Paint Editor 도구를 사용하여 자신의 사진을 삽입하고, 자신이 만든 프로그램에서 동물 캐릭터나 우주비행사가 되기도 했습니다. 아이들은 자신의 이야기 속에 등장하는 인물이자 감독이 되었습니다.

한편, 또 다른 아이들은 키보 로봇으로 "옷 입기" 놀이를 하면서 로봇을 마치 인형이나 애완동물로 상상하기도 했습니다. 아이들은 일반적인 인형을 가지고 놀 때와는 달리 키보 로봇이 움직이거나 소리를 내도록 프로그래밍하였습니다. 어린이들은 자신만의 작품 또는 새로운 무언가를 자유롭게 탐구하여 즐겁게 배울 때, 아주 강력한 학습 성취를 이룹니다.

저는 미국 전역의 초등학교 2학년 학생 약 200명과 교사 6명을 대상으로 연구를 한 적이 있습니다. 교사들에게 그들이 선호하는 교수법으로 스크래치 주니어를 가르치도록 요청했습니다. 수업이 모두 끝난 후에 학생들에게 솔브잇츠Solve-Its라는 표준화 도구로 프로그래밍 평가를 실시하였습니다. 이 평가는 디버깅이나 리버스 엔지니어링reverse engineering[45]과 같은 기본적인 컴퓨팅 사고를 평가합니다. 또한 교사들에게는 그들의 교수법에 대한 스타일을 확인하기 위한 설문 조사를 실시했습니다.

연구 결과, 교사가 "형식적 권위" 스타일로 수업을 한 경우에는 학생들의 프로그래밍 평가 점수가 상대적으로 낮은 것을 확인하였습니다. 즉, 교사가 학생들에게 해야 할 활동을 명확하게 지시하고, 학생들은 교사가 지시한 대로 따라 하는 수업을 들은 학생들은 거의 모든 평가 문항에서 점수가 낮았습니다. 반면, 교사가 "개인적 모델" 스타일로 가르친 학생들은 프로그래밍 평가에서 가장 높은 점수를 받았습니다.

예를 들어, 교사가 직접 손으로 실습하는 것과 즐거운 방식으로 학습하는 것에 중점을 두어 수업을 한 경우에는 학생들의 프로그래밍 점수가 매우 높았습니다. 이러한 연구 결과는 능동적이고 활동적인 놀이로서 접근하는 학습이 학습자의 수행 능력과 자기 규제 능력을 성공적으로 향상시켜 줄 수 있다는 것을 시사합니다. 아이들에게 놀이터로서 코드를 작성할 수 있는 기회와 도구가 주어지면, 아이들의 고차원적 사고력이 촉진되는 사례들을 많이 봤습니다.

최근 미국소아학회American Academy of Pediatrics는 다음 내용이 포함된 정책 문서를 발간했습니다.

> 고등 사고 능력과 실제로 수행하는 능력은 학습자가 과제를 지속하는 능력, 충동을 억제하는 능력 및 감정을 조절하는 능력, 창의력과 마찬가지로, 학교생활을 성공적으로 해내는 데 반드시 필요한 요소들입니다. 유연한 사고 능력은 부모와 아이가 함께 비구조화되고 사회적 놀이 활동(디지털 놀이가 아닌)에 참여하고 서로 상호작용 할 때 가장 잘 발달합니다. –미국소아학회

그러나 위와 같은 관점은 디지털 방식이든 아니든 비구조적이고, 사회적이라면 즐거운 상호작용을 촉진할 수 있다는 사실을 놓치고 있습니다.

신체 놀이가 되기도 하는 코딩

스크래치 주니어와 같이 스크린 화면을 사용하여 코딩을 할 때에는 놀이 활동에 물리적인 한계가 되기도 합니다. 그런데 신체 활동을 이용한 학습이나 '운동 학습'은 더 나은 학습 성취를 돕는다는 연구 결과도 있습니다.

시모어 페퍼트 교수는 저서 『마인드스톰』에서 아이들이 로고의 거북이를 프로그래밍하여 기하학을 탐험하고, 그 과정에서 자신의 몸에 대한 지식을 활용하는 것을 '동조적 학습 syntonic learning'이라고 언급했습니다. 인지 과학자들은 유기체의 몸, 동작 및 감각 기능이 어떻게 동작할지를 결정하고 생각하는 것을 '체화된 인지'라 정의합니다. 예를 들어, 인간은 '위', '아래', '앞', '뒤'와 같은 공간에 대한 기본적인 개념들을 이해할 수 있습니다. 이러한 개념들은 인간의 몸을 통해 직접 경험할 수 있기 때문입니다.

최근 급격히 증가하는 새로운 텐저블 인터페이스Tangible Interface와 스마트 기기들은 우리에게 코딩에 대한 새로운 기회를 제공합니다. 우리의 몸을 학습 경험에 반영하는 것이지요. 이러한 새로운 접근은 아이들이 운동에 참여함으로써 신경 및 근육 조직의 발달을 촉진하고, 종합적인 운동 능력을 발달시켜 건강하게 성장할 수 있게 돕습니다.

키보와 같은 도구들은 아이들이 놀이터로서 코딩을 하는 과정에서 다양한 신체 놀이를 하고, 정밀하고 종합적인 운동 능력을 발달시키도록 개발되었습니다. 예를 들어, 아이들은 키보와 함께 춤을 추거나 퍼레이드 행진을 하고, 미로 속에서 길을 찾기 위해 함께 뛰기도 합니다. 게다가 대부분의 아이들이 키보 로봇의 움직임을 바닥에서 테스트하므로, 아이들은 끊임없이 위아래로 움직입니다. 때로는 로봇의 다른 부품을 가져오기도 하고, 친구들과 이야기를 나누기 위해 서 있기도 합니다.

아이들이 다른 친구들과 함께 프로그래밍할 때는 협력이나 팀워크를 발휘할 뿐 아니라 사회적 역할도 수행합니다. 이러한 경험은 아이들이 집단 안에서 협상이나 문제해결, 공유 및 협력을 하는 데 필요한 사회적 조정 기술과 사회적 스크립트를 발달시키는 데 도움이 됩니다.

이 책의 뒷부분에서 볼 수 있듯이, 소셜 게임을 통해서도 코딩을 재미있게 접할 수 있습니다. 소셜 게임으로도 얼마든지 프로그래밍 언어의 구문을 가르칠 수 있습니다.

종합해보면, 놀이터로서 코딩을 접근하는 것은 컴퓨터과학에 대한 지식을 가르치고 컴퓨팅 사고력을 길러줍니다. 만약 어린아이들이 발달하는 과정에서 놀이가 중요하다면, 놀이에 대한 주요 쟁점들을 코딩 수업에도 반영해야 합니다. 어린아이들을 대상으로 하는 교육 사례들은 아이들에게 순차 및 알고리즘을 가르칠 때에도 많은 시사점을 줍니다. 어린아이들에게는 코딩이 도전해야 할 과제보다는 즐거운 게임으로 느껴질 수도 있고, 해결해야 할 문제보다는 다른 무언가가 되어보는 경험이 될 수도 있습니다.

이러한 즐거운 접근법은 전통적인 스템(STEM : 과학(Science), 기술(Technology), 공학(Engineering), 수학(Math)) 주제들에 프로그래밍을 통합하여 가르치는 교사들에게 새로운 대안이 될 수 있습니다. 예를 들어, 손으로 직접 만들어보거나 창의적으로 코딩에 접근하는 방식은 공학이나 컴퓨터과학 분야에서 소외되었던 여성이나 소수의 사람들에게도 도움이 될 수 있습니다.

우리는 어린 시절의 놀이를 소중하고 중요하게 생각합니다. 모든 아이들이 컴퓨터과학을 배우고, 컴퓨팅 사고력을 기르는 데 즐거운 놀이로서 접근한다면 큰 도움이 될 수 있습니다.

컴퓨팅 사고는 컴퓨터과학자뿐만 아니라
모든 사람들이 배우고 사용해야 합니다.

지넷 윙

아이들에게 필요한 컴퓨팅 사고력

5장

컴퓨팅 사고는 무엇일까

7살 메디슨은 지난 1년 동안 학교와 가정에서 스크래치 주니어 프로그래밍을 배웠습니다. 메디슨은 큰 목소리로 자신의 프로젝트 수행 계획을 말하면서 새로운 캐릭터와 행동들을 추가합니다. 메디슨은 같은 반 친구들에게 농구 경기 프로젝트를 만들겠다고 합니다. 메디슨이 가장 좋아하는 스포츠가 바로 농구입니다. 메디슨이 스크래치 주니어의 라이브러리를 탐색하면서 프로젝트 설계 단계를 말로 설명합니다.

"얘들아, 나는 농구 팀원들과 응원하는 관객들, 그리고 용을 만들 거야. 그러려면 체육관 배경이 필요하고, 스낵 바도 추가해야겠어." 메디슨은 스크래치 주니어의 그림 편집기에 들어가서 체육관 배경의 한쪽 구석에 직사각형을 그립니다. 그러고는 프로젝트에 10개의 글자를 추가합니다. 캐릭터 라이브러리에서 여러 가지 캐릭터들을 선택하기도 하고, 직접 캐릭터를 그리기도 합니다. 메디슨은 그녀의 계획대로 프로젝트를 만들면서 스크래치 주니어가 지원하는 기능에 대해서도 말로 설명합니다. "나는 아기 고양이가 저 소녀에게 공을 던지게 하고 싶어. 공을 앞으로 쭉 이동시키면 될 거야."

메디슨은 스크래치 주니어가 마술이 아니라는 것을 압니다. 메디슨이 캐릭터들을 프로그래밍하여 움직여야 하는 사실을 잘 압니다. 메디슨이 프로그래밍 블록들을 올바른 순서로 조합해야 원하는 대로 캐릭터가 움직입니다. 잠시 후, 메디슨은 보라색 용이 공을 드리블하고, 점프를 하고, 슛을 던지게 하고 싶습니다. 이러한 작업은 순차, 원인과 결과, 디버깅에 대한 이해가 필요합니다.

메디슨은 용이 농구 골대를 향해 오른쪽으로 다섯 번 이동시킨 다음, 점프를 하도록 프로그래밍합니다. 농구공을 프로그래밍하는 것은 더 까다롭습니다. 먼저, 반복 루프를 사용하여 농구공을 오른쪽으로 이동시킨 뒤 높이 올라가도록 프로그래밍합니다. 그런데 프로그래밍 결과를 확인해보니, 공이 드리블되는 것처럼 보이지가 않고 그냥 오른쪽으로 이동만 합니다. "윽, 안 돼! 농구공이 앞으로 이동하면서 바닥에 튕기도록 하고 싶어!" 하고 메디슨이 외칩니다. 그녀가 다른 방법들을 시도해보고 나서야 해결 방법을 찾아냅니다.

"한 번에 두 가지 동작을 프로그래밍할 수 있어! 우와~ 멋지다!" 메디슨은 농구공에 서로 다른 두 가지 프로그래밍을 적용했습니다. 하나는 농구공이 앞으로 이동하는 것이고, 또 다른 하나는 농구공이 바닥에서 튕기는 것이었지요."〈그림 5.1〉

〈그림 5.1〉 메디슨이 만든 농구공 드리블하기 프로그램.

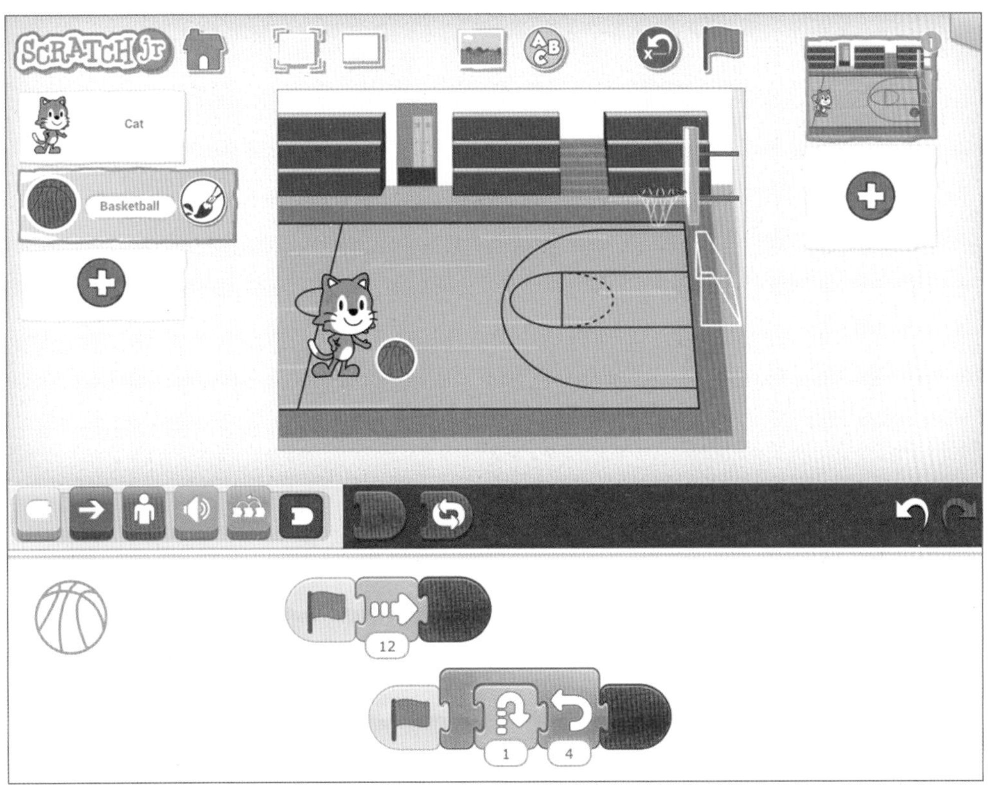

메디슨은 초록색 깃발로 시작하는 서로 다른 두 가지 프로그램을 만들었습니다. 첫 번째 프로그램은 농구공이 열두 단계를 거쳐 농구 골대를 향해 스크린 화면을 가로질러 이동하는 것이고, 두 번째 프로그램은 농구공이 바닥에서 튕겨서 위아래로 움직이게 합니다.

메디슨은 농구공의 움직임을 두 가지로 나누어 논리적 순서에 맞춰 프로그래밍하였습니다. 디버깅하고 문제해결에 필요한 기술을 정교화하기도 했습니다. 메디슨이 프로그래밍을 한 용 캐릭터는 농구공을 성공적으로 드리블하여 골대를 향해 슛을 던집니다. 이때, 미리 녹음된 소리를 사용하여 동물 친구들이 용을 응원하는 소리를 재생합니다. 메디슨은 자신이 만든 프로젝트를 보면서 흐뭇해합니다. 메디슨은 농구 게임 프로젝트를 만들면서 시퀀싱, 디버깅, 모듈화 및 디자인 설계와 같은 아이디어들을 탐험했습니다. 이는 컴퓨팅 사고 Computational Thinking의 핵심 개념들 중 일부입니다.

이제부터는 컴퓨팅 사고와 관련된 문헌들을 살펴보고, 새로운 관점들을 집중적으로 소개할 예정입니다. 컴퓨팅 사고에 대한 정의가 대체로 문제해결 과정에 중점을 두지만, 표현하는 과정으로도 확장되고 있습니다. 메디슨이 농구 경기 프로젝트를 만들기 위해 다양한 문제들을 해결하였지만, 용이 군중들의 응원에 힘입어 공을 드리블하는 과정을 자신만의 이야기로 표현했습니다. 메디슨에게 해결해야 할 문제가 주어졌을 때, 문제를 해결하는 과정에서 자신이 가장 좋아하는 스포츠에 대해서 이야기하고 싶었던 겁니다.

1960년대 알골 ALGOL[46] 연구로 알려진 컴퓨터과학자 앨런 펄리스 Alan Perlis는 모든 대학생이 "계산 이론"을 배워야 한다고 주장하였습니다. 그 당시 컴퓨터는 크기도 매우 크고 대중들에게 잘 알려져 있지 않았지요. 그럼에도 시대를 앞선 앨런 펄리스의 통찰력은 과연 놀라울 정도였습니다. 앨런 펄리스는 초기 컴퓨터과학 분야를 학문적으로 발전시키는 데 주도적인 역할을 했습니다. 그는 컴퓨터학회 Association of Computing Machinery, ACM[47]의 회장직을 맡았으며, ACM에서 컴퓨터과학 교육 과정 위원회를 처음으로 설립하였습니다. 그는 프로그래밍이 누구에게나 도움이 된다고 굳게 믿었습니다.

> 어린 시절부터 프로그래밍을 하면, 성인이 되어도 프로그래밍 언어를 읽을 수 있습니다.
>
> —앨런 펄리스

앨런 펄리스는 누구나 프로그래밍의 개념을 이해하는 것은 쉽지만 실제로 언어를 작성하는 것은 어려워한다고 생각하였습니다. 펄리스가 언급한 "프로그래밍의 개념"은 현재 우리가 이해하고 있는 컴퓨팅 사고력의 의미와 유사합니다. 비록 펄리스는 발달 연구를 하는 학자나 유아 교육자는 아니었지만, 어린아이들에게도 시퀀싱, 패턴, 모듈화, 원인과 결과, 그리고 문제해결에 관한 개념들을 아이들의 수준에 맞춰 가르칠 수 있다는 것을 알고 있었습니다. 그 당시 시모어 페퍼트 교수는 아이들이 사용할 수 있는 프로그래밍 언어를 개발하는 과정에 몰두하고 있었습니다. 따라서 펄리스가 언급한 내용은 전혀 불가능한 것이 아니었습니다.

표현으로서의 컴퓨팅 사고력

시모어 페퍼트는 피아제와 함께 연구하면서 알게 된 것들을 바탕으로 어린아이들을 위한 로고를 개발했습니다. 월리 퍼지그Wally Feurzeig를 비롯한 많은 사람들이 로고 개발 연구에 함께 참여하였습니다. 로고는 최초로 어린아이들을 위해 개발된 프로그래밍 언어였으며, 아이들이 컴퓨팅 사고력을 경험하고 발전시킬 수 있도록 특별히 설계되었습니다.

초기의 '컴퓨팅 사고력'이라는 용어는 문제를 알고리즘적으로 해결하고, 기술에 대한 유창성을 발달시키는 것들을 의미했습니다. 컴퓨터가 일을 처리하는 방식으로 생각할 수 있는 어린이는 컴퓨터를 이용하여 자신을 유창하게 표현할 수 있습니다.

페퍼트는 컴퓨팅 사고력을 언어에 비유하기 위해 "유창함fluency"이란 표현을 사용하였습니다. 언어에 능숙한 사람은 시를 낭송하거나, 학술 논문을 쓰거나, 파티에서 사교적으로 구사할 수 있습니다. 기술적으로 유창한 사람은 컴퓨터를 사용하여 애니메이션을 만들고, 강연을 위한 원고를 작성하고, 모델로 시뮬레이션을 만들거나 로봇 창작물을 프로그래밍할 수 있습니다. 제2 외국어를 습득할 때처럼, 프로그래밍 언어에 유창해지려면 노력과 동기부여가 필요합니다. 우리가 일반적인 언어를 사용하는 것처럼, 기술을 사용하여서도 우리 자신을 유창하고 창의적으로 표현할 수 있습니다. 우리는 로고, 스크래치 주니어, 키보 및 다양한 프로그래밍 언어들을 사용하는 과정에서 이전과는 다른 방식으로 생각하는 방법을 배웁니다.

시모어 페퍼트가 언급한 컴퓨팅 사고력은 문제해결뿐만 아니라 표현expression의 의미를 가지고 있습니다. "컴퓨팅 사고력은 표현 방법이다"라는 것은 "컴퓨팅 사고는 문제를 해결하는 과정이다"와 같은 전통적인 의미와는 다릅니다. 컴퓨팅 사고에 대한 개념은 컴퓨터과학 분야에서 일반적으로 적용되는 분석 및 문제해결, 분해, 습관, 접근법 등을 모두 포함하지만, 다른 분야의 모든 사람들에게도 도움이 될 수 있습니다.

지난 2006년, 카네기멜런대학교의 교수였던 지넷 윙Jeannette Wing은 컴퓨팅기계학회에서 "컴퓨팅 사고"에 대한 개념을 소개하여 미국 전역의 컴퓨터과학자와 교육자들의 관심을 받았습니다. 윙은 컴퓨터과학을 근간으로 한 컴퓨팅 사고가 모든 어린이들의 분석적 능력 중의 일부로서, 보편적으로 적용 가능한 기술이라고 주장하였습니다.

그녀는 컴퓨팅 사고를 "컴퓨터과학의 기본 개념과 원리를 바탕으로 문제를 해결하고 시스템을 설계하며 인간의 행동을 이해하는 것"으로 정의하였습니다. 그리고 컴퓨팅 사고는 컴퓨터과학 분야에서 요구되는 고유한 정신적 도구들인 재귀再歸적으로 생각하는 것, 복잡한 작업을 파악할 때 추상화를 사용하는 것, 문제해결 방법을 찾아내기 위해 휴리스틱 추론heuristic reasoning을 사용하는 것 등을 모두 포함합니다.

컴퓨팅 사고는 수학적 사고(문제해결), 공학적 사고(프로세스 설계 및 평가), 과학적 사고(체계적 분석)와 유사한 분석적 사고 유형입니다. 지넷 윙은 컴퓨터과학 분야를 공부하거나 관련 분야에 종사하는 사람들은 물론이고, 우리 모두에게 컴퓨팅 사고가 필요하다고 주장했습니다.

> **컴퓨팅 사고는 컴퓨터과학자뿐만 아니라 모든 사람들이 배우고 사용해야 합니다.**
>
> **— 지넷 윙**

윙은 인쇄 기술이 읽기, 쓰기, 산술과 같은 3RReading, Writing and Arithmetic 보급을 촉진시킨 것처럼, 컴퓨터 역시 컴퓨팅 사고의 확산을 도울 것이라고 생각했습니다. 이후 많은 연구자와 교육자들이 윙의 2006년 〈call to action〉 논문을 인용하여 K-12 학생들과 대학에서 컴퓨터과학을 전공하지 않는 학생들 모두에게 컴퓨팅 사고를 가르쳐야 한다고 주장했습니다.

이러한 연구들은 80년대 초반 프로그램 코드 작성법을 배우는 것이 중요하다는 페퍼트의 주장에 힘을 실어주었지만, 컴퓨팅 사고의 의미를 수학적 사고와 공학적 사고에서 요구되는 문제해결 과정에 필요한 것으로 한계를 지었습니다. 다시 말해 프로그래밍 과정에서의 표현과 의사소통에 대한 관점이 반영되지 않았습니다. 그러나 놀이터로서 코드를 배우는 어린이들은 문제해결 과정뿐 아니라 표현 방법으로도 컴퓨팅 사고를 경험하고, 새로운 리터러시를 함양합니다.

브레넌Brennan과 레스닉은 컴퓨팅 사고를 개념, 연습, 그리고 관점 등 세 가지 차원으로 분류했습니다. 그리고 고차원의 컴퓨팅 사고를 수학적 계산, 즉 컴퓨테이션Computation을 설계하고 구성하는 데 필요한 기술들을 적절히 사용하는 능력으로 바라보았습니다. 페퍼트의 제자인 브레넌과 레스닉이 컴퓨터 프로그래밍 과정에서 표현과의 관련성을 언급한 것은 그리 놀라운 일이 아니지요.

지난 수년간 컴퓨팅 사고는 학계에서 상당한 주목을 받아왔습니다. 그러나 컴퓨팅 사고에 대한 정의는 아직까지도 일치되지 않았습니다. 그럼에도 불구하고, 《역부족: 디지털 시대에 K-12 학생들에게 컴퓨터과학을 가르치는 데 대한 실패Running on Empty: The Failure to Teach K-12 Computer Science in the Digital Age》 보고서에서는 컴퓨팅 사고의 중요성을 강조하고 있습니다. 이 보고서는 컴퓨팅 분야에서 여성의 비율이 매우 낮으며, 미국의 중등 교육 과정에서 약 3분의 2만이 컴퓨터과학을 가르친다는 내용을 담고 있습니다.

한편, 공공 단체와 민간단체들은 산업 현장에서 프로그래머의 수가 부족한 현실을 파악하고, 컴퓨팅 사고 함양을 장려하기 위한 기반 마련과 사업 계획에 착수했습니다. 예를 들어, 같은 해인 2010년, 국제 과학기술교육협의회International Society for Technology in Education, ISTE와 컴퓨터과학교사협회Computer Science Teachers Association, CSTA는 국립과학재단National Science Foundation, NSF의 《PK-12 대상 컴퓨팅 사고를 위한 전문가 활용Leveraging Thought Leadership for Computational Thinking in PK-12》 프로젝트를 주도했습니다.

이 프로젝트의 주요 과제 중 하나는 학교 교육 과정에 적용할 수 있는 컴퓨팅 사고에 대한 정의를 명확히 하는 것이었습니다. 여기서는 윙이 소개한 개념들 외에도 학생들이 컴퓨팅 문제를 다루는 태도를 포함하였습니다.

지난 2011년, 윙은 컴퓨팅 사고를 "문제를 공식화하고 해결책을 찾는 데 관련된 사고 과정이며, 문제를 해결하는 방법은 정보를 처리하는 사람에 의해 효과적으로 수행될 수 있는 형태로 표현되는 것"으로 재정의했습니다.

제가 제안한 것처럼 코딩을 놀이터로서 접근하는 방식에서는 위의 정의가 조금 달라집니다. 컴퓨팅 사고와 관련된 사고 과정의 목표는 반드시 문제를 공식화해야 하는 것이 아닌, '표현'하는 것입니다. 문제를 공식화하는 것은 표현을 위한 과정 중 일부일 수는 있지만, 그 자체가 컴퓨팅 사고의 목적은 아닙니다. 아이디어는 해결해야 할 문제가 아닙니다.

우리는 아이디어를 공유하고 테스트하기 위해 컴퓨터의 힘을 사용합니다. 지넷 윙은 컴퓨팅 사고를 하는 사람들을 "정보 처리 에이전트information-processing agent"라고 표현합니다.

저는 윙과는 달리 컴퓨팅 사고를 하는 사람들을 "표현하는 에이전트expressive agent"라고 말하고 싶습니다. 이들은 내적으로든 외적으로든 자신의 아이디어를 컴퓨터 미디어로 유창하게 표현하고 다른 사람들과 공유할 수 있습니다.

컴퓨팅 사고를 설명하는 "문제해결"과 "표현"은 상호 보완적입니다. 그러나 코딩을 문제해결을 위한 논리적 퍼즐을 맞춰가는 과정이라는 설명에 그쳐서는 안 됩니다. 즉, 코딩의 목적을 생각할 때 문제해결과 표현 사이의 적절한 균형을 고려하는 것이 필요합니다.

> 아이들이 퍼즐을 풀기 위해 명령어 블록을 조립하는 것은 기본적인 컴퓨팅 개념을 배우는 데 도움이 될 수 있습니다. 그러나 이것이 코딩을 즐겁게 배우는 데 있어서 그리 중요한 요소는 아니라고 생각합니다. 아이들에게 논리적인 퍼즐만을 제시하는 것은 문법과 구두법만을 알려주면서 글 쓰는 방법을 가르치는 것과 같습니다. —카메네츠

문제해결만을 위한 코딩은 아이들이 유창한 작가가 되기를 기대하면서 십자말풀이만 하도록 제시하는 것과 같습니다.

스템, 그 이상을 위해

그동안 수많은 연구자와 실무자, 펀딩 기관과 정책 입안자들은 컴퓨터 프로그래밍과 컴퓨팅 사고를 문제해결과 관련시켜 생각했습니다. 그래서 K-12 교육 과정상에는 컴퓨터과학이 과학, 기술, 공학, 수학과 함께 그룹화되었습니다. 이것이 곧 스템(STEM : 과학(Science), 기술(Technology), 공학(Engineering), 수학(Math))교육 과정입니다. 스템 교육 과정에서 컴퓨팅 사고는 패턴을 식별하고, 복잡한 문제를 작은 단계로 분해하고, 문제해결 단계를 구성하고, 시뮬레이션을 통해 데이터를 표현하는 등의 인지적 기술의 집합으로 정의되고 있습니다.

이러한 접근은 프로그래밍을 언어 또는 표현과 관련된 도구로 생각할 여지를 주지 않습니다. 리터러시 측면의 코딩을 고려하지 않지요. 즉, 프로그래밍 언어를 배우는 것이 새로운 언어를 습득하는 리터러시와 유사하며 밀접하게 관련되어 있다고 제안한 많은 연구자들의 관점들을 놓칩니다.

저는 이 책을 통해 컴퓨팅 사고를 표현과 의사소통에 필요한 것으로 표현하고 싶습니다. 저는 지금까지의 수많은 연구들을 리터러시로서 코딩을 개념화하였습니다. 그리고 새로운 언어를 가르치는 데 사용하는 전형적인 교수 학습 전략을 코딩 교육에도 적용하였으며, 그 결과 아이들이 시퀀싱에 대한 개념과 원리를 성공적으로 학습하였습니다.

예를 들어, 유치원에 다니는 어린아이들에게 일주일 동안 로봇 공학과 프로그래밍 교육을 했습니다. 그 결과 스토리를 만드는 데 필요한 시퀀싱 기술이 향상된 것을 확인했습니다. 현재는 fMRI(기능적 자기 공명 영상)[48] 기술을 이용해 아이들이 프로그래밍을 할 때에 일반적인 언어를 이해하고 구사하는 과정과 얼마나 유사한지를 검증하는 연구를 하고 있습니다. 우리 연구진의 목표는 인지 및 신경 기반의 연구를 통해 컴퓨터과학을 학습하는 과정과 컴퓨팅 사고를 개발하는 과정을 밝혀내는 것입니다.

아직까지는 학제 간 주제를 연구한 사례가 드뭅니다. 미국은 교육 과정에 컴퓨터과학을 도입하기 위한 정책 입안을 추진하고 있지만, 그 과정에서 필요한 증거들을 뒷받침할 수 있는 기본적인 데이터가 부족합니다. 예를 들어, 이 책을 쓰는 이 순간에도 미국 17개 주와 콜

롬비아 특별지구는 컴퓨터과학을 고등학교에서 수학 또는 과학 학점으로 인정할 수 있는 방침을 마련하고 있으며, 앞으로 점차 더 많은 주가 참여할 것으로 보입니다.

한편, 텍사스를 비롯한 몇몇 주에서는 컴퓨터과학이 외국어 요건을 충족할 수 있도록 하는 법안이 승인되었으며 켄터키Kentucky와 뉴멕시코New Mexico도 이와 유사한 시도를 고려하고 있습니다. K-12 학교 교육 과정에서 컴퓨터과학의 목표에 대한 논의 및 관련 연구들이 반드시 진행되어야 합니다. 우리는 아직 컴퓨팅 사고를 학교 교육 과정에 반영하기 위한 방안을 마련하고, 컴퓨팅 사고에 대한 정의를 제시하는 데 어려움을 겪고 있습니다.

그런데 최근에 국제 과학기술교육협의회와 코드 닷 오알지Code.org를 중심으로 컴퓨팅 사고에 대한 자체 정의를 내리고, 컴퓨팅 사고를 가르치는 데 필요한 프레임워크를 제안하였습니다. 이를 위해 컴퓨터과학교사협회와 코드 닷 오알지, 사이버혁신센터Cyber Innovation Center, CIC, 수학 및 과학 이니셔티브National Math and Science Initiative, NMSI, 대학과 연구진, 100명 이상의 K-12 교사들로 구성된 컴퓨팅 커뮤니티, 여러 개의 주와 대규모 교육지구, 과학기술 업체 및 기타 단체들이 함께 참여하였습니다. 이들의 목표는 K-12 교육 과정에 컴퓨터과학과 컴퓨팅 사고 교육을 반영하기 위한 가이드라인을 만드는 것이었습니다.[49] 그런데 여전히 "문제해결"과 "표현" 사이의 균형이 충분히 고려되지 않고 있습니다.

컴퓨팅 사고와 코딩

컴퓨팅 전문가와 교육자는 모든 학문 분야와 교과에서 컴퓨테이션을 적용해야 할 책임이 있습니다. 코딩과 언어, 그리고 표현 사이의 관계가 더욱 밀접해지면 교육 과정에 컴퓨테이션을 보다 쉽게 적용할 수 있습니다. 최근 몇 년 동안 교육계에서는 스템 분야에 예술을 통합하는 시도를 하고 있습니다.

예를 들어, 로드아일랜드디자인스쿨Rhode Island School of Design, RISD이 처음 시도했던 스팀(STEAM : 과학, 기술, 공학, 예술 및 수학)은 현재 학교교육, 비즈니스, 심지어 일상생활에도 널리 적용되고 있습니다. 스템 분야에 예술을 통합시킨 스팀은 학생들이 좀 더 창의적이고 혁신적인 활동을 할 수 있도록 돕습니다.

스팀은 시각적 예술 그 이상을 의미합니다. 스팀은 교양, 언어 예술, 사회학, 음악, 문화 등을 비롯한 광범위한 인문학을 모두 포함합니다. 관련 연구에 따르면, 전형적인 학습 활동 외에도 컴퓨팅 사고를 매일 꾸준히 연습할 수 있는 방법들이 많이 있습니다. 이러한 활동들은 컴퓨터과학 분야의 문제들을 해결할 수는 있지만, 프로그래밍을 다양하고 충분하게 경험하는 데에는 한계가 있습니다.

윙은 다음과 같은 예를 들어, 컴퓨팅 사고를 설명하였습니다. "해싱hashing"의 개념을 이용하여 레고 블록을 색상, 모양, 크기에 따라 정렬하는 것, "병렬 처리parallel processing"의 개념을 적용하여 조리 시간이나 조리 방법이 서로 다른 음식을 조리하는 것, 이름에 들어간 알파벳을 찾기 위해 "선형linear 구조"를 이용하여 알파벳 리스트를 처음부터 탐색하거나, "바이너리binary"를 활용하여 리스트의 중간부터 탐색하는 것 모두 컴퓨팅 사고가 필요한 작업입니다. 컴퓨팅 사고를 위해 낮은 수준의 기술을 활용하거나 언플러그드 활동[50]을 하기도 합니다.

많은 연구자들은 아이들이 직접 코딩을 하지 않아도, 시퀀싱과 문제해결 개념이 적용된 활동을 하는 것만으로도 컴퓨팅 사고를 기를 수 있다고 하였습니다. 하지만 저는 이러한 주장에 동의하지 않습니다. 컴퓨팅 사고를 문제해결 과정뿐 아니라 생각을 표현하고 무언가를 창의적으로 만드는 과정에서도 필요하다고 정의한다면, 아이들은 새로운 것을 만들어내는 활동을 반드시 해야 합니다. 우리는 이를 위한 적절한 도구를 제공해야 합니다. 표현을 위한 언어가 필요합니다.

프로그래밍 언어는 컴퓨팅 사고를 위한 도구입니다. 다른 도구들과는 달리, 프로그래밍 언어는 작성 과정에서 문제가 생기거나 디버깅 과정에서 즉각적인 피드백을 제공합니다. 이는 컴퓨팅 사고의 필수 요소이자 주요 특징입니다.

그러나 프로그래밍 활동이 아닌 다른 전략이나 활동으로도 아이들에게 프로그래밍 언어를 가르칠 수 있습니다. 터프츠대학교의 발달테크놀로지연구그룹은 아이들이 컴퓨팅 사고를 경험할 수 있도록 노래, 연기, 그림 그리기 등과 같은 낮은 수준의 기술을 적용한 커리큘럼을 개발했습니다. 관련 내용은 이 책의 12장에서 자세히 소개합니다.

저는 아이들에게 컴퓨팅 사고에 대한 잠재력을 길러주려면 반드시 코드를 작성하는 기회를 주어야 한다고 생각합니다. 글을 읽고 쓰는 방식을 알지 못한 채로 글 쓰는 방식을 생각할 수 있을까요? 읽고 쓰는 방법을 습득하지 않고도 글을 읽고 쓸 수 있을까요? 저는 그렇게 생각하지 않습니다. 어린아이들에게 읽고 쓰는 방법을 가르치는 것처럼, 코딩 역시 어린 시절부터 시작해야 합니다.

저는 그간의 연구들을 통해 리터러시로서 코딩을 이해하고, 어린아이들의 발달 단계에 적절한 놀이터로서 코딩 경험을 설계하는 데 혼신의 힘을 다해왔습니다. 발달테크놀로지연구그룹의 연구진과 함께 어린아이들이 키보를 이용하여 프로그래밍하는 방법을 터득하고, 스크래치 주니어를 이용하여 시퀀싱과 논리적 추론, 문제해결 등을 연습할 수 있도록 하였습니다. 그 결과, 아이들은 로봇을 프로그래밍하는 과정에서 이야기 그림들을 논리적인 순서에 맞춰 나열하는 능력을 발전시키는 것을 확인할 수 있었습니다.

이러한 연구 결과는 컴퓨터 프로그래밍 학습과 컴퓨팅 사고 학습이 반성적 사고와 발산적 사고를 돕고, 인지적·사회적·정서적 발달과 같은 다른 분야의 기능들에 긍정적인 영향을 미칠 수 있다는 다른 연구 결과들과도 일치합니다. 놀이터로서의 코딩은 어린아이들이 컴퓨팅 사고를 경험하고 발전시키는 데 도움을 줍니다. 이를 위해서는 아이들의 발달 단계에 적절한 프로그래밍 언어를 설계하고(11장), 적절한 학습 환경(12장)을 제공해야 합니다.

아이들은 놀이터로서 코딩을 경험하면서 논리적이고 복잡한 사고 과정을 거쳐 자신에게 의미 있는 프로젝트를 완성합니다. 그 과정에서 추상화의 개념을 이해하고, 추상화된 표현들을 논리적으로 구성하며, 다양한 기술을 사용하고 새로이 생각하는 방법을 배웁니다.

6장

아이들을 위한 코딩 커리큘럼

여기서는 어린 프로그래머가 경험하게 될 컴퓨팅 사고의 파워풀 아이디어(핵심 내용 및 기술), 마음의 습관habits of mind, 그리고 무언가를 실행하는 것에 대해 중점적으로 살펴봅니다. 시모어 페퍼트는 컴퓨터과학과 같은 특정 학문 분야에서 핵심적인 개념을 의미하는 것으로 '파워풀 아이디어powerful ideas'라는 용어를 사용했습니다. 파워풀 아이디어는 어린이가 내면화한 직관적인 지식에 근간을 두며, 다른 분야들과 연결되기도 합니다. 페퍼트는 파워풀 아이디어가 생각하는 방법과 지식을 활용하는 방법, 다른 분야의 지식에 연결하는 방식, 또는 인식론적 사고방식을 새롭게 변화시킨다고 주장했습니다.

어린아이들을 위한 커리큘럼에서 스크래치 주니어나 키보와 같은 특정 프로그래밍 언어를 사용할 수도 있습니다. 그러나 아이들이 코딩을 통해 파워풀 아이디어와 마음의 습관을 발휘할 수만 있다면 프로그래밍 언어의 종류는 크게 중요치 않습니다. 더욱이, 이러한 아이디어들은 컴퓨팅 사고를 촉진시키기 위한 낮은 수준의 기술을 활용한 활동이나 언플러그드 활동에서도 발현될 수 있습니다. 컴퓨팅 사고는 계산적 지시문을 계산적 동작으로 추상화하고, '버그'를 식별하는 능력까지 모두 포함하는 개념입니다.

어린아이들을 위한 도전 과제를 설계하기 위해서는 아동의 발달 단계에 따른 파워풀 아이디어를 정의하고, 유아기부터 초등학교 2학년까지 나선형으로 점점 깊고 넓은 수준으로 탐구할 수 있게 해야 합니다. 예를 들어, 유치원에 다니는 아이들의 알고리즘적 사고를 향상시키기 위해서는 시퀀싱에 중점을 두고, 초등학교 2학년 아이들을 위해서는 루프 개념까지 확장하여 가르치는 것이 좋습니다. 아이들은 나선형 커리큘럼을 통해 시퀀스 내에서 반복되는 특정 패턴을 이해하게 됩니다.

코딩과 컴퓨팅 사고에 중점을 둔 어린아이들을 위한 파워풀 아이디어는 무엇일까요?

구글Google은 지난 2010년부터 교육자들을 대상으로 교육 프레임워크와 교육 자료, 연구 자료들을 제공하고 있습니다. 저는 이 자료들을 보면서 키보와 스크래치를 활용한 커리큘럼에 대한 깊은 영감을 얻었습니다. 이를 기반으로 어린아이들의 발달 단계에 적절한 컴퓨터 과학에 대한 일곱 가지 파워풀 아이디어를 정의하고, 이들이 커리큘럼에 어떻게 통합되어야 하는지를 고민하였습니다.

알고리즘

알고리즘algorithm은 문제를 해결하거나 최종 목표를 달성하기 위해 조합한 명령어들의 순차적인 집합입니다. 시퀀싱은 어떠한 일을 순차적으로 정리하는 것으로, 어린아이들에게 아주 중요한 기술입니다. 무언가를 계획하거나 사물을 올바른 순서대로 놓아두는 데 필요한 기술이지요. 예를 들어, 이야기나 숫자를 논리적인 순서에 맞게 정렬하는 것이 바로 시퀀싱입니다.

시퀀싱 기술은 코딩과 컴퓨팅 사고를 넘어 다양한 분야로 확장됩니다. 일상생활에서 치아를 닦거나, 샌드위치를 만들거나, 수업 일정에 따르는 것처럼 일련의 순서에 맞춰 행동하는 것 모두가 시퀀싱 기술이 적용된 것들이지요.

아이들은 성장하면서 서로 다른 알고리즘이 동일한 결과를 낼 수 있다는 것을 발견하게 됩니다. 예를 들어, 학교로 가는 길이나 신발 끈을 묶는 방법이 여러 가지인 것처럼요.

한편, 동일한 결과를 내는 여러 가지 알고리즘 중에서도 어떤 것은 다른 것보다 더욱 효율적입니다. 학교로 가는 지름길이 있는 것처럼요.

아이들은 어느 것이 실제로 구현하기 좋은 알고리즘인지, 알고리즘의 성능은 좋은지, 알고리즘의 과정과 결과를 저장할 필요가 있는지 등을 검토하면서 알고리즘을 평가하고, 다른 알고리즘과 비교할 수 있습니다. 예를 들어, 신발 끈을 묶는 단계의 수가 적을수록 더욱 효율적인 알고리즘이 됩니다.

알고리즘을 이해하는 것은 추상화 및 재현representation을 모두 이해하는 것을 의미합니다. 추상화는 일련의 순서에 따른 작업의 단계를 결정하는 데 필요한 정보들을 식별하는 것이고, 정보를 적절한 형태로 묘사하거나 구성하는 것은 재현입니다.

아이들은 자라면서 다양한 프로그래밍 언어들을 접하게 되고, 어떤 알고리즘은 병렬적으로 실행된다는 것을 발견합니다. 이러한 단계에서 알고리즘과 순차에 대한 개념을 각각 구분하여 이해할 수 있지만, 어린아이들에게는 두 가지 개념을 함께 가르치는 것이 좋습니다.

모듈화

모듈화modularity는 복잡한 작업이나 절차를 더 간단하고 관리하기 쉬운 단위로 나누는 것으로, 작은 작업들은 결합하면 더욱 복잡한 프로세스를 만들 수 있습니다. 즉, 모듈화에 대한 파워풀 아이디어는 크고 복잡한 작업을 세분화하고 분해하는 것입니다. 어린아이들 역시 복잡한 작업을 작은 작업으로 나누어야 할 때 분해에 대한 개념을 학습할 수 있습니다.

예를 들어, 생일 파티를 하려면 친구들을 초대해야 하고, 음식을 준비해야 하며, 테이블 세팅도 해야 합니다. 각각의 작업들은 더욱 세분화될 수 있습니다. 친구들을 초대하기 위해 초대카드를 작성하고, 봉투에 카드를 넣고, 각각의 봉투에 우표를 붙여야 합니다.

모듈화에 대한 이해를 바탕으로 코딩을 하면 한 번에 하나의 작업에 집중할 수 있으므로, 프로젝트를 설계하거나 테스트하기가 더욱 쉬워집니다. 아이들은 점차 자라나면서 프로젝트를 여러 부분으로 나누어 여러 명의 사람들이 각자 맡은 부분을 작업하고, 나중에 작업한 내용을 한꺼번에 합칠 수 있다는 것을 알게 됩니다. 아이들은 가장 효율적인 모듈화 방법을 찾기 위한 학습을 하게 됩니다.

제어 구조

제어 구조control structures는 알고리즘이나 프로그램 내에서 명령을 따르거나 실행하는 순서 또는 시퀀스를 결정합니다. 코딩을 처음 배우는 아이들은 먼저 순차적 실행을 학습하고, 점차 반복 함수, 루프Loop, 조건문, 이벤트 및 중첩 구조와 관련된 여러 가지 제어 구조들을 배우게 됩니다. 반복되는 명령어 패턴을 효율적으로 표현하기 위해서는 루프 구문을, 특정 조건에서만 명령어를 실행하기 위해서는 조건문을, 그리고 명령어 실행을 언제 할지를 결정할 때에는 이벤트를 사용합니다. 예를 들어, 스크래치 주니어에서는 컴퓨터의 마우스를 클릭하면 고양이 캐릭터가 앞으로 가고, 이러한 동작을 반복하여 실행하도록 프로그래밍할 수 있습니다.

어린아이들이 제어 구조를 이해하기 위해서는 패턴 개념에 익숙해져야 합니다. 그러나 동시에, 프로그래밍하는 방법을 배우는 것이 이러한 패턴 개념을 이해하는 데 도움이 됩니다.

프로그래밍 언어의 종류에 따라 패턴 개념을 서로 다른 방법(패러다임)으로 표현할 수 있습니다. 스크래치 주니어와 키보는 루프를 사용하여 반복 구문을 만들지만, 로고를 비롯한 다른 언어들은 재귀 함수를 호출하여 반복 구문을 표현합니다.

아이들은 점차 성장하면서 패턴을 표현하는 다양한 방법들을 이해하고, 복잡한 명령어 구조가 실행되도록 여러 가지 제어 구조들을 결합하는 방법들을 학습하게 됩니다.

제어 구조는 특정 조건에서 의사결정을 내리는 계산적 개념을 이해하는 데 필요한 관점(예를 들어, 변수 값, 분기 등)을 제시해줍니다. 예를 들어, 어린이가 빛 센서를 사용하여 주변이 밝을 때에만 키보 로봇이 전진하여 움직이도록 프로그래밍할 수 있습니다. 이벤트는 다른 무언가를 발생시키는 것에 대한 계산적 개념을 이해하는 데 도움이 됩니다. 어린아이들은 원인과 결과의 개념을 다방면으로 탐색합니다. 제어 구조를 사용한 코딩 활동은 이러한 개념들을 이해하고 학습하는 데 효과적입니다.

재현

컴퓨터는 다양한 방식으로 데이터를 저장하고 조작합니다. 이러한 데이터들은 쉽게 접근할 수 있어야 하며, 이것이 곧 재현representation으로 이어집니다. 코딩을 이제 막 배우기 시작한 아이들은 서로 다른 개념들이 각각의 상징적인 기호로 표현된다는 것을 배웁니다. 예를 들어, 소리는 문자로, 수량은 숫자로, 동작을 수행하는 것은 프로그래밍 명령어의 조합으로 표현된다는 것을 알게 되지요. 그리고 데이터의 속성에 따라 재현하는 방법이 서로 다르다는 것도 배웁니다. 예를 들어, 고양이 캐릭터에는 수염을 그릴 수 있고, 문자는 대문자 또는 소문자로 표현할 수 있습니다.

아이들은 데이터 유형에 따른 다양한 기능들도 배웁니다. 예를 들어, 숫자 데이터는 덧셈을 할 수 있고, 문자 데이터는 구문이나 문장으로 엮을 수 있습니다. 일부 데이터 유형은 시스템이나 객체가 시간이 지남에 따라 변화하는 정보를 만들어내는 모델(시뮬레이션)에 사용되기도 합니다. 이러한 모델을 시뮬레이션 하면 미래의 데이터를 예측할 수도 있습니다. 예를 들어, 날씨 시뮬레이션을 통해 언제 폭풍우가 불어 닥칠지를 예측할 수 있습니다.

키보와 스크래치는 서로 다른 명령어 유형들을 색상으로 구분합니다. 예를 들어, 키보에서 파란색 블록은 움직임을, 주황색 블록은 소리를 제어하는 명령어 블록입니다. 이러한 블록들을 조합하여 로봇이 수행할 일련의 동작을 프로그래밍합니다.

아이들은 점차 성장하면서 더욱 복잡한 프로그래밍 언어를 익히게 됩니다. 변수와 같은 다양한 데이터 유형을 배우고, 데이터 값을 저장하는 변수들을 직접 만들 수 있게 되지요. 어린아이들은 기호를 이용하여 개념을 표현하는 방법을 학습하여야 하며, 이는 산술 능력과 리터러시에도 적용됩니다.

코드를 작성하려면 무엇보다도 프로그래밍 언어에서 어떠한 기호가 어떠한 동작을 나타내는지를 잘 알고 있어야 합니다. 프로그래밍 언어가 컴퓨터와 같은 기계에 명령어 조합(알고리즘)을 전달하도록 고안된 공식 언어임을 이해하고, 각 언어들의 재현 시스템을 이해하는 것이 초기 리터러시 발달을 위한 중요한 과제입니다.

하드웨어와 소프트웨어

컴퓨팅 시스템에서는 하드웨어hardware와 소프트웨어software가 모두 작동합니다. 소프트웨어는 하드웨어에 특정 작업을 수행하도록 명령어를 전달합니다. 프린터, 스크린 및 키보드는 눈으로 쉽게 확인할 수 있지만, 컴퓨터의 내부 구성 요소(예를 들어, 마더 보드)와 같은 내부 하드웨어는 잘 볼 수가 없습니다.

키보 로봇 키트는 숨겨진 컴퓨터의 구성 요소들이 노출되어 있습니다. 키보 로봇의 하단을 보면 내부 회로가 투명 플라스틱 케이스로 덮여 있는 것을 볼 수 있습니다.〈그림 6.1〉

〈그림 6.1〉 키보 로봇의 투명 플라스틱 커버.

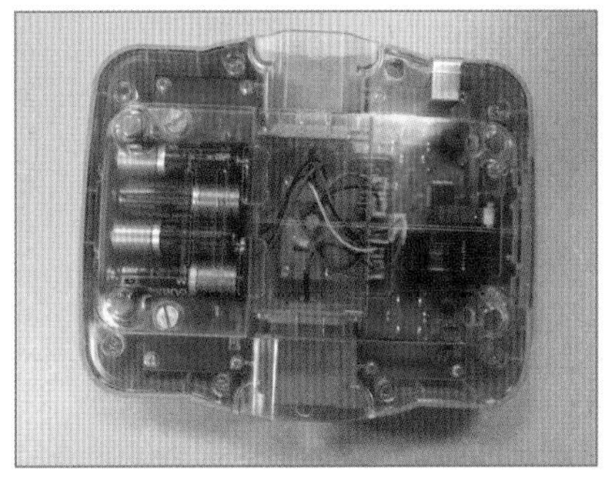

아이들은 투명한 덮개로 덮여 있는 키보의 회로보드, 전선, 배터리 및 기타 내부 구성을 확인하며 키보의 '내부 동작'을 탐색할 수 있습니다.

하드웨어와 소프트웨어는 정보를 수신하고, 처리하고, 발송하는 일련의 작업들을 수행하기 위해 함께 작동합니다. 어떤 하드웨어는 주변 환경(예를 들어, 키보의 센서 블록)으로부터 데이터를 수신하거나 입력받도록 설계되어 있으며, 또 다른 하드웨어는 주변 환경에(예를 들어, 키보의 전구 블록) 데이터를 출력하거나 송신하도록 설계되었습니다.

하드웨어와 소프트웨어 사이의 관계를 파악하는 것은 매우 중요합니다. 컴퓨터의 구성 요소가 시스템에 영향을 주는 방식을 이해하는 데 도움이 되기 때문입니다. 어린아이들은 컴퓨터뿐만 아니라 다양한 기계와 장치들 역시 특정 작업을 하도록 하드웨어가 프로그래밍되어 있다는 것을 이해해야 합니다.

예를 들어, DVRDigital Video Recorder[51], 자동차 및 시계는 모두 프로그래밍되어 있습니다. 로봇 역시 컴퓨터 프로그램이나 전자회로에 의해 동작되는 전기 기계 장치로, 하드웨어와 소프트웨어로 함께 구성됩니다. '로봇'이라는 용어는 넓은 의미로 기계를 뜻합니다. 사전에 프로그래밍된 작업을 수행하거나 자율적으로 특정 작업을 수행할 수 있는 휴머노이드humanoid도 모두 포함되지요.

위에서 소개한 컴퓨터과학의 다섯 가지 파워풀 아이디어인 알고리즘, 모듈화, 재현, 제어구조 및 하드웨어/소프트웨어는 모두 유아 교육의 기본 개념과도 밀접하게 관련되어 있습니다. 이러한 개념들은 리터러시와 수학, 예술과 과학, 공학, 그리고 외국어 등과 같은 다양한 분야에도 적용됩니다.

어린아이들에게 발달 수준에 적합한 코딩 경험을 제공하고, 위와 같은 파워풀 아이디어를 경험할 수 있는 기회를 제공함으로써 코딩에 필요한 개념들을 온전히 학습하도록 도울 수 있습니다. 코딩 교육과 유아 교육이 서로 윈윈Win-win하게 되는 것이지요.

이제 디버깅과 디자인 절차에 대해 살펴보겠습니다. 이 두 가지 파워풀 아이디어는 개념보다도 일련의 절차, 마음의 습관 또는 실행과 더욱 관련이 있습니다.

디자인 절차

디자인 절차design process는 프로그램이나 손으로 작품을 만드는 단계적이고, 반복적인 과정입니다. 예를 들어, 전통적으로 엔지니어링 디자인 절차는 문제를 식별하고, 아이디어를 찾고 해결책을 개발하는 작업을 포함하며, 해결책을 다른 사람들과 공유하는 것도 모두 포함합니다. 엔지니어링 디자인 절차는 가능한 한 다양한 해결책들을 만들어낼 수 있다는 점에서 개방적입니다.

터프츠대학교의 발달테크놀로지연구그룹은 어린아이들이 작업을 수행하도록 이끌어주기 위해 아이들의 발달 단계에 맞는 디자인 절차를 개발했습니다. 디자인 절차는 질문하기Ask, 상상하기Imagine, 계획하기Plan, 창조하기Create, 테스트 및 개선하기Test & Improve, 그리고 공유하기Share입니다.〈그림 6.2〉

〈그림 6.2〉 어린아이들을 위한 엔지니어링 디자인 절차.

어린아이들을 위한 엔지니어링 디자인 절차는 순환적인 과정입니다. 즉, 별도의 시작점이나 종료점이 없습니다. 아이들은 어떤 단계에서든 작업을 시작해도 되고, 이전 단계로 되돌아가거나 다음 단계로 넘어가도 됩니다. 심지어 전체 과정을 원하는 만큼 반복해도 됩니다.

예를 들어, 어떤 아이는 키보 로봇에게 호키포키 춤을 추도록 프로그래밍하는 과정에서 테스트 단계에 꽤 많은 시간을 쓰기도 합니다. 키보가 프로그램 실행을 모두 마칠 때까지 옆에서 함께 춤을 추고, 노래하며 기다리기도 하지요. 또는 다른 친구들에게 자신이 만든 프로그램을 보여주고, 피드백을 받아서 이전 단계에서 놓친 키보 로봇의 춤동작을 다시 프로그래밍하기도 합니다. 한편, 또 다른 아이는 호키포키 프로그램을 테스트하기 이전에 종이나 디자인 저널design journals에 춤동작을 미리 계획하는 데 오랜 시간을 기울입니다.

아이들이 디자인 절차에 익숙해지면, 무언가를 계속 창작하고, 더욱 세련되게 발전시키며, 다른 친구들로부터 피드백을 받거나 때로는 주기도 합니다. 아이들은 지속적인 실험과 테스트를 통해 프로젝트를 점차 발전시키는 능력을 키우게 됩니다. 이러한 과정은 반복적으로 이어지며, 그 과정에서 아이들의 인내심을 요구합니다. 아이들이 디자인 절차에서 경험하는 자기 조절 능력, 계획하는 능력, 우선순위를 지정하고 조직하는 능력은 실제로 무언가를 실행하는 능력과도 긴밀히 연계됩니다. 디자인 절차는 7장에서 더욱 자세히 살펴보겠습니다.

디버깅

우리는 디버깅debugging으로 프로그램을 수정할 수 있습니다. 디버깅은 프로그램을 체계적으로 분석하고 평가하는 것으로, 테스트하기, 논리적으로 생각하기, 의도한 대로 문제를 해결하기, 단계적으로 반복하기 등의 기술들을 모두 포함합니다. 내가 의도한 대로 코드가 작동하지 않을 때 오류의 원인을 찾아내는 것이 문제해결에 도움이 될 수 있습니다. 때로는 문제의 원인이 소프트웨어가 아닌 하드웨어에 있을 수 있으며, 하드웨어와 소프트웨어 간의 관계에서도 발생할 수 있습니다.

예를 들어, 한 아이가 키보 로봇이 주변에서 입력되는 소리 정보에 따라 로봇이 동작하도록 프로그램을 만들었지만, 생각한 대로 잘 움직이지 않는다고 불평합니다. 프로그래밍 블록들을 확인해보니, 필요한 나무 블록들은 모두 조합되어 있습니다. 키보 로봇을 찬찬히 살펴보니, 소리 센서를 부착하지 않은 것을 확인하게 됩니다.

아이들은 이러한 과정에서 하드웨어와 소프트웨어를 빠르게 점검하는 방법을 배웁니다. 아이들이 시스템을 디버깅하는 방법을 이해하면, 다양한 컴퓨팅 시스템에서 사용할 수 있는 일반적인 문제해결 전략을 만들어낼 수 있습니다. 아이들이 성장하면서 시스템의 연결된 부분들을 이해하게 되고, 이를 통해 문제해결 과정을 따라 문제를 해결하거나, 새로운 해결 방법을 만들어냅니다. 디버깅하는 방법을 배우는 것은 수학에서 틀린 부분을 찾아내거나 원고를 수정하는 작업과 같이 매우 중요한 기술입니다.

디버깅은 우리가 원하는 것이 단 한 번의 시도로 단번에 해결되지 않고, 수많은 노력과 반복을 통해 성취할 수 있다는 아주 중요한 교훈을 줍니다.

> 전문 프로그래머가 되기 위해서는 '버그'를 제거하거나 수정하는 기술에 매우 능숙해져야 합니다. 프로그래밍 과정에서 중요한 것은 코드가 맞았는지 틀렸는지가 아니라 코드를 올바르게 수정할 수 있는지의 여부입니다. 이러한 관점이 일반화된다면, 우리 모두 '틀리는 것'에 대한 두려움을 이겨낼 수 있으며, 지능의 산물로서 지식과 지식을 습득하는 모든 과정에 적용할 수 있습니다. -시모어 페퍼트, 『마인드스톰』

코딩 놀이터에서도 체계적인 디버깅 경험은 매우 흥미로운 부분입니다. 〈표 6.1〉은 일곱 가지의 파워풀 아이디어들이 유아 교육의 일반적인 주제들과 어떻게 연관되는지를 보여줍니다.

이 표는 컴퓨팅 사고의 일곱 가지 파워풀 아이디어가 전통적인 유아 교육에서 제시하는 개념 및 기술들과 어떻게 조화를 이루는지 보여줍니다.

〈표 6.1〉 컴퓨팅 사고의 파워풀 아이디어와 유아 교육

파워풀 아이디어	유아 교육과 관련된 개념 및 기술
알고리즘	▪시퀀싱/순서(수학 능력 및 리터러시의 기초) ▪논리적 구성
모듈화	▪큰 작업을 작은 단계로 나누기 ▪명령어 작성하기 ▪더 큰 프로젝트를 완수하기 위한 명령어 목록 따르기
제어구조	▪패턴 인식 및 반복 ▪원인과 결과
재현	▪상징적 재현(예: 특정 명령어가 소리를 나타냄) ▪모델
하드웨어/소프트웨어	▪여러 가지 객체들의 상호작용 이해하기(예: 자동차, 컴퓨터, 태블릿 PC 등). 단, 마법이 아닌 실제 상호작용하는 방법으로 이해하기 ▪인간이 설계한 객체들을 이해하기
디자인 절차	▪문제해결 ▪인내하기 ▪편집/수정하기(예: 명령어를 작성할 때)
디버깅	▪이전 작업들을 살펴보고 문제의 원인 찾아내기 ▪문제해결하기 ▪인내하기

파워풀 아이디어는 경험으로 접할 수 있습니다. 놀이터로서 코딩을 할 때, 컴퓨터 프로그래밍과 컴퓨팅 사고가 다른 분야의 주제들과 연계될 수 있으며, 파워풀 아이디어가 적용된 교육 과정이 가능해집니다. 그리고 나선형 교육 과정을 통해 더욱 발전될 수 있습니다. 나선형 교육 과정은 아이들이 점차 성장함에 따라 각각의 파워풀 아이디어들을 더욱 정교한 수준으로 이끌어줍니다.

발달테크놀로지연구진은 지난 10년 6개월 동안 어린아이들을 위한 코딩 교육 과정을 개발했습니다. 앞서 소개한 일곱 가지 파워풀 아이디어를 경험할 수 있는 활동들을 포함하였지요.

커리큘럼의 각 단원은 특정 주제와 관련되기는 하지만, 아이들이 일곱 가지 파워풀 아이디어를 모두 탐구할 수 있도록 구성되었습니다. 키보와 스크래치 주니어를 활용한 코딩 수업에서 활용할 수 있습니다.〈그림 6.3〉

〈그림 6.3〉

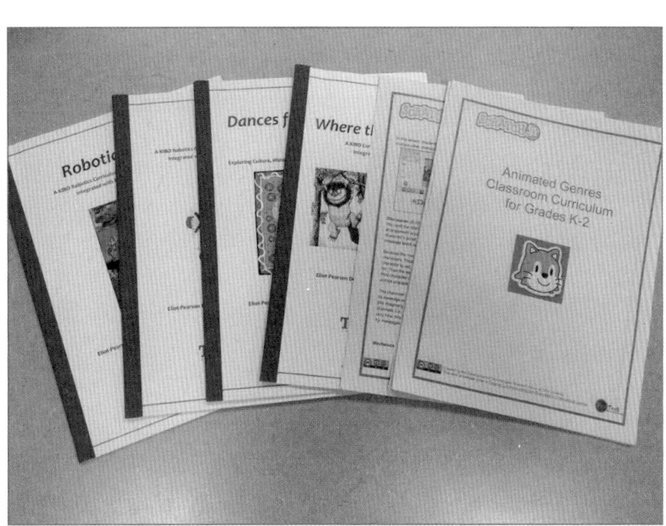

키보와 스크래치 주니어 수업을 위해 개발한 교육 과정에서는 춤, 문화, 정체성 등의 다양한 주제를 탐구합니다.

놀이하듯 가르치는 코딩 커리큘럼

커리큘럼의 각 단원은 파워풀 아이디어를 중심으로 구성되며, 아이들이 아이디어를 탐구하고 더욱 발전시킬 수 있도록 내용을 구성하였습니다.

- **개념**Concepts: 지식으로 이어지는 개념.

  ex) 특정 프로그래밍 언어의 문법이나 구문 또는 기능.

- **기술**Skills: 행동으로 이어지는 기술. 특정 작업을 실행하는 것과 관련된 기술들은 로봇 공학, 프로그래밍 및 컴퓨팅 사고 분야에 국한되지 않고, 일반적인 분야에서도 널리 활용될 수 있습니다.

  ex) 문제해결 방법을 체계적으로 만들고 구현, 가능한 한 다양한 문제해결 방법을 탐색, 개방적인 문제 또는 어려운 문제를 해결하기 위한 전략.

- **마음의 습관**Habits of mind: 감정을 이끄는 마음의 습관. 실패에 유연하게 대응하는 태도는 인내와 감정조절과 같은 실행 능력을 기르는 데 도움이 됩니다. 마음의 습관은 우리의 행동 패턴을 결정하는 가장 기본적인 요소입니다.

  ex) 실패에 대한 긍정적인 태도.

- **아이디어**Idea: 혁신을 이끄는 아이디어. 획기적인 프로젝트를 창작하여 다른 사람들과 공유하는 것, 또는 공동의 문제를 해결할 수 있는 해결 방법을 고안하는 것 모두 아이디어의 산물입니다. 예를 들어, 어느 유치원에서는 다람쥐가 더 이상 유치원에서 키우는 작물들을 먹지 못하도록 로봇 다람쥐를 만들어 겁을 주었습니다.

지난 수년 동안, 발달테크놀로지연구그룹의 연구진은 아이들의 발달 단계에 적절한 놀이 기반의 코딩 커리큘럼을 개발했습니다. 커리큘럼의 내용들은 스템, 리터러시, 사회과학 및 예술과도 통합됩니다. 우리 연구진의 목표는 다양한 인종 및 문화적 환경을 수용하고, 남아와 여아 성별 구분 없이 누구에게나 컴퓨터과학에 대한 긍정적 인식을 심어주는 것입니다. 그리고 유아 교육 과정에 컴퓨팅 사고를 반영하여 코딩 교육과 유아 교육 과정 모두를 견고히 하는 것입니다.

아래 웹사이트를 방문하면 어린아이들을 위해 개발한 커리큘럼 및 교육자료들을 무료로 다운받을 수 있습니다.

- 발달테크놀로지연구그룹 공식 홈페이지: http://sites.tufts.edu/devtech/
- 스크래치 주니어 공식 홈페이지: http://www.scratchjr.org
- 키보 로보틱스 공식 홈페이지: http://kinderlabrobotics.com/kibo/

연구진이 개발한 커리큘럼은 다음과 같은 특징이 있습니다.

- 지난 수십 년간 어린아이들을 위한 프로그래밍을 연구해왔습니다.
- 바람직한 기술 개발Positive Technological Development, PTD 프레임을 기반으로 구성하였습니다.
- 어린아이들이 학습에 즐겁게 참여하고, 아이들의 발달 단계에 적합한 내용으로 유연하게 구성하였습니다.
- 리터러시로서 코딩을 이해하고, 표현에 중점을 둡니다.
- 유아 교육에서 중요하게 다루는 주제들과 연관됩니다.
- 다른 분야들과 통합된 컴퓨팅 사고를 커리큘럼에 반영합니다.
- 일반적인 문자 언어를 배우는 아이들에게 필요한 내용을 담고 있습니다.
- 유아 교육에서 중요시하는 사회적·정서적·인지적 요소들을 모두 고려합니다.
- 로보틱스, 낮은 수준의 기술을 활용하는 활동, 놀이 기반 활동들과 같이 다양한 프로그래밍 환경들을 설계 및 개발하였습니다.
- 문제 중심이 아닌 프로젝트 중심의 커리큘럼입니다.
- 유치원 취학 아동부터 초등학교 2학년 아동까지를 대상으로 하는 커리큘럼입니다.
- 커리큘럼의 각 단원은 순서와 상관없이 각각 독립적인 교육 활동들로 구성되어 있으며, 일곱 가지 파워풀 아이디어들을 다양한 수준으로 탐구할 수 있도록 합니다.

커리큘럼의 각 단원은 최소 20시간으로 구성됩니다. 주당 1~2회의 세션을 통해 몇 달 동안 진행하거나 1주일 동안 집중적으로 수업(예를 들어, 학교에서 캠프를 진행하거나 코딩 또는 로봇 주간)하기도 합니다. 모든 단원들은 노래하기, 연극하기, 게임하기 및 인형극 하기를 비롯하여 레고, 블록, 재활용 재료, 예술 재료, 기타 조작 재료 등의 낮은 수준의 기술 기반 재료들을 활용한 활동들로 구성되어 있습니다. 각 커리큘럼에는 앞에서 설명한 파워풀 아이디어를 중심으로 구성된 5~7개의 강의가 들어 있습니다. 각 단원에는 다음과 같은 섹션들이 포함되어 있습니다.

- **지식 및 목표**: 아동이 반드시 성취해야 할 지식의 내용과 수준.
- **재료**: 기술을 활용하는 재료와 기술을 활용하지 않는 재료를 모두 포함.
- **어휘**: 수업에서 탐구하는 핵심 단어들.
- **워밍업 게임 또는 토론**: 새로운 개념을 소개하기 위한 활동으로, 기술을 활용하지 않는 게임이나 활동.
- **주요 활동**: 개인이나 소그룹 단위로 진행되는 엔지니어링, 로보틱스, 또는 프로그래밍 활동.
- **기술 동아리 시간**: 친구들과 함께 질문에 대한 답을 생각해보고, 작품을 공유하며, 아이디어를 탐색하는 시간.
- **자유로운 놀이와 심화 활동을 위한 아이디어**: 아이 주도 놀이를 통한 개념 확장 요령. 각 커리큘럼은 아이들이 여러 세션들을 단계적으로 학습하고, 주어진 주제에 맞춰 최종 프로젝트를 완성하는 것으로 종료됩니다.〈표 6.2〉

〈표 6.2〉 키보 로보틱스 커리큘럼의 예시.

수업 주제		활동 내용
1	엔지니어링 디자인 절차	▪견고한 기계 장치 제작하기(단, 로보틱스 아님) ▪엔지니어링 디자인 절차를 통해 기계 장치 만들기
2	로보틱스	▪키보 로봇의 구성 요소 명시하기 ▪나무 블록을 사용하여 키보 로봇에 프로그램 스캔하기 ▪이동하는 로봇 제작하기
3	프로그래밍	▪앞서 계획한 로봇의 움직임에 해당하는 블록들을 찾아 적절한 블록 선택하기 ▪블록에 있는 못을 다음 블록의 구멍에 끼워 블록들을 순차적으로 연결하기 ▪완성된 프로그램을 키보 로봇에 스캔하기 ▪만약 원하는 대로 로봇이 움직이지 않으면, 명령어 조합을 수정하기(디버깅)

4	센서(1)	▪키보 로봇의 소리 센서 사용하기 ▪박수 기다리기 블록(Wait For Clap Block)으로 프로그래밍하기 ▪인간의 감각과 로봇의 센서를 비교, 대조하여 설명하기
5	반복 루프	▪루프 구문이 필요한 상황을 생각해보기 ▪루프를 사용하여 프로그램 만들기 ▪숫자 매개변수를 사용하여 루프가 실행되는 횟수 지정하기
6	센서(2)	▪키보의 거리 센서와 빛 센서 사용하기 ▪인간의 감각과 로봇의 센서를 비교, 대조하여 설명하기
7	조건	▪빛 센서를 로봇에 부착하기 ▪분기 구문이 필요한 상황을 생각해보기 ▪분기 구문을 사용하여 프로그램 만들기
8	최종 프로젝트	▪자신이 직접 디자인한 로봇을 만들고 프로그래밍하기 최종 프로젝트는 다양한 주제들과 통합됩니다. 다음은 커리큘럼에 포함된 최종 프로젝트의 예시입니다. -세계 각국의 춤(로보틱스 + 음악) -일상에서의 패턴(로보틱스 + 수학) -아이디타로드(Iditarod: 세계 최대의 개썰매 경주)(로봇 + 사회 연구) -물체는 어떻게 움직일까(로보틱스 + 물리)

본 커리큘럼의 주제별 단원 구성은 모두 매사추세츠공과대학의 과학기술 공학 커리큘럼 프레임워크와 과학기술 리터러시 표준을 모두 충족하도록 설계되었습니다. 예를 들어, '세계 각국의 춤' 단원은 아이들이 춤을 문화의 일부로서 연구하고, 로봇을 제작하고, 로봇을 꾸미고, 로봇이 춤을 추도록 프로그래밍하는 활동으로 구성됩니다. '스크래치 주니어 동영상 만들기' 단원은 아이들이 게임의 프로토타입을 직접 디자인하고, 프로그래밍하고, 테스트하는 활동으로 이어집니다. 어린아이들은 최종 프로젝트를 완성하기까지 다양한 학업 능력들을 성취합니다. 이러한 커리큘럼은 영재 아동이나 특수 아동을 위한 특수 교육으로도 확장할 수 있습니다.

지금까지 엔지니어링 및 과학기술 분야에서 여자아이들 또는 소외 계층의 아동들을 과소 평가해왔습니다. 그러나 본 커리큘럼은 관련 연구들을 토대로 여자아이들과 소외 계층 아이들도 즐겁게 참여할 수 있는 활동의 형식과 내용들을 고민하였습니다. 발달테크놀로지연구그룹의 연구진이 개발한 커리큘럼의 모든 단원에는 코딩 활동이 포함됩니다. 아이들은 코딩, 언플러그드 활동, 그리고 낮은 수준의 기술들을 활용하여 컴퓨팅 사고를 향상시킵니다.

다음 장에서는 코딩하는 과정을 소개하고, 놀이터로서 코딩하는 과정이 어린아이들에게 어떠한 유익한 경험을 제공하는지를 살펴봅니다.

7장 코딩하기

5살인 제이미는 키보 로봇을 사용하여 자신의 방을 청소합니다. 제이미의 방에는 장난감들이 널려 있어서 매우 지저분합니다. 제이미는 엄마가 자신의 방을 깨끗하게 치워주는 것을 좋아하지 않습니다. 그래서 스스로에게 "어떻게 하면 키보가 나를 도와줄 수 있을까?" 하고 묻습니다. 그러고는 키보가 제이미를 도울 수 있는 여러 가지 방법들을 상상해봅니다.

예를 들어, 키보 로봇이 방바닥에 널려 있는 장난감을 감지할 때마다 경고음을 울려 제이미가 장난감을 치우도록 하는 것입니다. 또는 키보에게 레고 블록을 부착하여 쟁기를 만들고, 키보가 직접 장난감을 집어 올리도록 프로그래밍할 수 있습니다. 또는 키보가 바닥에서 무작위로 움직이면서 장난감들을 옆으로 밀어내도록 프로그래밍할 수도 있습니다. 키보가 제이미를 돕는 방법은 얼마든지 다양하게 생각해낼 수 있습니다. 제이미는 키보가 그녀를 돕는 방법을 계획하고 선택해야 합니다.

마침내 제이미는 여러 고민 끝에 다양한 아이디어를 생각해냅니다. 무한 루프를 사용하여 키보가 전진하여 오른쪽으로 이동하기를 계속 반복하고, 이동하는 도중에 빛 센서를 차단하는 물체를 만나게 되면 '삐-' 하고 경고음을 냅니다. 그러고는 키보 로봇의 앞쪽에 거대한 쟁기를 만들어서 로봇이 직접 장난감을 들어 올리게 만들기로 합니다.

이제, 흥미로운 일들이 시작됩니다. 제이미는 자신만의 프로젝트를 만들 준비가 되었습니다. 제이미가 프로젝트를 만들기 시작하면, 수많은 도전 과제들을 만나게 됩니다. 혼자 힘으로 해결할 수 있는 문제들도 생기지만, 어떤 문제들은 너무 어려워서 기존의 계획을 변경해야 될 때도 있습니다. 키보 로봇을 프로그래밍하고, 쟁기를 조립한 후 키보 로봇이 제대로 작동하는지 테스트합니다. 제이미가 로봇을 테스트할 때마다 개선해야 할 부분들이 생깁니다.

그러나 제이미는 결코 포기하지 않습니다. 자신의 프로젝트를 성공적으로 완수하고 싶어 하지요. 한 시간 동안 키보 청소 로봇을 만든 제이미가 엄마를 부릅니다. 엄마에게 직접 만든 키보 청소 로봇을 보여드리고 싶어서입니다. 엄마는 제이미가 만든 로봇을 보고는 매우 놀라워합니다. 제이미가 만든 키보 청소 로봇이 제이미의 방에서 이리저리 이동하는 모습을 봅니다. 키보는 바닥에 널려 있는 옷가지와 양말을 보고 멈추기도 하고, 가구와 장난감 쪽으로 달려들기도 하고, 때로는 경고음을 내기도 합니다.〈그림 7.1〉

〈그림 7.1〉 제이미의 키보 청소 로봇.

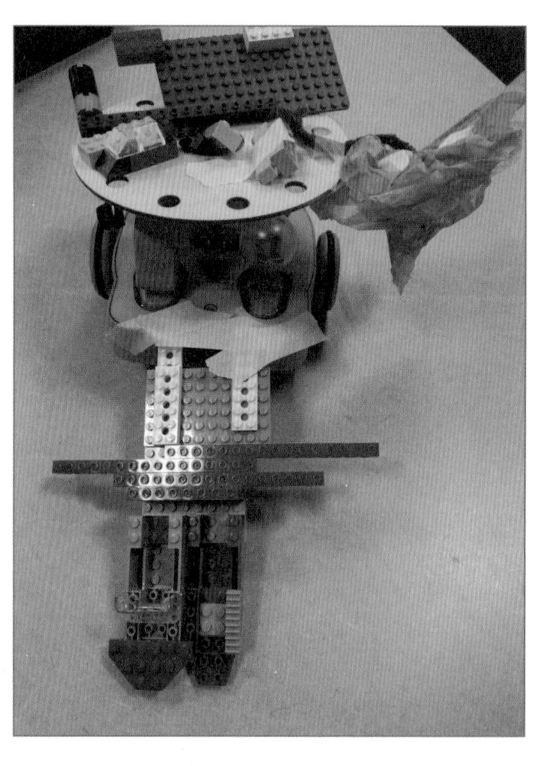

제이미는 키보가 자신의 방안을 이리저리 움직이면서 레고 블록으로 만든 쟁기로 바닥에 떨어져 있는 장난감들을 치우도록 프로그래밍하였습니다.

제이미는 키보를 쫓아 다니면서, 키보가 장난감을 만나서 이동을 멈추고 경고음을 내면 레고 블록으로 만든 쟁기(제이미가 붙인 이름)를 아래로 펼쳐 장난감을 들어 올립니다. 제이미의 엄마는 아이가 스스로 프로젝트를 완성하기 위해서 많은 시간 노력하고, 훌륭한 아이디어를 발휘한 것에 대해 몹시 놀라웠습니다. 비록, 키보 로봇으로 장난감을 치우는 것이 그냥 바로 치우는 것보다는 훨씬 오래 걸리지만, 엄마는 제이미를 매우 자랑스럽게 생각합니다. 엄마에게는 제이미가 만든 키보 청소 로봇의 완성도보다 프로젝트를 수행하는 과정에서 제이미의 창의성이 발현되었다는 사실이 중요하게 느껴졌습니다.

제이미는 위와 같은 프로젝트를 완수하기까지 어린아이들에게 적합한 디자인 절차의 여섯 단계를 모두 거쳤습니다. 즉, 질문하기, 상상하기, 계획하기, 창조하기, 테스트 및 개선하기, 다른 사람들과 공유하기입니다. 제이미는 여섯 단계를 순차적으로 수행한 것처럼 보이지만, 실제로는 굉장히 복잡하고 어지럽게 진행되었습니다. 때로는 이전 단계로 돌아가거나 다음 단계로 넘어가기도 했으며, 테스트를 하는 동안 새로운 질문들을 던졌고, 로봇을 제작하면서 새로운 청소 방법을 생각하기도 했습니다.

이 장에서는 프로그래밍과 관련된 디자인 절차에 대해 설명하고 있습니다. 디자인 절차는 아이디어를 찾아 질문하는 것으로 시작되며, 다른 사람들과 공유 가능한 최종 프로젝트를 만드는 것으로 끝이 납니다. 디자인 절차는 컴퓨팅 사고를 가시화합니다. 즉, 코딩은 표현의 도구이자 의사소통을 위한 도구가 됩니다. 앞서 소개한 제이미의 사례처럼, 로보틱스를 활용한 코딩을 위한 디자인 과정은 엔지니어링 디자인 절차와 비슷합니다.

이제 어린아이들도 미국의 주 또는 국가 차원의 프레임워크에 따라 유치원에서부터 엔지니어링 디자인 절차를 배우게 되었습니다. 터프츠대학교의 발달테크놀로지연구그룹은 엔지니어링 디자인 절차를 K-16 교육 과정에 적용하고, 개선시키는 데 앞장서고 있습니다.

한편, 터프츠대학교의 교육용 엔지니어링 대외협력센터Center for Educational Engineering Outreach, CEEO는 레고 사를 비롯한 여러 업체들과 협업하여 교육용 공학 도구를 개발하고 있습니다. 주로 어린이부터 성인까지 엔지니어링 디자인에 대한 개념과 프로세스를 학습하는 과정을 연구하고 있습니다.

지난 2003년, 보스턴의 과학박물관Boston Museum of Science 연구진들은 미국 전역의 초등학생을 위한 엔지니어링 프로젝트Engineering Elementary Project, www.eie.org를 시작하였습니다. 그리고 엔지니어링 디자인 개념을 수업에 도입하고자 하는 교사들에게 관련 자료들을 배부하였습니다. 엔지니어링 디자인 절차는 전문 엔지니어가 특정 기능을 수행하는 제품이나 프로세스를 만들 때 체계적으로 적용하는 일련의 작업 수행 단계입니다.

이 절차는 대체로 매우 반복적이며, 그중 일부는 다음 단계로 넘어가기 전에 수없이 반복해야 하기도 합니다. 게다가 각 단계에서 의사결정을 해야 하고, 주어진 문제를 해결하기 위해 도전해야 하며, 성공적으로 해내기까지 수없이 실패하기도 합니다. 다음은 K-2 아동들을 위해 총 여덟단계로 압축된 매사추세츠의 엔지니어링 디자인 절차입니다.

1) 무엇이 문제이고, 왜 해결해야 하는지 생각하기

2) 문제의 본질과 필요성에 대해 생각하기

2) 문제를 해결할 수 있는 방법 고안하기

4) 최적의 문제해결 방안 선택하기

5) 프로토타입 만들기

6) 문제해결 방법을 테스트하고 평가하기

7) 문제해결 방법에 대해 논의하기

8) 디자인 개선하기

발달테크놀로지연구그룹은 위와 같은 엔지니어링 디자인 절차를 어린아이들의 발달 수준에 맞게 여섯 단계로 재구성하였습니다. 아이들이 프로세스를 쉽게 기억하고 적용할 수 있도록 하였으며, 문제를 파악하는 것이 아닌 질문하는 것으로 시작합니다.

1) 질문하기

2) 상상하기

3) 계획하기

4) 창조하기

5) 테스트 및 개선하기

6) 다른 사람들과 공유하기

컴퓨테이셔널 디자인 절차computational design process 역시 체계적 사고를 돕습니다. 그러나 엔지니어링 디자인 절차와 컴퓨테이셔널 디자인 절차 사이의 가장 큰 차이점은 활동의 '목적'입니다. 문제를 파악하는 것으로 시작되는 엔지니어링 디자인 절차의 목적은 문제를 해결하기 위한 방법을 만들어내는 것으로 종료됩니다.

반면, "리터러시로서 코딩" 절차는 상상력과 호기심을 갖고 질문하는 것으로 시작되며, 자신만의 프로젝트를 완성하고, 다른 사람들과 함께 공유하는 것으로 모든 절차가 종료됩니다. 즉, 엔지니어링 디자인 절차는 문제를 해결하는 것과 해결 방법에 중점을 두는 반면, 컴퓨테이셔널 디자인 절차는 상상력과 창의력을 발휘하여 자신을 표현하는 작품을 만들고 공유하는 과정을 중시합니다. 컴퓨테이셔널 디자인 절차는 엔지니어링 디자인 절차, 과학적 탐구 절차, 그리고 작문하는 과정과 마찬가지로 학생들에게 일련의 단계를 거치도록 안내합니다.

컴퓨테이셔널 디자인 절차 역시 순차적인 단계로 구성되지만, 각 단계는 서로 다른 단계들과 상호 연관되어 있으며, 특정 단계를 수행하는 중에 이전 또는 다음 단계로 이동할 수 있습니다.

디자인하는 것은 매우 복잡하고 다루기 힘든 작업입니다. 디자인 절차는 여러 활동들을 일련의 순서대로 구성하기 위한 프레임워크를 갖고 있지만, 늘 순서대로 깔끔하게 수행되지는 않습니다. 그러나 모든 절차는 기존 지식(과학에서는 내용 지식, 엔지니어링에서는 문제해결 과정에 필요한 지식 또는 문제에 대한 지식)으로 시작하며, 추가적인 지식(과학 분야에서), 해결책(엔지니어링 분야에서), 그리고 프로젝트(컴퓨터과학 분야에서)로 점진적으로 구체화됩니다. 글 쓰는 과정 역시 아이디어나 글로 쓰인 기존 지식들로 시작하며, 글쓰기, 다시 쓰기, 초안 편집하기 등의 반복적인 작업을 수행하면서 더욱 구체화됩니다. 그리고 다른 사람들과 공유할 수 있는 최종 작품으로 마무리됩니다.〈그림 7.2〉

〈그림 7.2〉

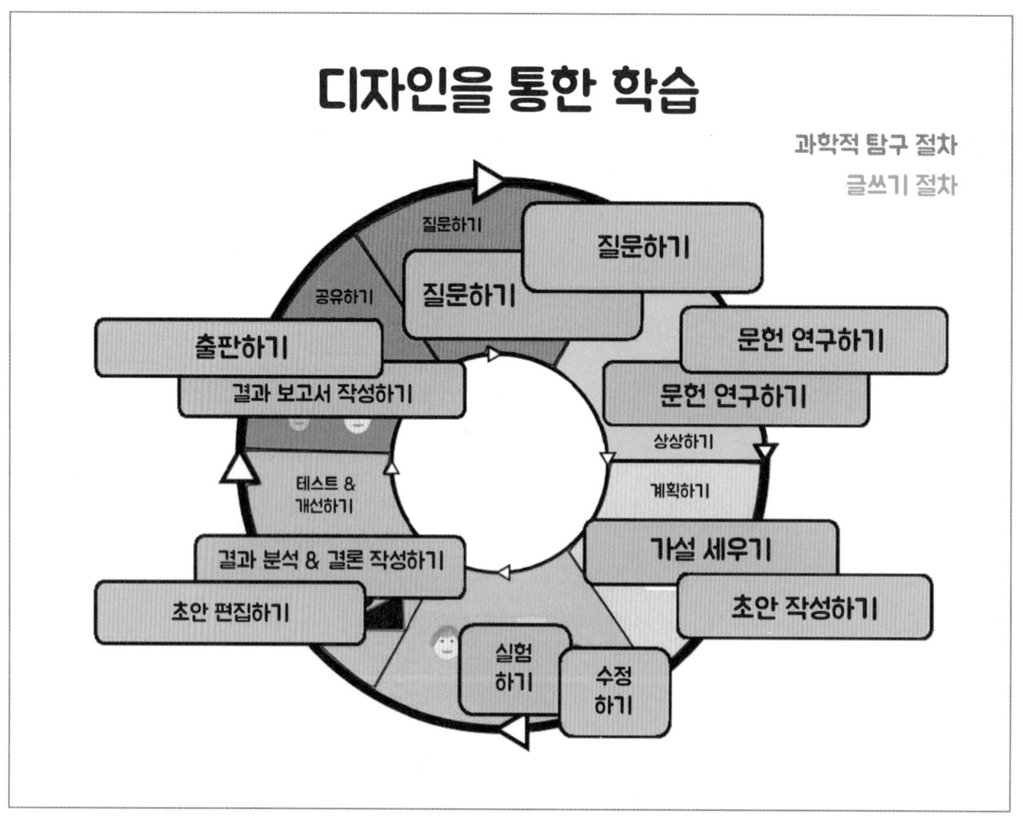

위 그림은 '과학적 탐구 절차'와 '글쓰기 절차'가 겹쳐지는 부분입니다. 디자인 절차는 기존의 지식과 질문으로 시작되며, 디자인을 만들고 개선하는 방법을 찾아갑니다. 과학적 탐구 절차와 글쓰기 과정 모두 새로운 무언가를 만들고 개선시키기 위해 우리가 알고 있는 것들을 기반으로 동일한 방법으로 접근합니다.

절차들의 유사성(사전 지식과 기술, 창의력, 생산력, 반복, 그리고 의사소통)에 대해 다른 분야의 전문가들과 이야기를 나누어 보면, 어떤 사람들은 자신의 일상적인 업무 과정과 연관시켜 설명하기도 합니다.

예를 들어, 대부분 기업가들은 사업 계획을 수립하는 과정이 위의 절차와 유사하다고 말합니다. 마케팅 전문가들과 이야기를 나눌 때에도 위와 유사한 프로세스로 마케팅 전략을 수립한 경험들을 소개합니다. 교육자들은 커리큘럼을 개발하는 프로세스를, 소프트웨어 개발자들은 코드를 작성하는 프로세스를 말합니다. 건축가, 조경가, 예술가, 작가, 공연가, 작곡가, 계약자, 기계공처럼 무언가를 창작하는 사람들 역시 위와 유사한 디자인 절차를 거칩니다.

우리는 누군가가 만든 다양한 사물들이 존재하는 세상을 살아가고 있습니다. 그래서 무언가를 만드는 과정은 매우 중요하며, 어린아이들 역시 이러한 과정을 경험하고 탐구해야 합니다. 저의 박사 과정 동료이자 스크래치 주니어 프로젝트의 공동 작업자인 미첼 레스닉은 다음과 같이 표현했습니다.

> 새로운 무언가를 만들고, 머릿속으로 새로운 아이디어를 만들어내는 것 사이에는 끊임없는 상호작용이 일어납니다. 당신이 새로운 물건을 만들면, 자신을 비롯한 다른 사람들로부터 피드백을 받아 당신의 아이디어를 수정하고, 개선할 수 있습니다.
> 새로운 아이디어는 또 다른 새로운 것을 만드는 데 영감을 줍니다. 이 과정은 서로를 강화시킵니다. 무언가를 배우는 것으로 끝나지 않습니다. 새로운 아이디어를 내고, 무언가를 만드는 과정은 나선형의 형태로 더욱 발전됩니다.
> 이러한 나선형 접근 방식은 유아 교육의 핵심이자 창조적 과정이라 할 수 있습니다. 어린아이들은 블록을 쌓아서 타워를 만들거나 그림을 그리는 과정에서 새로운 타워와 새로운 그림에 대한 아이디어를 떠올립니다. 그리고 시간이 지날수록, 창의적 프로세스에 대한 직관력을 가집니다.

미첼 레스닉은 주기적으로 창의적인 생각을 하고, 이를 강화시키는 과정을 "나선형 형태의 창의적 사고creative thinking spiral"라고 표현합니다. 그는 상상, 창조, 놀이, 공유, 반추 등의 단계들을 소개하며, 문제해결과 마찬가지로 즐거움을 강조합니다. 아이들은 자신의 아이디어를 발전시키는 방법을 배우고, 아이디어를 실제로 실행해보고, 아이디어의 한계를 검증해보고, 또 다른 대안들을 실험해보고, 다른 사람들에게 자신의 아이디어와 산출물을 소개하고 논의하는 과정에 나선형 형태의 창의적 사고를 경험합니다.

어린 디자이너를 위한 첫걸음

어린아이들은 크나큰 아이디어를 가지고 있습니다. 그래서 아이들은 자신의 아이디어를 수행하는 데 종종 어려움을 겪기도 합니다. 우리는 아이들이 자신의 아이디어를 더욱 확장하여 다양하고 광범위하게 질문을 하도록 돕고 싶지만, 아이들이 아이디어를 실제로 수행할 수 없다는 것을 깨닫고 좌절하기를 바라지는 않습니다. 그래서 아이들이 다룰 수 있는 범위 내에서 아이디어를 정리해줄 필요가 있습니다.

그러나 한편으로는, 아이들의 창의력을 제한하고 싶지 않습니다. 다시 말하면, 아이들이 프로젝트를 실패하지 않도록 미리 보호하고 싶지는 않습니다. 실패를 통해 도전을 반복하고, 그 과정에서 배우는 것들이 있기 때문입니다.

이러한 문제를 해결하기 위해서는 디자인 절차의 핵심 아이디어가 필요합니다. 아이들이 아이디어를 탐구하는 데 필요한 질문과 문제들을 간단한 단어들로 표현하는 것은 도움이 됩니다.

발달테크놀로지연구그룹은 아이들이 큰 질문과 그것과 관련된 작은 질문들을 잘 이해할 수 있도록 이끌어주는 연구를 하고 있습니다.

우리 연구진은 아이들이 브레인스토밍brainstorming(특정 문제를 해결하기 위해서 여러명이 함께 모여 창의적인 생각들을 자유롭게 표현하고, 그 중에서 적절한 방안들을 선택)을 통해 질문을 해결할 수 있는 잠재적인 방안들을 생각해보고, 이들의 장단점을 평가하도록 합니다. 아이들이 실현 가능한 방안을 선택하도록 안내해주고, 이것을 실제로 계획하고 실행할 수 있도록 격려합니다. 아이들 대부분은 계획하는 것을 어려워하므로, 디자인 저널을 쓰도록 하거나 친구들 인터뷰와 같은 방법으로 계획을 세울 수 있도록 안내합니다. 아이들이 프로토타입을 제작할 수 있도록 필요한 도구들도 제공합니다.

일단 프로토타입 제작이 끝나면, 아이들은 테스트를 해봅니다. 우리는 아이들이 다른 사람들과 함께 테스트해볼 것을 권장합니다. 대체로 다른 사람들과 함께 프로토타입을 검증하는 과정에서 해결해야 할 새로운 문제들이 드러납니다. 프로토타입을 만든 방식과는 다른 관점이나 방법으로 테스트하기 때문이지요.

아이들이 첫 번째 프로토타입에 대한 문제점들을 발견하게 되면, 아이들이 문제를 개선하는 데 필요한 시간, 공간, 자원 및 도움을 제공합니다. 피드백을 기반으로 문제해결 과정을 반복적으로 수행하는 것은 매우 중요합니다. 마지막으로, 아이들은 자신의 아이디어를 다른 친구들과 공유합니다. 누군가와 아이디어를 공유하는 과정은 매우 어렵습니다. 누군가와 함께 학습하는 것 역시 어렵습니다.

개인용 컴퓨터 개발의 선구자인 앨런 케이Alan Kay는 즐겁고도 도전적인 활동을 표현하기 위해 "어려운 재미hard fun"라는 문구를 만들었습니다. 코딩 놀이터에서는 아이들에게 "어려운 재미"를 경험하고, 실패에 유연하게 대응할 수 있도록 도움을 줍니다.

코딩 놀이터를 경험하는 아이들은 매우 어립니다. 일부는 발달상 유아기의 "발끈 화내는 단계tantrum stage"에 머물러 있어서 자신의 뜻대로 되지 않을 때에는 화를 내기도 합니다.[52]

어떤 교사들은 아이들에게 한 번에 성공하는 것은 드물다는 것을 인식시키고, 아이들이 실망하기 이전에 충분히 도전하지 않았음을 일러줍니다. 또 다른 교사들은 아이들이 프로젝트를 성공하기까지 100번이나 실패를 겪게 될 것이라는 점을 미리 설명해줍니다. 위와 같은 접근은 안전한 학습 환경을 조성합니다.

모두가 실패를 겪습니다. 그리고 실패를 통해 배웁니다. 제가 본 최고의 교사들 중 일부는 실패를 웃음으로 이끌어줍니다. 아이들이 놀이터에서 실수했을 때 웃어넘기는 것처럼, 수업 활동에서 실패를 겪었을 때에도 웃으면서 실패를 의연하게 받아들이는 것이지요. 제 경험상, 아이들이 기술을 사용하여 작업을 하는 과정에서 실패를 겪고 유연하게 대처하도록 이끌어주기 위해서는 아이들이 즐겁게 참여하고 웃음소리가 들리는 학습 환경을 조성하는 것이 가장 좋은 방법입니다.

어린 디자이너를 위한 도구

어린아이들을 위한 디자인 절차 과정에서 비계scaffold는 어떻게 제공해야 할까요?

발달테크놀로지연구그룹은 지난 수년 동안 아이들에게 코딩 경험을 안내하기 위한 전략들을 개발해왔습니다. 그러나 이것은 매우 조심스러운 일입니다. 우리는 아이들로부터 즐거움을 빼앗고 싶지 않습니다. 코딩은 놀이터입니다. 디자인 절차가 너무 상세하면, 즐거움이 반감될 수 있습니다. 우리는 아이들에게 디자인 저널을 나누어주고, 아이들이 아이디어를 자유롭게 표현할 수 있도록 편안한 수업 환경을 조성합니다.

우리는 디자인 절차의 도입부에 아이들에게 프로젝트를 실행하는 데 필요한 질문들에 답하는 시간을 가졌습니다. 아이들이 자신의 프로젝트에 대한 생각을 다른 친구들에게 인터뷰하여 비디오 영상으로 촬영하도록 하고, 그 과정에서 어떠한 어려움을 겪었는지를 토론시킵니다. 때로는 인터뷰 영상과 자료들을 아이들의 포트폴리오 중 일부로 만들어서 학부모들과 공유합니다. 인터뷰 영상을 제작하는 것처럼 디자인 저널을 쓰는 것은 아이들이 자신의 생각을 명확하게 하는 데 도움을 줍니다. 이것은 학부모와 교육자에게도 좋은 자료가 됩니다.

그러나 모든 아이들이 디자인 저널을 작성하는 것을 좋아하지는 않습니다. 디자인 저널을 쓰면 디자인 절차를 체계적으로 다룰 수 있지만, 어떤 아이들은 계획을 세우는 것을 어려워하거나 싫어합니다. 이 아이들은 시모어 페퍼트 교수와 셰리 터클Sherry Turkle 교수가 '틴커러tinkerers[53]'와 '브리콜레어bricoleurs[54]'라 칭하는 학습자일 가능성이 있습니다. 즉, 미리 계획하지 않아도, 설계하고 제작하고 프로그래밍하는 과정에서 새로운 아이디어가 발현되기도 합니다.

> 목공을 하는 사람인 브리콜레어는 화가가 붓놀림을 하기 전에 캔버스를 보며 잠시 고민하는 것처럼, 잠깐 동안의 묵상 후에 다음 작업을 결정합니다. — **터클 & 페퍼트**

코딩 놀이터는 아이들의 다양한 학습 스타일 및 디자인 스타일을 고려합니다. 어떤 아이들은 미리 계획 세우는 것을 좋아하거나 필요로 합니다. 또 다른 아이들은 일단 만들고, 재료들을 어질러놓는 과정에서 아이디어를 내기도 합니다. 틴커러와 사전에 계획을 세우는 아이들 모두 서로에게서 배울 점이 있습니다. 그러나 디자인 절차의 개념을 강화하고, 무언가를 만들 수 있게 하는 것은 분명 그 가치가 있습니다. 무언가를 만드는 과정은 완성된 결과만큼 중요합니다. 즉, 결과 못지않게 과정도 중요합니다.

아이들이 완성된 프로젝트를 다른 사람과 공유할 때, 최종 결과물뿐만 아니라 코드를 어떻게 작성했는지도 설명하게 합니다. 아이들이 어떠한 과정을 거쳐서 프로젝트를 완성했는지 소개할 필요가 있습니다. 다른 유아 교육과 마찬가지로, 우리는 아이들이 학습을 하는 동안 겪었던 성공적인 경험이나 실패로 인해 좌절했던 경험들 모두를 보여주기를 바랍니다. 디자인 절차를 시각적으로 보여주는 것이 학습자가 원하는 대로 작동하지 않는 프로토타입이나 실패한 전략을 공유하는 데 도움이 됩니다. 그리고 "교수 가능한 순간teachable moments"에 교사가 적절한 도움을 주기도 합니다. 관련 내용은 저서 『블록에서부터 로봇까지Blocks to Robots』에 자세히 설명하였습니다.

교수 가능한 순간에는 아이들에 디버깅을 하는 데 필요한 최적의 기회입니다. 디버깅은 버그를 찾아 해결하는 과정으로, 이 책의 6장에서 소개한 파워풀 아이디어 중 하나입니다.

아이들이 주도하는 코딩

올해 7살인 마리오는 스크래치 주니어로 게임을 만들고 있습니다. 하늘을 나는 돼지 무리들이 태양에 부딪히면 폭발하는 게임을 만들고 있지요. 그는 페이지를 두 개 만들어 사용하고 있습니다. 첫 번째 페이지에는 다섯 마리의 돼지가 하늘을 날고 있습니다. 두 번째 페이지에는 밝게 비추는 태양을 그려 넣었습니다.〈그림 7.3〉

〈그림 7.3〉

마리오가 만든 프로그램: 하늘을 나는 다섯 마리의 돼지들.
마리오는 돼지들이 첫 번째 페이지에서 두 번째 페이지로 이동하여 태양 근처에서 '펑' 하고 폭발하기를 바라지만, "다음 페이지로 이동" 하는 명령어 블록을 아직 찾지 못했습니다.

마리오는 돼지들을 다음 페이지로 넘길 수가 없습니다. 마리오는 유치원의 기술 동아리 시간에 아직 실행되지 않는 프로그램을 친구에게 보여주고 설명합니다. 때마침, 마리오는 자신의 문제를 해결할 수 있는(또는 "디버깅") 또 다른 아이디어를 떠올립니다.

이러한 접근 방식은 학습자가 자신의 필요에 따라 원하는 기술적 정보를 습득하도록 합니다. 즉, 교사의 지시적 수업이 아닌 학습자가 원하고 필요한 것을 기반으로 학습합니다. 이것은 학습자들이 상호작용하고 도와가며 학습하는 학습 공동체를 구성하도록 돕습니다. 구성원들이 서로 다른 역할을 수행하고, 서로 다른 방식으로 교실 문화에 참여하여 학습을 발전시키는 데 도움이 되지요.

기술 동아리 수업은 프로젝트 진행 초기에 20분 정도, 또는 프로젝트가 끝나는 시점에 한 번만 개설할 수 있습니다. 기술 동아리 시간에는 아이들이 필요로 하는 학습 자료를 제공하고, 새로운 개념을 소개하거나 이전에 학습한 개념을 더욱 강화시키기도 합니다. 그런데 아이들은 종종 교사가 대답을 준비하지 못한 질문을 던지기도 합니다.

이러한 경우는 프로그래머가 정확한 답을 모를 때 다양한 모델링해볼 수 있는 기회입니다. 교사는 아이들에게 자신이 관련 내용을 충분히 알고 있지 않다는 점을 공개적으로 알리고 "글쎄, 선생님은 잘 모르겠어요. 우리 같이 생각해봅시다!" 하고 얘기하거나 답을 알고 있는 다른 아이들이 있는지를 확인합니다. 만약 두 가지 방법으로도 해결되지 않으면, 아이들이 전문가에게 질문하거나 온라인으로 관련 자료를 검색하여 다음 시간에 답변을 가지고 오도록 유도합니다.

정보를 검색하고, 문제를 해결할 수 있는 방법을 찾아내고, 적절한 도움과 자원들을 찾는 것은 정보 과학자를 비롯한 특정 분야의 전문가들이 매일같이 하는 아주 중요한 활동들입니다. 자신만의 아이디어를 갖는 것부터 완성된 프로젝트를 다른 사람들과 공유하기까지 디자인 절차의 모든 과정은 어린아이들이 유의미한 학습 습관을 형성할 수 있는 최적의 기회입니다. 디자인 절차를 경험한 아이들은 이후 자신의 삶에도 적용할 수 있는 역량을 기를 수 있습니다.

다음 장에서는 코딩을 통한 개인의 성장과 잠재력에 대해 살펴봅니다.

8장

아이들의 성장을 돕는 코딩

브랜든은 10분 이상 키보 로봇을 가지고 고군분투 하고 있습니다. 그는 키보로 만든 사자가 가젤을 뒤따라 달리도록 만들 예정입니다. 브랜든은 지난밤에 집에서 '아프리카의 야생동물'에 대한 다큐멘터리를 보았습니다. 그는 키보 사자가 앞으로 쭉 움직이도록 프로그래밍했지만, 실행 버튼을 누를 때마다 로봇이 방향을 바꾸어 선회합니다. 그러나 브랜든은 포기하지 않습니다. 혼자 힘으로 키보 사자를 만드는 것이 자랑스럽게 느껴집니다. 그리고 누군가에게 도움을 청하는 것이 쑥스럽게 느껴집니다. 브랜든은 혼자 해결하고 싶어 합니다.

브랜든은 이전에 다른 프로젝트를 혼자 힘으로 완성해낸 경험이 있습니다. 로봇의 전진하기 명령어를 살펴보고 다시 실행해보지만, 여전히 키보 사자는 전진하지 않고 회전합니다. 결국 브랜든은 가장 친한 친구인 톰에게 문제를 얘기합니다.

이번에는 둘이 같이 시도해보지만, 여전히 키보 사자는 전진하지 않습니다. 톰은 잘 해결되지 않는 것에 의아해하며 브랜든에게 선생님께 도움을 청해보기를 권유합니다. 그런데 브랜든은 선생님께 도움을 요청하는 것을 부담스러워합니다.

가르시아 선생님은 "만약 문제를 어떻게 해결해야 할지 모를 때에는 친구에게 가장 먼저 물어보렴" 하고 말하곤 했습니다. 톰은 브랜든을 안심시키며 둘이 함께 선생님께 도움을 요청하러 갑니다. 가르시아 선생님은 로봇을 빠르게 살펴보고는 문제의 원인으로 보이는 초록색의 작은 점에 대해 설명해줍니다. 그러나 또 다른 원인 하나는 알려주지 않습니다. 순간 브랜든은 두 개의 모터 모두 초록색 불이 들어와야 한다는 것을 깨닫습니다. 브랜든이 선생님께 감사인사를 드린 후 키보를 가지고 제자리로 돌아왔습니다.

그러나 톰은 여전히 문제의 원인을 명확히 알지 못합니다. 브랜든은 톰에게 초록색의 작은 점이 모터의 방향을 나타낸다고 설명해줍니다. 두 개의 모터 중 하나가 다른 하나보다 더 빨리 회전했기 때문에 키보 로봇이 직진하지 못하고 계속 선회했던 것입니다. 브랜든이 모터들을 다시 조립하니, 원했던 대로 키보 사자가 앞으로 나아갑니다.

브랜든과 톰은 문제를 해결하는 것 이상으로 많은 일들을 했습니다. 서로 돕고, 협업하고, 선생님께 도움을 청한 것처럼 문제 상황에서 어떻게 행동할지를 선택하고, 서로의 약점들을 보완해주었습니다. 아이들은 공감과 정서적인 관계를 잘 보여주고 있었습니다.

저는 기술을 사용하는 과정에서 드러나는 바람직한 행동들(의사소통, 협업, 커뮤니티 만들기, 콘텐츠 창작, 창의력, 행동 선택)을 정의하기 위해서 바람직한 기술발달 프레임워크PTD를 개발했습니다.

PTD 프레임워크에는 여섯 개의 'C'가 있습니다. 일부는 개인 내 영역(콘텐츠 창작Contents Creation, 창의력Creativity, 행동 선택Choice of Conduct)을, 나머지는 대인관계 영역과 사회적 측면(의사소통Communication, 협업Collaboration, 커뮤니티 만들기Community Building)를 다룹니다.

이러한 행동들은 지난 수십 년 동안 연구되어온 바람직한 청소년 발달Positive Youth Development, PYD의 개인적 자산과도 관련이 있습니다.〈그림 8.1〉

〈그림 8.1〉 자산assets, 행동behaviors 및 교실 활동Classroom practices을 포함한 PTD 프레임워크.

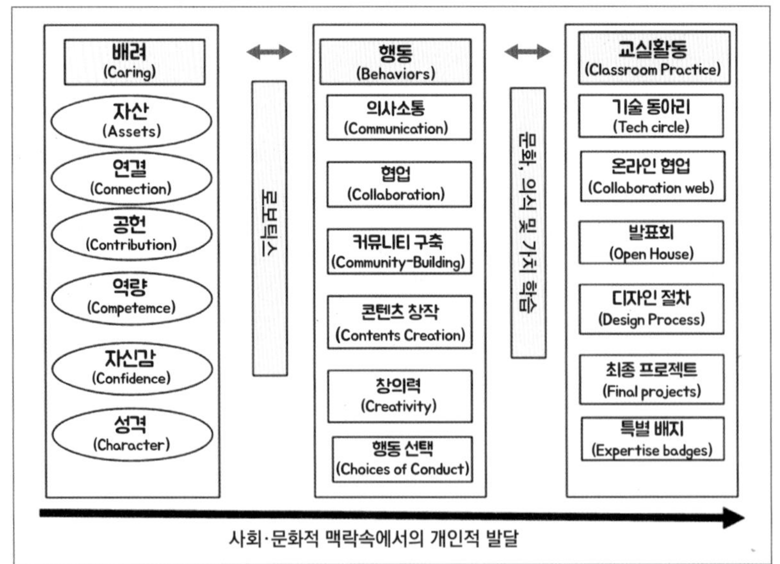

PYD가 개인적 자산[55]에 중점을 두는 것과는 달리, PTD의 '6Cs'는 행동에 중점을 둡니다.

PTD 프레임워크는 기술이 설계되는 방법과 바람직한 행동을 촉진하는 방법, 그 행동들이 어떻게 발달적 자산을 촉진하는지에 대한 이해를 돕기 위해 총 12개의 'C'들을 제시합니다. 물론 학습 문화, 교실에서 이루어지는 의례나 의식, 교실의 가치도 바람직한 행동이 구현되는 데 영향을 주며, 그 결과 구체적인 행동으로 표현됩니다. PTD 프레임워크는 교육 및 과학기술 분야의 컴퓨터 리터러시와 기술적 유창성이 자연스럽게 확장된 것으로, 사회심리학적 요소와 시민성, 그리고 윤리적 요소들을 모두 포함합니다. PTD 프레임워크는 디지털 시대에 태어나고 자란 아이들의 발달 단계를 살펴보고, 풍부한 기술 환경에서 자라나는 청소년들을 위한 교육 프로그램을 설계하고 평가하기 위한 모델을 제공합니다.

PTD 프레임워크를 기반으로 하는 교육 프로그램의 명확한 목표는 아이들에게 코드를 작성하는 방법과 계산적으로 생각하는 방식을 가르칠 뿐 아니라, 아이들이 기술을 통해 바람직한 행동을 할 수 있도록 이끌어주는 것입니다. PTD 프레임워크 안에서는 개인에게 힘을 실어주는 리터러시로서 코딩이 구현될 수 있습니다.

PTD 프레임워크에서 맥락Context은 중요한 역할을 합니다. 키보 로봇 자체에는 아이들이 서로 협업하도록 끌어주는 요소가 없습니다. 아이들을 협업하도록 이끌어주는 요소는 교실 문화와 커리큘럼 속에 숨어 있습니다. 아이들이 작은 테이블에 둘러앉아 서로 대화하게 하고, 서로를 도와 활동하도록 장려하는 것이 그 예이지요. 협업은 기술 그 자체가 아니라, 기술이 사용되는 학습 환경으로 발생하고 촉진됩니다. 이를테면 가르시아 선생님의 목표가 문제해결의 효율성을 높이고, 빠른 시간 안에 문제를 해결하는 데 있었다면 "선생님에게 질문하기 전에 다른 친구들에게 먼저 물어보렴"과 같은 다른 답변을 했을 것입니다.

가르시아 선생님이 진행한 로봇 수업의 목표는 아동의 개인적 성장을 이끌어주는 것이었습니다. 가르시아 선생님은 교실의 일상과 커리큘럼을 계획할 때, "아이들에게 어떤 종류의 발달을 이끌어주어야 할까?" 하고 스스로에게 묻곤 합니다. 이런 질문은 수학과 과학, 리터러시와 사회 연구, 음악과 운동, 코딩 및 공학과 같은 분야에서도 널리 적용되고 있습니다. PTD 프레임워크는 이러한 질문에 구조화된 'C' 모델을 사용하여 접근할 수 있는 관점을 제공합니다.

다음 장에서는 코딩 및 어린아이들에게 연관된 '여섯 가지 C'를 다룰 것입니다. 각 섹션에서 콘텐츠 창작과 역량, 창의력과 자신감, 행동의 선택과 성격, 의사소통과 연결, 협업과 배려, 그리고 커뮤니티 구성과 공헌처럼 긍정적 행동의 'C'와 개인 자산을 나타내는 'C'를 연결시킵니다. 총 12개의 'C'가 PTD 프레임워크의 뼈대를 형성합니다.

콘텐츠 창작과 역량

코딩은 콘텐츠를 제작하는 데 도움이 됩니다. 아이들이 코딩을 하면, 기술이나 콘텐츠를 단순히 소비하는 데 그치지 않고 직접 만들어내는 생산자가 됩니다. 앞서 소개했듯이 브랜든은 키보 사자 로봇을 앞으로 움직이도록 하는 방법을 배웠습니다. 그러나 가장 중요한 것은 브랜든이 계산적computational으로 생각하고 행동하는 방법을 알게 된 것입니다. 브랜든이 생각해낸 프로젝트를 창작하는 과정에서 누군가의 도움을 받을 수는 있지만, 끝까지 수행하는 것은 어렵다는 것을 알게 되었습니다.

개별 프로젝트를 계획할 수 있는 아이들은 성공적으로 무언가를 해낼 수 있는 역량과 성취감이 향상됩니다. 그리고 아동의 역량과 성취감이 향상될수록 무엇이든 해낼 수 있으며, 그 과정에서 관련 지식과 능력을 더욱 발전시키고, 더 많은 역량을 습득하게 됩니다.

아이들이 프로그래밍할 때, 일련의 상호 연관된 단계들을 순차적으로 또는 비순차적으로 경험하게 됩니다. 이것이 바로 디자인 절차입니다.

아이들은 최종 목표를 확인하고, 수행해야 할 행동들을 계획하며, 목표를 달성하기 위한 초기 시도를 하고, 검증 및 평가를 합니다. 잘못된 부분을 고치고, 더 좋은 방향으로 개선하기 위해 아이디어를 수정하며, 실패를 극복하기 위해 새로운 시도를 이어갑니다.

반복적인 디자인 절차는 어린아이들이 자기 조절 능력을 향상시키는 데 도움이 됩니다. 이러한 복잡하고 추상적인 메타인지 프로세스는 리터러시 차원에서 실행 기능으로 언급됩니다. 자기 조절 능력이 있는 학습자는 스스로 학습 목표를 세우고, 목표를 달성하기 위한 전략을 만들거나 선택하며, 자신의 주변에 어떠한 정보들이 있는지를 모니터링합니다.

노벨상 수상자인 제임스 해크먼James Heckman은 기존의 지능 지수(예를 들어, IQ 테스트)로는 측정되지 않지만, 성공적인 학업 성과를 이끄는 다양한 기술들을 동기, 목표 설정, 전략 구상, 문제해결에 필요한 정보 식별 및 선택, 목표를 달성할 수 없거나 실패했을 때의 보상 등으로 정의했습니다.

이러한 기술은 모두 인지적 구성 요소이지만, 해크먼과 동료들은 기존의 인지 능력 검사로 측정되는 요소들과 차별화하기 위해 이들을 "비인지적 기술"로 구분했습니다. 한편, 다른 학자들은 동지적·인지적·감정적·행동적·사회적 기술들을 한데 모은 것을 "삶의 기술life skills" 또는 "기본적이고 실제적인 삶"으로 표현합니다. 역량은 타고난 자산이 아닙니다. 역량은 콘텐츠를 만들고 자신만의 무언가를 만들 때 만들어지며 더욱 강화됩니다.

저는 이 책을 통해 코딩이 컴퓨터과학의 파워풀 아이디어뿐만 아니라 계산적으로 사고하는 방식을 습득할 수 있는 기회 중 하나라고 주장하고 싶습니다. 이 책에서 제시한 대로 코딩을 놀이터로 접근한다면, 코딩은 아동들이 개인적으로 의미 있는 프로젝트를 완성하면서 새로운 기술들을 발달시키는 것을 의미합니다. 이것이 성공적으로 이루어질 때 아이들의 역량은 향상될 수 있습니다.

창의력과 자신감

PTD 프레임워크의 두 번째 'C'인 창의력Creativity은은 첫 번째 'C'인 콘텐츠 창작Contents Creation과도 밀접하게 관련됩니다. 코딩은 단순히 어떤 기술을 사용하는 것을 넘어 다른 사람들이 만든 도전적 과제나 퍼즐을 해결합니다. 그리고 리터러시로서 코딩은 창의적인 표현을 지원합니다.

초기에는 컴퓨터가 창의력을 저해할 수 있다는 연구들이 있었지만, 이후에는 컴퓨터를 잘 활용하면 프로그래밍 환경이 창의력을 발휘하는 데 도움이 된다는 연구 결과들이 등장하였습니다.

창의적인 사람은 컴퓨터 프로그래밍 도구를 새로운 방법으로 사용하는 것을 상상할 수 있으며, 새로운 기술을 사용하는 것에 자신감을 가집니다. 자신감은 '자신의 행동을 통해 원하는 목표를 달성할 수 있다는 인식'으로 정의할 수 있습니다.

자신감이 있는 코더들은 자신이 원하는 대로 프로젝트를 만들 수 있습니다. 이들은 프로젝트를 만드는 과정에서 문제가 생기면, 문제를 해결하기 위한 다양한 방법을 시도할 수 있다는 것을 잘 알고 있습니다. 코딩에 자신감이 있는 아이들은 프로젝트를 만드는 데 필요한 기술, 도움을 찾는 능력, 기술적인 어려움에 직면했을 때 열심히 노력하는 인내심이 있습니다. 많은 연구자들은 자기 효능감self-efficacy이 기술을 성공적으로 활용하여 작업을 완료하는 데 필요한 요소임을 밝혀냈습니다.

역량과 자신감은 서로 밀접하게 관련을 맺습니다. 역량이 뛰어난 사람일수록, 자신감이 높습니다. 높은 자신감 역시 역량을 더욱 강화시킬 수 있습니다. 자신감의 중요한 측면은 우리의 기량을 향상시킬 수 있다는 믿음입니다. 스탠퍼드대학교의 캐롤 드웩Carol Dweck 교수는 이것을 "고정된 마인드셋fixed mindset"에 대조하여 "성장 마인드셋growth mindset"이라 정의했습니다.

열심히 노력하고, 좋은 전략을 사용하거나 다른 사람들의 의견을 참고하면 자신의 재능이 개발될 수 있다고 생각하는 사람에게는 성장 마인드셋이 있습니다. 이들은 자신의 재능이 타고난 것이며 고정되어 있다고 믿는 '고정된 마인드 셋'을 지닌 사람들보다 더 많은 것을 성취하고자 하는 경향이 있습니다.

어린아이들이 놀이터로서 코딩을 접하고 배우도록 하는 과정은 이러한 성장 마인드셋을 강화시킵니다. 코딩은 문제해결 과정에서 인내심을 요구하며, 아이들이 도움을 청하거나 도움을 주도록 합니다. 코딩은 아이들에게 자신이 설계한 프로젝트를 반복적으로 수행하면서 더 잘할 수 있다고 생각하도록 고무시킵니다.

행동 선택 & 성격

PTD 프레임워크의 세 번째 'C'는 행동 선택Choice of Conduct입니다. 선택하는 과정은 성격을 형성합니다. 코딩 놀이터를 경험하는 아이들은 자신이 원하는 선택을 하고, 선택에 대한 결과 역시 경험할 수 있습니다.

저는 다른 기술들 중에서도 프로그래밍 언어가 도덕적인 정체성을 탐구할 수 있는 윤리적인 놀이터가 될 수 있다고 생각합니다. 이러한 결과는 미시적이고 개인적인 차원에서 발생합니다. 예를 들어, 브랜든은 키보 사자 로봇이 가젤을 추격하는 행동을 할 것을 결정했습니다.

다른 결과는 거시적이고 사회적인 수준에서 발생합니다. 아이들은 프로젝트를 수행하기 위해 교사가 제시하는 가이드라인에 따를 수도 있고, 다른 것을 하여 그것에 대한 결과를 확인합니다.

우리는 사람들이 코딩 기술을 긍정적이거나 부정적인 방식으로 사용하는 모습을 뉴스 매체에서 확인하기도 합니다. 사람들은 코딩으로 사회에 도움이 되는 일을 하기도 하지만, 누군가에게 피해를 입히기도 합니다. 최근에는 해커이자 컴퓨터과학자인 에드워드 스노든Ed Snowden[56]이 영웅인지, 내부 고발자인지, 반체제주의자인지, 애국자인지 또는 반역자인지에 대한 사회적 논란이 있었습니다.

역량 있고 자신감 있는 생산자는 기술을 어떤 목적으로 사용할지를 선택합니다. 그래서 행동 선택의 'C'는 아이들이 윤리적이고 도덕적인 선택에 대해 숙고하도록 하는 아주 중요한 요소입니다.

어린아이들이 복잡한 윤리적인 문제들을 파악하기는 어렵지만, 코딩이 다른 도구들처럼 좋은 목적과 나쁜 목적으로 사용될 수 있는 도구라는 것을 알려주기에 너무 이른 시기는 아닙니다. 해머는 주로 집을 짓는 용도로 쓰이지만, 무언가를 파괴하거나 부수기 위해서 사용되기도 합니다. 아이들이 처음으로 해머를 사용하는 방법을 배울 때, 우리는 공구를 사용할 때 주의해야 할 사항들을 설명해주고, 책임감 있게 사용할 것을 알려줍니다. 코딩도 마찬가지입니다. 리터러시로서 코딩은, 엄청난 힘을 가진 인지적 도구입니다. 성격은 우리가 취하는 행동에 관한 것입니다. 그것은 도덕적인 목적과 책임감을 의미합니다. 성격은 우리가 선택한 것을 알려주는 동시에 이러한 선택은 성격에 영향을 미칩니다. 이는 도덕적 발달 수준이 행동으로 나타난다는 피아제의 관점에 영향을 받았습니다. 즉, 개인은 도덕적 기준을 일방적으로 따르기보다는, 주변 환경이나 경험들과 상호작용하면서 도덕성에 관한 지식을 구성합니다.

도덕성은 단순히 집단의 규범을 내면화하는 것이 아니라, 공정한 해결책을 얻기 위해 개인적인 투쟁을 하거나 도덕 정체성을 학습하는 등 발달 과정을 거쳐 형성됩니다.

프로그래밍은 아이들이 도덕 정체성을 탐색할 수 있는 기회를 제공할 수 있습니다. 이러한 기회는 신중하게 계획되어야 합니다. 예를 들어, 저는 아이들이 소중히 생각하는 종교적 가치나 도덕적 가치들을 표현하는 로봇을 만들도록 하는 프로젝트를 개발하고 실행해왔습니다. 미국의 유대인 학교와 가톨릭 학교에 재학 중인 아이들과 그 가족들을 대상으로 로보틱스가 엔지니어링과 컴퓨터과학 분야뿐 아니라 도덕적 정체성을 위한 분야에서 어떻게 사용되면 좋을지를 연구해왔습니다. 연구 내용을 좀 더 자세히 확인하고 싶다면, 다음의 자료를 찾아 읽어보기 바랍니다.

- 워터타운의 마이 애니 프로젝트 : Mi Ani project in Watertown, MA(Bers, Matas, & Libman, 2013)
- 아르헨티나 부에노스아이레스의 양심 프로젝트 : Conciencia project in Buenos Aires, Argentina(Bers & Urrea, 2000).

의사소통과 연결

놀이터에서는 수많은 이야기들이 끊임없이 이어집니다. 아이들은 놀이를 하면서 말하고, 놀이기구에 올라가면서 말하고, 뛰면서도 말을 합니다. 놀이터는 조용할 틈이 없습니다. 조용한 놀이터는 건강한 놀이터가 아닙니다. "말하기"는 PTD 프레임워크가 장려하는 여러 의사소통 방법 중 하나입니다.

저는 아이들이 코딩할 때 자신이나 다른 사람을 향해 큰소리로 말할 것을 권장합니다. 아이들이 스스로 이야기를 할 때, 자신의 아이디어와 생각이 밖으로 표현됩니다. 다른 사람에게 이야기를 할 때에는 종종 자신의 도전 과제를 그들과 공유하기도 합니다. 관련 연구에 따르면 이러한 유형의 또래 상호작용은 아이들에게 도움이 됩니다.

아이들은 다른 사람들과 이야기를 나눌 때, 상대방에게 어떻게 말을 해야 하고 상대방의 말에 어떻게 반응해야 하는지에 대한 '언어의 사회화 과정'을 경험합니다. 로고프B. Rogoff는 피아제의 관점으로, 아동이 성인과 토론하는 것보다 또래 동료들과 하는 것이 인지 발달에 더 도움이 된다고 주장하였습니다.

성인의 우월한 위치가 아동이 자신의 생각을 자유롭게 표현하는 것을 위협할 수 있는 반면, 또래 아동들과의 대화에서는 서로의 생각을 자유롭게 나누고 사회적 상호작용과 인지 발달을 촉진할 수 있기 때문입니다.

유치원의 기술 동아리 시간에 적용했던 우리의 커리큘럼 역시 이를 반영했으며, 아이들이 자신의 프로젝트에 대해 자유롭게 의견을 나눌 수 있도록 했습니다.

의사소통은 데이터와 정보의 교환으로 정의할 수 있습니다. PTD 프레임워크는 아동과 또래 아동, 또는 아동과 성인 사이의 대화를 촉진하기 위한 의사소통의 중요성을 강조합니다. 놀이터 접근법으로 코딩 경험을 계획할 때, "바람직한 관계를 형성하고 지속하기 위한 의사소통 방법은 무엇인가?" 하고 스스로에게 되묻습니다.

유치원의 기술 동아리 시간과 같은 활동들이 답이 될 수 있습니다. 아이들은 하고 있던 작업을 멈추고 자신의 프로젝트를 테이블이나 바닥에 올려두어 함께 모여 학습 과정을 공유합니다. 기술 동아리 시간은 문제를 해결하는 방법으로서 의사소통의 기회를 제공합니다.

우리 연구진이 적용했던 또 다른 방법은 친구 비디오 인터뷰 또는 "코드 앤 텔Code and Tell" 세션을 적용하는 것입니다. "코드 앤 텔" 세션에서 교사는 학생들과 함께 협업하여 프로젝트를 수행하거나 코딩하는 과정 또는 그 과정에서 겪었던 어려움에 대해 서로 인터뷰할 수 있습니다. 관련 연구에 따르면, 아이들이 컴퓨터를 가지고 친구들과 함께 놀 때가 기술을 활용하지 않는 놀이(예를 들어, 반죽 놀이, 블록 쌓기 등)를 할 때보다 두 배나 더 많이 이야기를 합니다.

또 다른 연구에 따르면, 아이들은 컴퓨터를 이용하여 퍼즐 작업을 하는 동안 평소보다 아홉 배나 많은 시간 동안 또래 친구와 이야기를 합니다. 아이들을 위한 코딩 교육을 기획할 때, 이러한 연구 결과들을 어떻게 활용해야 할까요? 아이들에게 효과적인 의사소통 방법을 제시하는 것은 아이들의 사회적 상호작용을 촉진할 뿐만 아니라 이들의 언어 능력과 리터러시를 향상시킬 수 있습니다.

협업과 배려

PTD 프레임워크는 아동이 다른 사람들의 요구에 부응하고, 다른 사람들을 돕고, 그들을 돕기 위한 수단으로 과학기술을 사용하도록 협업과 배려에 초점을 둡니다. 협업은 두 명 이상의 사람들이 공동의 목표를 실현하기 위해 함께 작업하는 과정입니다. 어린아이들에게 협업은 어려울 수 있습니다. 하지만 교육 분야의 연구 결과에 따르면, 특히 유아 및 초등 교육에서 두 명이 짝이 되거나 소그룹으로 함께 활동하면 학습 성취와 아동의 발달에 긍정적인 효과를 주는 것으로 나타났습니다. 뿐만 아니라, 어린이가 컴퓨터를 사용할 때 옆에 성인이 있다 하더라도 다른 친구들에게 조언과 도움을 요청할 가능성이 더 많으며, 이러한 과정에서 바람직한 사회화를 향한 협업이 증가되며, 새로운 형태의 협업에 참여하기도 합니다.

그러나 대부분의 발달 과정에 있는 아동들은 효과적인 협업을 위한 교대하기, 자기 통제하기, 그리고 자기 조절하기 등을 어려워합니다. 지난 10년 동안, 미국의 유치원 교사들은 많은 아동들이 효과적인 자기 조절 기술이 부족하다고 했습니다. 어린아이들을 대상으로 한 연구들은 코딩하는 과정에서 동료와의 협업을 촉진하는 다양한 방법들을 보여주었습니다. 교사들이 커리큘럼을 설계하고 아이들을 그룹화할 때 이러한 방법들을 더욱 고려하였습니다.

예를 들어, 최근에 발달테크놀로지연구그룹의 연구진은 초등학교 2학년 학생들이 서로의 의견을 나누며 스크래치 주니어 프로그래밍 프로젝트를 만들 수 있도록 짝으로 작업할 수 있는 방법을 제시했습니다. 또 다른 연구에서는 로보틱스나 코딩 활동을 개인 대 개인peer-to-peer 형식의 협업으로 진행하는 커리큘럼 구조의 효과를 조사했습니다. 그 결과, 덜 구조화된 로보틱스 커리큘럼이 동료와의 상호작용을 성공적으로 촉진하는 것을 확인하였습니다.

연구진은 아이들의 협업을 장려하기 위해 낮은 수준의 기술을 적용한 "협업 웹collaboration web"이라는 교육적 도구를 개발했습니다. 이 도구는 아이들이 참여하는 협업의 패턴을 확인하도록 도와줍니다.

매 수업을 시작할 때마다, 아이들은 자신의 디자인 저널과 로보틱스 키트를 비롯한 개별 출력 자료를 받습니다. 자료의 중앙에는 자신의 모습이 담긴 사진이 있고, 다른 친구들의 사진과 이름이 원형으로 둘러싸고 있습니다. 그날 수업이 모두 끝나면 교사는 아이들에게 함께 협업했던 친구의 사진과 자신의 사진을 선으로 연결하도록 지시합니다.

여기서 협업이란, 프로젝트 수행을 위해 도움 주고받기, 같이 프로그래밍하기, 자료를 빌려주거나 빌려 쓰기, 같이 작업하거나 공동 작업하기와 같은 활동들을 의미합니다. 한 주가 끝날 무렵, 아이들은 자신을 도와 협업한 친구들에게 "감사카드"를 쓰거나 그립니다.

리처드 러너Richard Lerner는 자신의 지서 『바람직한 십대The Good Teen』에서 할머니께서 말씀하신 배려에 대한 정의를 회상합니다. 어린 시절, 그가 할머니께 자신의 성적표를 보여드리자, "아주 잘했구나. 좋은 성적을 받는 것은 중요하지. 그러나 더 중요한 것은 사람(mensch, 유대인이 사용하는 독일어 표현-옮긴이)이 되는 것이란다!"

"mensches"란 선량한 사람을 의미합니다. 자신뿐 아니라 다른 사람들을 생각하는 사람, 주변 환경에 대한 이슈들과 주변 사람들을 고려하는 사람, 다른 사람들의 의견을 잘 들어줄 수 있는 사람, "큰 마음big heart"을 가진 사람, 연민을 느끼는 사람을 뜻하지요.

PTD 프레임워크의 목표는 아이들이 협력을 통해 "mensches"가 되도록 하는 것입니다. 이 과정에서 코딩, 컴퓨터과학에 대한 학습, 컴퓨팅 사고, 그리고 일반적인 학습 모두가 촉진됩니다.

아동의 바람직한 발달 관점에서도, 협력의 목표는 서로 배려하는 관계를 형성하는 것입니다. 위대한 유대인 학자이자 랍비인 아브라함 조슈아 헤셸Abraham Joshua Heschel은 이렇게 말했습니다.

> 젊은 시절, 저는 똑똑하고 영리한 사람들을 존경했습니다. 그러나 나이가 든 지금은 다른 사람을 배려하는 사람들을 존경합니다. – **조슈아 헤셸**

저는 협력을 촉진하는 코딩 활동을 통해 아이들이 다른 사람들에게 친절하고 배려하는 마음을 갖고 행동할 수 있게 돕고 싶습니다. 다행스럽게도, 전 세계의 전문 코더들은 이러한 접근을 높이 평가하고 있습니다. 온라인 그룹과 협력 이니셔티브는 계속 성장하고 있으며, 매우 적극적으로 노력하고 있습니다.

커뮤니티 만들기

앞서 소개한 의사소통Communication 및 협업Collaboration의 'C'는 어린아이들이 코딩을 경험할 때, 사회적 관계를 형성하고 유지시키도록 도와줍니다. 커뮤니티를 만들고 공헌하는 'C : 커뮤니티 구축과 공헌Community Building and Contribution는 어린아이들의 사회적 관계를 좀 더 발전시킵니다.

커뮤니티 만들기와 공헌은 우리가 살아가는 세상을 더 좋은 곳으로 만들기 위해 다른 사람들에게 돌려주는 메커니즘의 필요성을 생각하게 합니다. 리처드 러너의 연구에 따르면, 젊은 사람들은 "역량"과 "자신감"이 있을 때, 자신의 "성격"을 잘 알고 있을 때, 다른 사람들과 "연결"되어 있거나 다른 사람을 "돌볼" 수 있을 때 사회에 "공헌"하는 것으로 나타났습니다.

PTD 프레임워크의 여섯 개의 'C'는 서로 긴밀히 관계를 맺고 있습니다. 반면, 리처드 러너에 따르면 공헌Contribution의 'C'는 여섯 개의 'C'들을 하나로 묶는 것으로, '건강하고 바람직한 인간 발달을 만들어내는 강력한 접착제'로 표현됩니다. 공헌은 모든 사람들이 태생적으로 가지고 있는 내적 자산이며, 코딩 경험은 커뮤니티 만들기를 독려합니다.

커뮤니티 만들기를 위한 기술들은 각각의 아이들이 학습 환경에 도움이 될 수 있도록 네트워크상의 도움을 지원하는 데 중점을 둡니다. 레지오 에밀리아 접근법Reggio Emilia approach이라면, 아이들의 프로젝트를 오픈 하우스나 공개수업의 날, 전시회를 통해 공유할 수 있습니다. 코딩 프로젝트를 위한 오픈 하우스는 아이들이 자신의 학습 과정 및 완성한 프로젝트를 초대된 가족이나 친구들, 그리고 커뮤니티 구성원들과 공유하고 기념할 수 있는 좋은 기회입니다.

교사는 아이들이 사회적 공헌과 커뮤니티 만들기에 초점을 둔 코딩 프로젝트를 수행하게 합니다. 이를 통해 아이들은 자신이 속한 커뮤니티에 공헌할 수 있는 프로젝트를 만들 수 있습니다. 예를 들어, 매사추세츠 서머빌에 있는 공립학교는 "우리 학교에 도움 주기"와 같은 주제로 키보 로보틱스 커리큘럼을 실시했습니다. 아이들은 커리큘럼을 통해 실생활에 도움을 주는 로봇(예를 들어, 의료용 로봇, 룸바Roomba와 같은 청소용 로봇 등)에 대해 배웠습니다.

모둠으로 구성된 아이들이 "교실에서 도움을 주는(교실에 떨어진 쓰레기 줍기) 키보 로봇"을 제작하고 프로그래밍하여 최종 프로젝트를 만들었습니다. 그 과정에서 아이들은 중요한 아이디어들을 배우고, 정중한 행동을 했으며, 학교의 규칙을 따랐습니다.〈그림 8.2〉

〈그림 8.2〉 '도움을 주는 키보 로봇' 예시 작품.

이 로봇은 쓰레기를 운반하도록 설계된 것으로, "쓰레기 수트"를 입은 로봇이 바닥에 버려진 쓰레기를 주워 담고 종이컵에 저장합니다. 로봇은 쓰레기나 재활용품을 찾아 교실 안을 이리저리 움직이면서 깨끗이 청소합니다.

리터러시로서 코딩은 아이들에게 지적이고 물질적인 도구를 제공하여 아이들이 성장 과정에서 합법적이고 민주적인 시민사회에 적극 참여하게 합니다.

종합해보면, PTD 프레임워크의 '6Cs'는 콘텐츠 창작, 창의력, 행동 선택, 의사소통, 협력, 그리고 커뮤니티 만들기입니다. 여섯 개의 'C'들은 아이들이 놀이터에서 놀 때처럼, 코딩을 하는 과정에서 아이들이 경험할 수 있는 긍정적인 경험들을 상기시킵니다. 발달테크놀로지 연구그룹의 연구진은 교사와 연구자들이 관찰과 질의를 통해 '6Cs'를 실행하는 데 도움이 되는 PTD 카드 세트를 만들었습니다. 관련 자료는 http://ase.tufts.edu/devtech/PTD.html에서 확인할 수 있습니다.

다음 장에서는 제가 오랜 기간 연구해온 두 가지 프로그래밍 언어인 스크래치 주니어와 키보에 대해서 더욱 상세히 다룹니다. 그리고 어린아이들에게 코딩을 가르치기 위한 커리큘럼 설계 원리와 교수 전략도 소개합니다.

아이들은 코딩을 하는 동안 알고리즘, 모듈화, 제어 구조, 재현, 디자인 프로세스, 디버깅, 하드웨어와 소프트웨어뿐만 아니라 자신의 아이디어와 생각에 대해서도 생각을 하게 됩니다.

아이들을 위한 새로운 언어

9장

디지털 놀이터, 스크래치 주니어

릴리는 초등학교 1학년입니다. 릴리는 지난 2개월 동안 영어 수업에서 스크래치 주니어를 사용해 왔습니다. 지난 주, 브라운 선생님은 아이들에게 이스트먼P. D. Eastman 작가가 쓴 『당신은 나의 엄마인가요?Are You My Mother』 동화를 읽어주었습니다.

릴리는 아기 새들이 다양한 동물들을 찾아가 자신의 엄마인지 묻는 장면이 매우 흥미로웠습니다. 브라운 선생님은 이야기를 다 들려준 후, 아이들에게 아이패드를 나누어주었습니다. 그리고 친구들과 함께 스크래치 주니어를 사용하여 동화책의 내용을 애니메이션으로 만들어보라고 했습니다.

릴리는 샘과 파트너가 되었습니다. 릴리와 샘은 아이디어 구상하기를 좋아했습니다. 아이들은 스크래치 주니어로 만들 수 있는 이야기 장면들을 논의했습니다. 아이들은 아기 새가 제일 처음으로 개를 만나고, 그다음에는 고양이를 만나고, 마지막으로 진짜 엄마 새를 만나는 것으로 이야기를 구상했습니다.

샘은 이야기에 등장하는 동물들을 직접 그리기를 원했지만, 릴리는 책에 그려져 있는 동물 캐릭터들을 아이패드로 사진을 찍어서 스크래치 주니어의 라이브러리로 가져오기를 바랐습니다. 샘은 고양이 몸에 줄무늬를 추가로 그릴 때에만 릴리의 생각처럼 하는 것이 좋다고 생각했습니다. 샘은 이야기책에 그려져 있는 삽화들을 좀 더 꾸미고 싶어 했습니다.

릴리와 샘은 주요 동물들의 모습을 결정한 이후에 프로그래밍을 시작했습니다. 릴리는 아기 새가 고양이에게 찾아가 "당신은 나의 엄마인가요?" 하고 물어보면, 고양이가 "야옹" 하고 대답하기를 원했습니다. 그래서 스크래치 주니어의 "말하기Say" 블록을 여러 개 조합하여 아기 새와 고양이가 말풍선으로 대화하도록 프로그래밍했습니다. 그런데 프로그램을 실행해보니 아기 새와 고양이가 동시에 말을 시작했습니다. 릴리가 원하는 것은 누군가 먼저 이야기를 하고, 상대방이 대답을 하는 실제 대화 형식으로 진행되는 것이었습니다.

릴리는 이 문제를 해결하기 위해 여러 블록들을 조합해보다가 마침내 "기다리기Wait" 블록을 "말하기" 블록 앞에 연결하였습니다. 시계처럼 보이는 "기다리기" 블록은 프로그램을 일시 정지시킵니다. 릴리가 "기다리기" 블록을 배치하자, 아기 새와 고양이의 대화 말풍선이 시간차를 두고 나타났습니다.[57]

그 결과, 아기 새와 고양이가 더욱 자연스럽게 대화를 나누는 것처럼 표현되었습니다. 샘도 릴리의 해결 방법이 마음에 들었습니다.

릴리와 샘은 기술 동아리 시간에 자신들이 직접 만든 프로젝트를 친구들에게 소개하는 것이 무척이나 자랑스러웠습니다. 많은 친구들이 릴리와 샘이 어떻게 동물들이 대화를 나누도록 프로그래밍했는지를 궁금해했습니다. 릴리는 친구들에게 빔 화면으로 작성한 코드를 보여주면서 어떻게 서로 다른 말풍선 사이에 "대기" 시간을 확보했는지를 자세히 설명해주었습니다. 릴리는 자연스러운 대화 형식을 만들어내기까지 겪은 수많은 시행착오들을 소개하였습니다. 스크래치 활동을 정리하는 시간이 되자, 브라운 선생님은 아이들에게 이메일로 프로젝트를 보내는 방법을 설명해주고, 부모님에게도 보여드리도록 권유했습니다.

릴리와 샘은 무료로 배포되는 스크래치 주니어 앱으로 코드 작성하는 방법을 배우고, 자신만의 인터랙티브 스토리를 만드는 전 세계 6백만 명 이상의 아이들 중 두 명입니다. 스크래치 주니어는 지난 2014년 7월에 처음 배포되기 시작했습니다. 스크래치 주니어는 2016년 3월까지 6백만 회 이상 다운로드되었으며, 일주일 기준으로는 평균 104,000회 다운로드되었습니다. 이제 스크래치 주니어는 전 세계 191개국에서 사용되고 있습니다.

최근에는 스크래치 주니어를 아이패드, 안드로이드 기반의 태블릿 PC, 아마존의 킨들 태블릿Amazon Kindle tablets, 크롬북Chromebook 등에서도 사용할 수 있으며, 기타 다양한 플랫폼에서도 사용할 수 있도록 끊임없이 노력하고 있습니다. 스크래치 주니어는 스페인어, 네덜란드어, 프랑스어, 카탈로니아어, 이탈리아어 및 태국어로도 번역이 되며, 특정 국가나 지역이 소외되지 않도록 새로운 언어들을 적극적으로 추가하고 있습니다.

우리의 목표는 전 세계의 모든 어린이들이 코드 작성법을 배우고, 새로운 방식으로 생각하고, 자신을 표현하기 위해 과학기술을 사용하도록 무료 프로그래밍 언어를 제공하는 것입니다. 그리고 이 모든 것은 놀이터 방식으로 접근합니다.

릴리와 샘의 초등학교 1학년 수업에서처럼, 유아 교육에서도 스크래치 주니어가 빠른 속도로 폭넓게 적용되고 있습니다. 이러한 변화는 어린아이들을 가르치는 교사들 역시 아이들을 위한 기술적 놀이터를 원하고 필요로 한다는 것을 잘 보여줍니다.

브라운 선생님은 스크래치 주니어를 가르치기 위한 별도의 컴퓨터 또는 프로그래밍 수업 시간을 배정받지는 못했지만, 국어 수업 시간에 스크래치 주니어를 창의적으로 통합시켰습니다. 브라운 선생님이 수업에서 스크래치 주니어를 적용하기 전까지는 아마 아이들이 종이와 크레파스 같은 도구로 『당신은 나의 엄마인가요?』 동화를 표현하게 했을 것입니다.

이제는 아이들이 스크래치 주니어로 코딩하여 자신만의 이야기를 재구성하고 표현할 수 있습니다. 아이들은 리터러시와 프로그래밍 기술들을 동시에 습득합니다. 아이들은 스크래치 주니어를 통해 창의력을 발휘하고, 즐거운 방식으로 문제해결 방법을 찾습니다. 그리고 그 과정에서 자신감을 얻으며, 자신이 만든 프로젝트를 다른 친구들 또는 부모님과 공유합니다.

스크래치 주니어는 다음과 같은 질문으로 시작되었습니다. 어린아이들의 발달 단계에 적합한 프로그래밍 언어를 어떻게 만들 수 있을까? 스크래치 주니어 연구진은 매사추세츠공과대학교의 미디어랩에서 8세 이상의 아이들을 위해 개발한 스크래치Scratch로부터 많은 영감을 얻었습니다.

저에게는 세 명의 아이들이 있습니다. 아이들이 어린 시절에 스크래치를 사용하여 프로젝트를 만드는 것을 관찰해보니, 스크래치의 몇몇 주요 디자인들을 변경할 필요가 있겠다는 생각을 했습니다. 저의 아이들은 프로그래밍에 대한 기본 개념은 이해하고 있었지만, 스크래치의 인터페이스를 조작하는 것을 어려워했습니다. 아이들은 스스로 읽을 수 없는 명령어 블록이나 충분히 이해하지 못한 명령어 블록을 다룰 때 어려워했습니다.

이전 연구들에서 어린아이들은 부모나 교사와 같은 어른이 곁에서 도와주어야만 스크래치 프로그래밍을 즐겁게 할 수 있었습니다. 그러나 이러한 점이 제게는 개선해야 할 문제로 느껴졌습니다.

아이들이 놀이터에서 놀 때 따로 어른들의 도움을 필요로 하지 않습니다. 아이들은 놀이기구를 어떻게 가지고 놀지, 또는 놀이에 필요한 사회적 규칙들을 생각해낼 때 스스로 해냅니다. 아이들이 좀 더 도전적인 과제를 해결하는 데에는 어른들의 도움이 필요할 수 있겠지만, 일반적으로 놀이터는 어린아이들이 혼자 힘으로 놀고, 다양한 도전을 할 수 있는 공간입니다.

저는 어른이 옆에서 모든 기능을 가르쳐주지 않아도, 아이들 스스로가 자유롭게 경험하고 숙달할 수 있는 프로그래밍 언어를 아이들에게 선사하고 싶었습니다.

레스닉과 저는 스크래치 주니어 프로젝트를 시작하기로 결정했습니다. 그리고 캐나다의 플레이풀 인벤션 컴퍼니에서 일하는 오랜 친구이자 동료인 폴라 본타와 브라이언 실버맨에게도 우리의 프로젝트에 참여해달라고 제안했습니다. 이 모험은 지난 2011년에 시작되었으며, 국립과학재단의 지원을 받아 연구를 계획하고 수행했습니다. 스크래치의 생태계 시스템을 지원하고 육성하기 위해 설립된 스크래치 재단으로부터 많은 후원을 받았습니다.

스크래치 주니어를 개발하는 데 꼬박 3년이 걸렸습니다. 스크래치 주니어 연구진은 5~7세 아동을 위한 프로그래밍 언어를 개발하고자 하였습니다. 우리는 아이들이 그래픽 블록들을 사용하여 인터랙티브 스토리나 게임을 만들 수 있는 디지털 놀이터를 만들고 싶었습니다. 정말 간절히 원했지요. 그래서 우리는 아동의 각 발달 단계에서 고려해야 할 것들을 안내해줄 수 있는 최적의 연구 파트너들을 찾기 위해 노력했습니다. 그 결과 유아교육자, 학부모, 유치원 원장, 그리고 어린아이들이 우리의 파트너가 되어주었습니다.

코딩 도구

스크래치 주니어는 코딩을 할 수 있는 디지털 놀이터입니다. 스크래치 주니어 연구진은 오랜 기간 그래픽 디자이너들과 함께 협업하여 스크래치 주니어의 인터페이스가 놀이에 대한 즐거움을 잘 전달할 수 있도록 노력했습니다. 스크래치 주니어의 인터페이스는 익살스럽고 생동감 있는 색상들을 사용하고, 그래픽은 밝고 매력적으로 표현했으며, 재미있는 동작들을 프로그래밍할 수 있도록 명령어 블록들을 구성했습니다.

아이들은 자신의 예술적 감각을 발휘하여 프로젝트에 등장하는 캐릭터와 배경화면을 꾸밀 수 있습니다. 아이들은 애니메이션을 만들면서 프로그래밍의 기본 개념들을 체계적으로 또는 틴커링tinkering하여 탐구할 수 있습니다. 아이들은 그래픽 기반의 프로그래밍 블록들을 결합하여 캐릭터가 움직이고, 점프하고, 춤을 추고, 노래할 수 있게 만들 수 있습니다.

아이들은 그림판에서 멋진 배경화면을 만들거나 자신의 목소리나 직접 녹음한 소리를 추가하기도 하고, 직접 찍은 사진들을 불러와서 프로젝트에 삽입할 수도 있습니다. 스크래치 주니어는 사용자의 프로젝트 라이브러리, 프로젝트 편집기, 캐릭터와 배경화면 선택 및 그림 편집기 도구들을 지원합니다.〈그림 9.1〉

〈그림 9.1〉 스크래치 주니어 인터페이스.

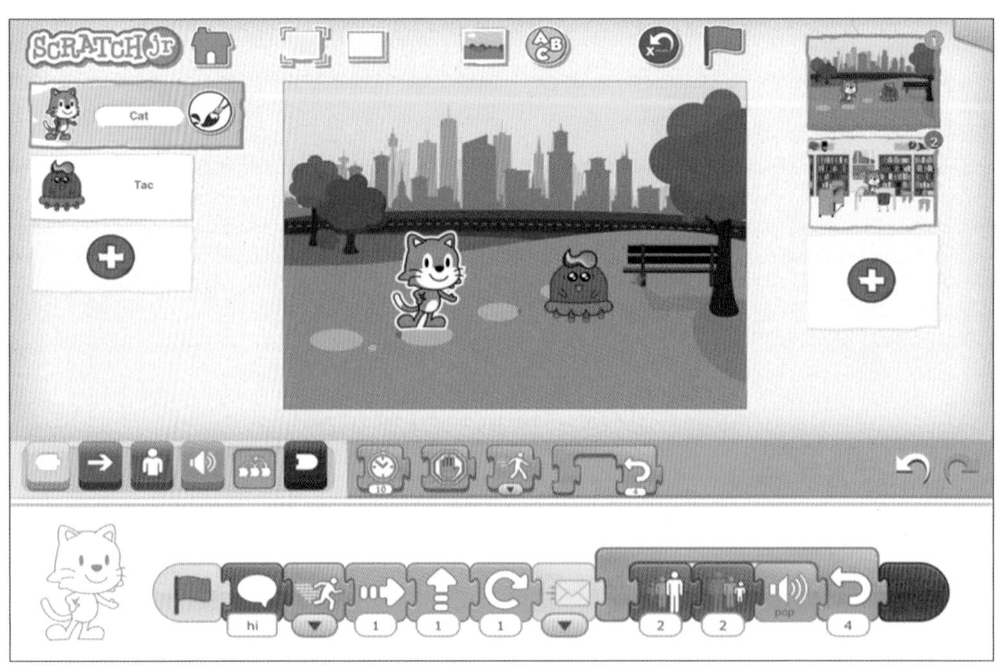

프로젝트 편집기의 중앙에는 현재 구성하고 있는 스토리 페이지가 보입니다. 스토리 페이지의 주변에는 새로운 캐릭터들, 문자, 그리고 고양이 캐릭터 편집 아이콘, 문자 추가 아이콘, 배경화면 설정 아이콘 등 다양한 설정 아이콘들이 배치되어 있습니다.

화면의 오른쪽에서는 페이지 실행을 미리보기 할 수 있으며, 여러 개의 페이지들을 순서에 맞춰 다양한 장면을 연출할 수 있습니다. 스크래치 주니어 화면의 오른쪽 하단에는 '주황색의 팔레트'가 보입니다. 아이들은 화면의 왼쪽 하단에 있는 명령어 목록을 한 번에 하나씩 선택합니다. 그리고 팔레트에 있는 명령어 카테고리를 스크립트 영역에 드래그하여 활성화합니다. 〈그림 9.1〉은 주황색 '제어Control' 카테고리에서 '반복Repeat' 블록을 선택하여 스크립트 영역에서 활성화시키는 모습입니다.

프로그램 명령어는 왼쪽에서 오른쪽 방향으로 블록들을 조합하여 만듭니다. "녹색 깃발(재생)" 버튼은 프로그래밍된 애니메이션을 실행하고, "빨간색(정지)" 버튼은 애니메이션 실행을 종료합니다.

프로그래밍 블록들은 노란색 시작 블록, 파란색 동작 블록, 보라색 관찰 블록, 초록색 소리 블록, 주황색 제어 흐름 블록, 그리고 종료 블록〈표 9.1〉 등 총 여섯 가지 카테고리들로 구성됩니다.

자세한 내용은 웹사이트 http://www.scratchjr.org/learn.html에서 확인할 수 있습니다.

〈표 9.1〉 스크래치 주니어 프로그래밍 블록 카테고리.

블록 카테고리	예시 블록	카테고리 정의
시작 블록	"녹색 깃발을 누를 때 시작하기 Start on Green Flag"	시작 블록은 특정 이벤트가 발생되었을 때 명령어 스크립트를 실행시키는 것으로, 대체로 스크립트의 시작 부분에 배치합니다. 예를 들어, "녹색 깃발을 누를 때 시작하기 Start on Green Flag" 블록을 스크립트의 맨 앞에 배치하면, 스크래치 화면의 오른쪽 상단에 있는 "녹색 깃발(재생)"을 누를 때마다 해당 스크립트가 실행됩니다.
동작 블록	1 "오른쪽으로 한 발자국 움직이기"	동작 블록은 캐릭터를 위, 아래, 왼쪽, 오른쪽으로 움직입니다. 또는 캐릭터를 원래의 위치로 되돌리거나 회전시키고, 튕길 수도 있습니다.

관찰 블록	 “캐릭터 사이즈 키우기”	관찰 블록은 캐릭터의 모양을 변경합니다. 캐릭터의 크기를 작게 또는 크게 변경할 수 있고, 캐릭터 옆에 말풍선을 표시합니다. 캐릭터를 보이거나 숨기기도 합니다.
소리 블록	 pop “‘Pop’ 소리내기”	소리 블록은 스크래치 주니어의 라이브러리의 소리파일을 재생합니다. 아이들은 소리를 직접 녹음하여 새로운 소리 블록으로 저장하고 사용할 수 있습니다.
제어 블록	 10 “1초 기다리기”	제어 블록은 동작이나 관찰 블록들과는 달리 눈에 보이지 않는 캐릭터의 프로그램 흐름을 변경합니다. 예를 들어, 특정 명령어 블록을 “반복하기” 블록 안에 넣고 반복 횟수를 지정하면, 주어진 횟수만큼 해당 명령어 블록을 반복하여 실행합니다.
종료 블록	 “무한 반복하기”	종료 블록은 프로그램의 끝부분에 배치하는 것으로, 프로그램이 종료되는 시점에 어떠한 이벤트를 실행시킬지를 결정합니다.

아이들은 위와 같은 명령어 블록들을 직소 퍼즐처럼 조합하여 화면 위의 캐릭터 동작을 제어합니다. 예를 들어, 아래 그림은 캐릭터를 두 번 위아래로 튕겼다가 크기를 늘렸다가 다시 줄이는 명령어 스크립트입니다.〈그림 9.2〉

〈그림 9.2〉 여섯 개의 스크래치 주니어 명령어 블록들로 조합한 스크립트.

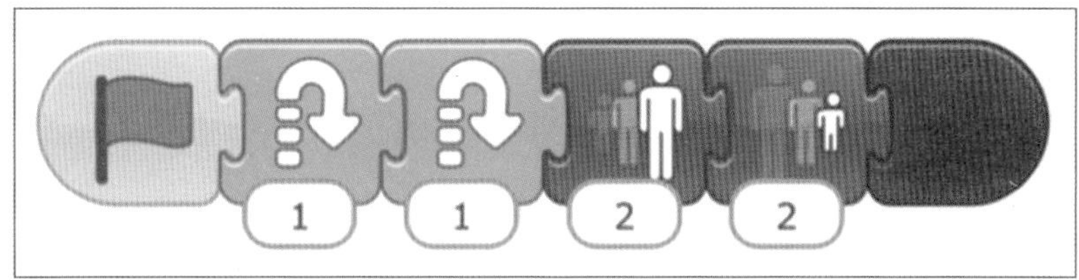

"녹색 깃발(재생)"을 누르면 위 스크립트가 실행됩니다. 스크립트가 실행되면 해당 캐릭터가 두 번 위아래로 튕기고, 크기를 두 번 늘렸다가 다시 두 번에 걸쳐 크기를 줄입니다.

각각의 명령어 블록들은 명령어 작성 과정에서 문법상의 오류를 방지하기 위해 서로 다른 모양으로 만들어졌습니다. 명령어 블록의 모양은 구문 속성에 해당하는 시각적 속성에 따라 개발되었습니다. 예를 들어, "무한 반복" 블록은 프로그램의 맨 마지막에만 배치할 수 있습니다. 무한 반복 블록의 오른쪽 모양이 둥글게 되어 있어서 뒤에 다른 블록들을 연결할 수가 없기 때문입니다.〈그림 9.3〉

〈그림 9.3〉 오른쪽이 둥글게 생긴 '무한 반복' 블록.

스크래치와 같은 대부분의 프로그래밍 언어들의 명령어가 위에서 아래로 실행되는 것과 달리, 스크래치 주니어의 명령어는 왼쪽에서 오른쪽으로 실행됩니다. 이러한 방법은 어린아이들의 일반적인 문자 리터러시를 더욱 강화시켜줍니다.

캐릭터의 명령어 스크립트가 실행되면 현재 실행되는 블록들이 강조 표시되며, 해당 움직임을 화면 위에서 확인할 수 있습니다. 스크래치 주니어 어플리케이션에서 프로젝트를 열면, 화면 하단의 팔레트에 동작 "블록Motion blocks"들이 표시됩니다.〈그림 9.4〉

〈그림 9.4〉 스크래치 주니어 화면 하단에 표시된 파란색 팔레트와 동작 블록들.

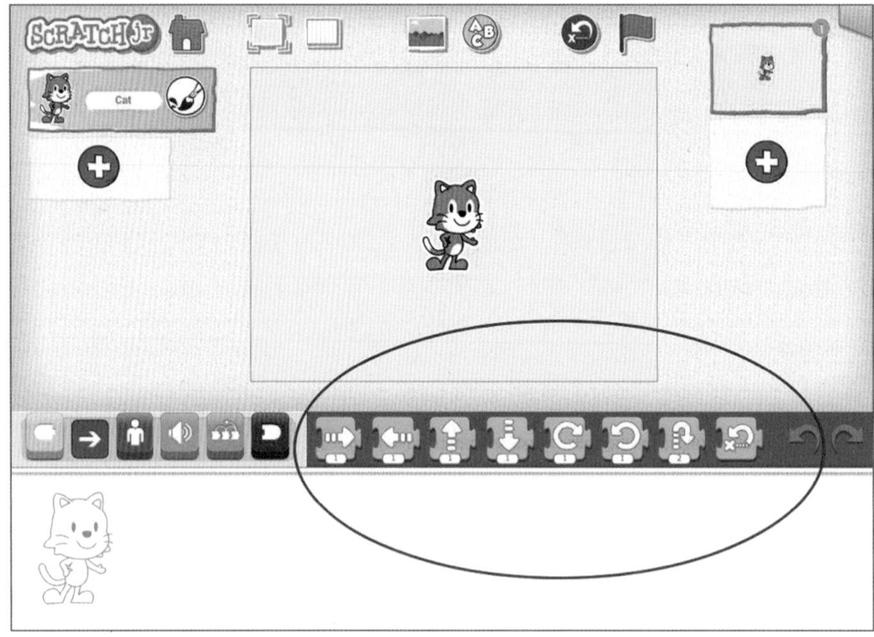

아이들은 팔레트에 있는 다양한 명령어 블록들을 바로 아래에 있는 프로그래밍 영역으로 드래그하고 조합하여 명령어 스크립트를 만듭니다. 다른 카테고리의 블록들을 사용하기 위해서는 팔레트 왼쪽에 있는 다른 색상의 버튼을 누릅니다.

예를 들어, 보라색 버튼을 누르면 현재 팔레트에 표시된 동작 블록이 아닌 '관찰 블록'들이 새로 표시됩니다. 이러한 방법으로, 아이들은 스물다섯 가지가 넘는 명령어 블록들을 쉽게 사용할 수 있습니다. 명령어 블록을 터치하면 블록의 이름이 표시됩니다.

스크래치 주니어의 프로그래밍 블록들은 동작을 구현하는 간단한 시퀀싱부터 제어 구조에 이르는 개념까지 모두 포함합니다. 스크래치 주니어로 프로그래밍하다 보면 6장에서 다룬 컴퓨터과학의 파워풀 아이디어들을 대부분 경험할 수 있습니다.

아이들은 코딩뿐만 아니라 다른 활동들에도 스크래치 주니어를 활용할 수 있습니다. 아이들은 그림 편집기에서 캐릭터를 그리거나 수정하고, 자신의 목소리나 주변 소리를 직접 녹음하며, 다른 카메라로 찍은 사진을 삽입하고 수정할 수 있습니다.

아이들은 자신의 프로젝트에 다양한 미디어 자료들을 활용하여 개성을 표현할 수 있습니다. 스크래치 주니어는 스크래치 프로그램에서 지원하는 수많은 그래픽 중 일부만을 제공합니다. 어린아이들이 수많은 화면 옵션들을 탐구하는 데 어려움을 겪지 않도록 "부족한 것이 더 낫다"라는 중요한 취지를 반영한 결과이지요. 또한 스크래치 주니어는 어린아이들이 교실 수업에서 다루는 다양한 주제들을 그래픽으로 표현하는 기회를 줍니다. 아이들은 스크래치 주니어에서 기본으로 제공하는 이미지를 활용하거나 그림 편집기를 이용하여 직접 그림을 그릴 수 있습니다.

통계 자료에 따르면, 아이들이 만든 프로젝트의 약 11%에서 그림 편집기에서 만든 캐릭터나 배경화면을 사용한 것으로 나타났습니다. 또한, 스크래치 주니어에서 가장 많이 사용되는 캐릭터들은 "사용자가 가지고 있는 자원들"을 활용했거나 그림 편집기에서 직접 그리거나 수정한 것들이었습니다. 이것은 스크래치 주니어를 사용하는 이들이 자신의 프로젝트에 개인적이고 독특한 취향을 반영하려는 의도들을 의미합니다.

스크래치 주니어에는 애니메이션 무대 화면에 "그리드grid"를 표시할 수 있습니다.〈그림 9.5〉

〈그림 9.5〉 그리드가 표시된 스크래치 주니어 화면

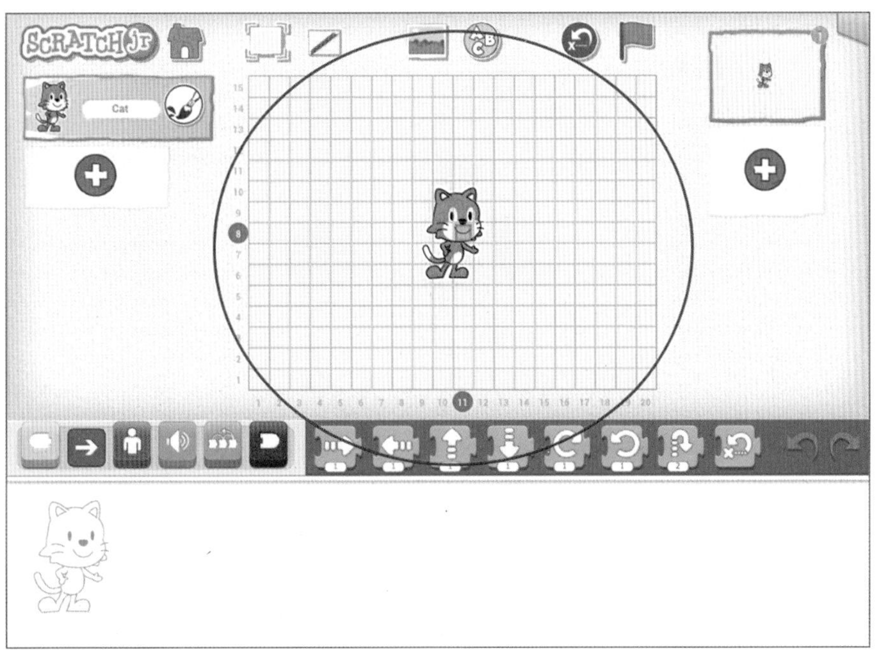

그리드는 화면에 표시하거나 숨길 수 있으며, 프로그래밍하는 데 가장 유용한 기능 중 하나입니다(단, 완성된 프로젝트를 소개할 때에는 격자무늬를 숨기는 것이 좋습니다). 그리드는 아이들이 프로그래밍 단위를 쉽게 이해하도록 합니다. 예를 들어, "오른쪽으로 10만큼 이동"과 같은 명령어는 캐릭터가 화면 위의 10픽셀 또는 임의의 단위만큼 이동하는 것이 아니라 그리드상에서 10칸을 이동하는 것을 의미합니다.

그리드에 표시된 화면은 직각 좌표계의 제1사분면으로, 연속된 단위가 아니라 일정한 간격으로 구분된 단위를 사용합니다. 숫자가 적힌 가로축과 세로축은 아이들이 거리를 계산하거나 계산 과정을 검증하는 데 필요한 정보가 됩니다. 아이들은 캐릭터들을 원하는 만큼 움직이기 위해 가로축과 세로축에 표시된 숫자들을 활용할 수 있습니다.

캐릭터에게 명령어 스크립트를 정의하면, 캐릭터가 이동할 거리만큼 그리드의 셀 단위를 계산한 후 가로 또는 세로축을 기준으로 움직입니다. 그리드를 사용하여 주어진 거리만큼 움직이도록 프로그래밍하는 전략들은 더욱 복잡한 프로그래밍 개념을 이해하는 데 도움이 됩니다. 예를 들어, 캐릭터를 그리드상에서 3칸 움직이기 위해서 "앞으로 1만큼 움직이기Move 1" 블록을 세 개 연속으로 조합합니다. 이때 '1'은 '앞으로 움직이기Move' 블록의 디폴트값으로, 별도의 수정 없이 사용합니다. 또는 "앞으로 1만큼 움직이기Move 1" 블록을 하나만 사용하고, 재생 버튼을 세 번 누를 수도 있습니다. 또 다른 방법으로는 "앞으로 움직이기" 블록의 매개변수를 변경하여 "앞으로 3만큼 움직이기Move 3"로 명령어 스크립트를 작성해도 됩니다.〈그림 9.6〉

그리드의 셀과 숫자가 쓰인 가로축 또는 세로축은 '측정과 조정', '카운팅 및 기본적인 산술'을 활용하는 전략들에도 사용될 수 있습니다. 그리드는 스크래치 주니어를 수학적 원리와 통합시키고자 설계한 기능입니다. 리터러시와 통합하기 위한 노력도 반영되어 있습니다. 아이들은 서로 독립적인 "페이지"를 각각 만들고, 각 페이지의 문장과 대화 내용을 하나의 프로젝트로 엮어내면서 자신만의 이야기를 도입, 절정, 결말의 흐름으로 구성할 수 있습니다.

〈그림 9.6〉 고양이 캐릭터를 앞으로 3만큼 이동시키는 방법들.

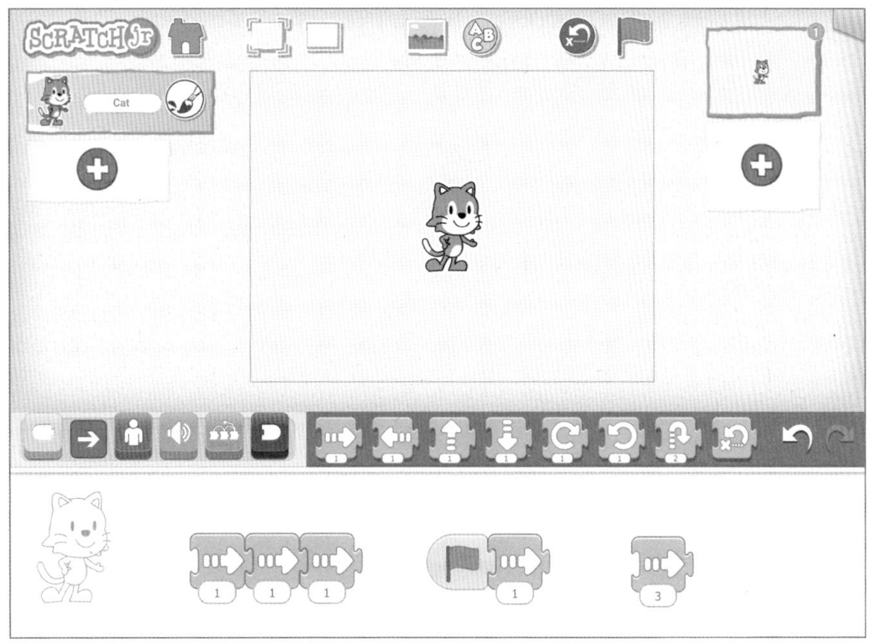

이러한 과정에서 아이들은 "어떤 일이 일어나면, 그때 무슨 일이 일어날지"를 생각하게 됩니다. 즉, 아이들은 스크래치 주니어로 프로그래밍하면서 이야기 구성에 필요한 기본 개념들을 이해하고, 일련의 순서로 이야기를 구성하는 방법을 습득하게 됩니다.

아이들은 스크래치 주니어 프로젝트를 통해 파워풀 아이디어들을 접하고 시퀀싱, 측정, 예측, 구성 그리고 분해 등과 같은 다양한 분야에 적용할 수 있는 기술들을 익힙니다. 아이들은 스크래치 주니어로 프로그래밍할 때 "얼마나 많이?" 또는 "얼마나 멀리?"와 같은 질문들을 자주 합니다. 경험이 많은 교사들은 아이들이 반복 구문을 사용하면 프로그램이 어떻게 실행될지 미리 예상해보거나, 새로 변경한 내용이 자신이 원하는 대로 실행될지를 미리 예측해볼 수 있는 기회를 줍니다. 스크래치 주니어는 아이들이 측정하거나 예측한 내용에 대한 피드백을 바로 해줄 수 있습니다. 이렇게 아이들이 컴퓨팅 사고를 테스트하고, 즉각 피드백을 받는 시스템은 프로그래밍 언어가 지녀야 할 가장 중요한 요소입니다.

스크래치 주니어는 어린 아이들의 인지 활동에 부담이 될 만한 불필요한 기능들을 줄였습니다. 이로써 아이들이 명령어 스크립트를 조합하고, 예상치 못한 결과를 해결하는 등 높은 수준의 사고 활동에 집중할 수 있게 합니다. 이것은 어린아이들의 발달 수준에 적합한 인지 자원들을 충분히 활용하여 고차원적인 사고 과정에 몰입하고, 프로그램을 완성할 수 있도록 돕습니다. 코딩의 목적이 "표현"인 경우에는 고차원적 사고 활동을 촉진하는 것이 매우 중요합니다.

스크래치 주니어의 탄생

우리는 어린아이들이 8세 이상의 어린이를 위해 개발된 스크래치를 사용하는 방법과, 사용과정에서 어떠한 어려움을 겪는지를 관찰하는 것에서 연구를 시작했습니다. 우리 연구진은 5~7세의 아동을 연구하기 위해 지역 어린이집과 초등학교 1~2학년 교실 수업에서 많은 시간을 보냈습니다. 예를 들어, 프로그래밍 명령어들을 조합할 수 있는 방법이 많을수록 아이들은 프로그래밍 과정에서 길을 잃고 헤매는 경우가 많았습니다.

그래서 어린아이들을 위해서는 프로그래밍 기능들을 일부 제한하고 단순화할 필요성을 느꼈습니다. 또한, 프로그래밍 결과로 실행되는 동작이 너무 빨리 재생되어서 아이들이 프로그래밍 블록과 그 결과로 나온 행동 사이의 관계를 이해하는 데 어려움을 겪고 있었습니다. 그래서 모든 블록이 실행되기 이전에 약간의 시간을 벌 수 있도록 프로세스의 실행 속도를 늦췄습니다.

교사들은 아이들이 왼쪽에서 오른쪽 방향으로 읽고 쓰는 방법을 배우는 동시에 스크래치 주니어에서도 명령어들을 같은 방향으로 조합하는 것을 긍정적으로 평가했습니다. 반면, 스크래치 프로그램에서는 다른 프로그래밍 언어들처럼 위에서 아래 방향으로 명령어를 작성합니다. 위와 같은 발견들을 토대로, 스크래치 주니어의 첫 프로토타입인 알파와 베타 버전을 개발하기 시작했습니다.

스크래치 주니어 프로그램의 개발 단계마다 어린아이들과 부모 및 교육자들을 대상으로 사용자 테스트를 거쳤습니다. 이러한 테스트들로 인해 전체 개발 프로세스가 느려졌을 수도 있지만, 다양한 필요에 따라 다양한 분야에서 사용할 수 있는 프로그래밍 언어를 개발하는 데 도움이 되었습니다. 방과 후 수업이나 교사 워크숍, 시범 수업, 그리고 가정 학습을 통해 수많은 교사들 및 아이들과 함께 연구를 진행했습니다. 또한, 온라인 설문조사 및 면대면 표적 집단 설문을 통해 피드백을 얻었습니다. 이러한 연구 과정은 스크래치 주니어 디자인 팀에 귀중한 시사점을 제공해주었습니다.

초기 프로토타입인 알파 버전은 웹 기반 환경에서 사용할 수 있었습니다. 그래서 아이들과 교사들은 스크래치 주니어의 알파 버전을 사용하기 위해서 개인 서버에 로그인해야 했습니다. 알파 버전은 기존의 스크래치 프로그래밍 환경을 축소하고자 했던 연구진의 목표를 반영한 것으로, 화면에 문자는 적게, 다채로운 그래픽을 사용했으며, 간단한 명령어가 적힌 커다란 프로그래밍 블록들을 지원하는 등 어린아이들에게 좀 더 매력적으로 다가갔습니다.

그러나 아이들은 로그인 계정을 쉽게 잊어버렸고, 교사들 역시 아이들의 계정을 관리하거나 잊어버린 계정을 다시 찾아내기를 힘들어했습니다. 게다가 아이들은 자신의 계정을 정확히 입력하는 것조차 어려워했습니다. 스크래치 주니어의 알파 버전에서는 아이들이 여러 개의 계정을 만들고 또다시 잊어버리는 과정을 겪었으며, 이때마다 교사들은 스크래치 주니어의 기술 지원 팀에 문의하는 데 많은 시간을 할애해야 했습니다. 결국, 아이들이 프로그래밍 개념을 배우는 데 온전히 집중하지 못했습니다.

우리 연구진은 표적 집단 설문을 실시하였고, 그 결과 대부분의 교사들이 인터넷에 접속하지 않아도 사용할 수 있는 스크래치 주니어 버전을 원한다는 것을 확인하였습니다. 많은 학교에서 인터넷 접속 속도도 느리고 접속 과정에서도 오류가 발생하는 등 학생과 교사들 모두에게 불편을 주었습니다. 어떤 학교에서는 인터넷 접속 자체가 불가능했습니다. 교사들은 웹 기반이 아닌 독립적으로 실행되는 어플리케이션을 원했습니다.

또한, 교사들은 데스크톱이나 노트북이 아닌 태블릿 PC에서 사용할 수 있는 프로그램을 원했습니다. (이러한 교사들의 바람은 2011년과 2012년 애플 사의 아이패드 태블릿 PC와 터치스크린 장치가 보편화되면서 일부 가능해졌습니다.) 우리 연구진 역시 어린아이들이 컴퓨터에서 스크래치 주니어를 사용할 때 마우스나 터치패드를 사용하는 데 상당한 어려움을 겪는 것을 확인하였습니다.

이후 연구진은 아이패드에서 사용할 수 있는 스크래치 주니어의 베타 버전을 발표했습니다. 베타 버전은 아이들이 프로젝트를 빠르고 유창하게 창작할 수 있는 능력을 향상시켰습니다. 그러나 여러 기술적 문제들로 인해 학교에서 베타 버전을 사용할 때에는 여전히 무선 인터넷에 접속해야 하는 문제가 있었습니다.

연구진은 관리자 패널을 만들어서 시범 운영하고, 교사들이 모든 학생들의 계정과 완성 작품들을 한곳에 그룹화할 수 있도록 마스터 사용자 전용 웹 페이지를 제공했습니다. 교사들은 모든 학생들의 작품을 한눈에 볼 수 있고 이전보다 좀 더 수월하게 스크래치 주니어 수업을 할 수 있었지만, 관리자 패널을 사용하기에는 여전히 어려움이 많았습니다. 교사들은 커리큘럼의 한 단원을 모두 마치기까지 수백 개의 프로젝트들을 관리해야 했는데, 역시나 로그인 계정을 사용하고 관리해야 하는 문제점이 남아 있었기 때문입니다.

기술팀이 이러한 플랫폼 문제들을 해결하려고 노력하는 동안, 다양한 프로그래밍 블록들을 테스트하고, 블록들을 특정 카테고리로 묶기 위한 실험들을 병행했습니다. 교사들은 "회전하는 모양(기다리기 블록-옮긴이)"의 명령어 블록이 열두 단계를 거쳐 전체 회전을 완료할 수 있도록 제안했습니다. 숫자 '12'는 일반적으로 초등학교 1~2학년 과정에서 다루는 아날로그 시간에 해당됩니다.

우리 연구진은 도구 옵션들도 다방면으로 실험했습니다. 아이들은 그림 편집기에서 사용하는 카메라 기능, 소리 블록 팔레트의 소리 녹음 기능, 프로그램 실행 시 실행 중인 블록의 색상을 강조 표시하는 기능, 캐릭터와 명령어 블록을 서로 다른 페이지에 드래그하여 복사하는 기능들을 비롯하여 다양한 기능을 사용하고, 관련 피드백을 주었습니다.

학부모들은 아이들이 만든 프로젝트를 가족의 이메일로 전송할 때를 제외하고는 아이들이 별도의 인터넷 화면에 접속하지 못하도록 "인터넷 팝업" 기능을 제한하길 원했습니다. 이러한 공유 기능은 아이들이 만든 프로젝트를 학교 친구들이나 가족들과 공유할 수 있는 스크래치 주니어 커뮤니티를 활성화하는 데 중요한 역할을 하고 있습니다.

우리 연구진은 스크래치 주니어 인터페이스 개발을 위해 디자인 협업 팀인 'h24 Creative Studio'와 함께 다양한 실험을 했습니다. 예를 들어, 〈그림 9.7〉, 〈그림 9.8〉, 그리고 〈그림 9.9〉는 디지털 느낌, 종이 노트 느낌, 나무 느낌을 반영한 서로 다른 인터페이스들을 보여줍니다.

<그림 9.7> "디지털 느낌"의 스크래치 주니어 인터페이스.

<그림 9.8> "종이 노트" 느낌의 스크래치 주니어 인터페이스.

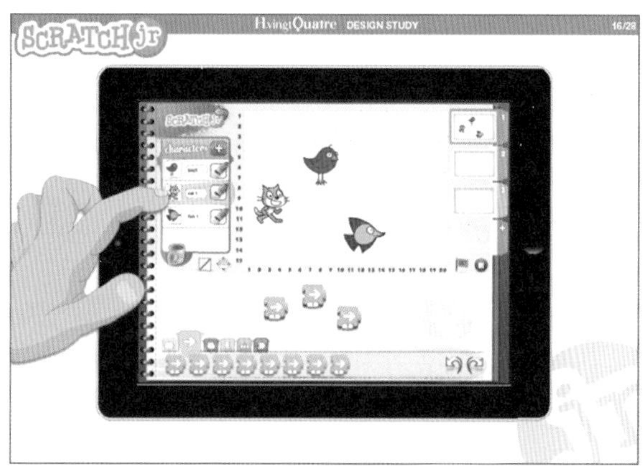

<그림 9.9> '나무' 느낌의 스크래치 주니어 인터페이스.

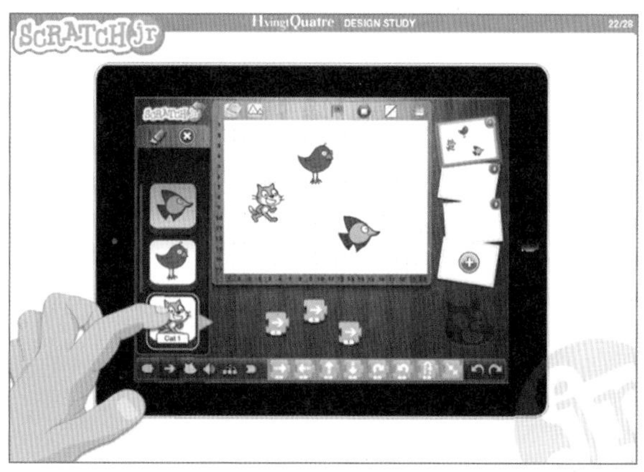

우리는 무엇보다도 스크래치 주니어의 대표 캐릭터인 아기 고양이 모습을 결정하는 데 심혈을 기울였습니다. 연구진 모두가 만족할 때까지 다양한 아이디어들을 나누었지요.〈그림 9.10〉

〈그림 9.10〉 스크래치 주니어의 아기 고양이.

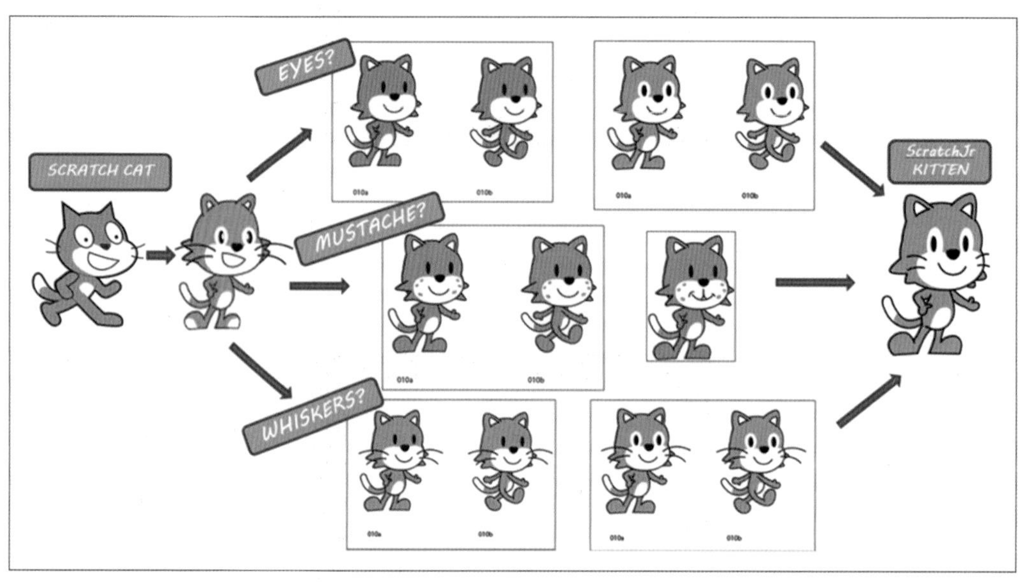

스크래치 주니어의 아기 고양이는 2007년 개발되었던 스크래치 프로그램의 고양이 캐릭터를 닮았습니다. 연구진은 오늘날 스크래치 주니어의 아기 고양이 캐릭터가 탄생하기까지, 다양한 모습의 캐릭터들을 적용했습니다.

우리는 기존에 지원받던 연구비 외에도 필요한 기금을 마련하기 위해 킥스타터Kickstarter 캠페인을 성공적으로 마쳤습니다. 2014년 7월, 마침내 현재의 스크래치 주니어 버전인 태블릿 PC에서 사용할 수 있는 앱을 출시했습니다. 기존에 사용했던 사용자 계정 입력 기능과 관리자 패널 시스템을 제거하고, 간편하게 사용할 수 있는 일대일 장치 공유 모델을 개발했습니다.

아이들은 완성한 프로젝트를 이메일 또는 애플 사의 에어드롭AirDrop 기능을 통해 공유할 수 있습니다. 이것은 학교와 가정 사이의 타협점이었습니다. 우리 연구진은 스크래치 주니어 프로그램을 설계하고 개발하는 여정에 몰입하였으며, 모든 순간을 즐겼습니다.

전 세계에서 사용 중인 스크래치 주니어

아이패드 전용 스크래치 주니어 어플리케이션이 출시되면서, 전 세계의 교사들이 안드로이드 버전 출시를 요구했습니다. 그래서 우리는 연구팀을 더욱 확장했습니다. 당시 투 시그마 펀드Two Sigma Investments의 전무이사 겸 소프트웨어 엔지니어이자 두 아들을 둔 마크 로스Mark Roth는 스크래치 주니어에 대해 알게 되었습니다. 그는 스크래치 주니어의 안드로이드 버전이 아직 출시되지 않았다는 얘기를 듣고, 여가 시간에 자원봉사를 하고 싶다며 레스닉 교수에게 메시지를 전했습니다.

이후 투 시그마 펀드 사의 소프트웨어 엔지니어인 케빈 후Kevin Hu도 합류하여 2014년 11월에 안드로이드 기반의 베타 버전을 출시하고, 2015년 3월에 최종 버전을 출시했습니다. 현재 스크래치 팀에서 안드로이드 4.2 이상[Android 4.2+: 젤리 빈Jelly Bean 이상], 7 인치 화면 이상에서 사용 가능한 안드로이드 버전을 공식적으로 지원하고 있습니다. 2016년 기준 안드로이드 버전의 누적 다운로드 횟수는 20만회 이상이며(2018년 8월 기준 누적 다운로드 횟수는 50만 회 이상 - 옮긴이) 사용자 수 역시 빠르게 증가하고 있습니다.

마크 로스는 전 세계 사람들이 스크래치 주니어를 사용할 수 있도록 하기 위해서는 스크래치 주니어에 대한 접근성을 높이는 것이 필요하다고 생각하였습니다. 그는 안드로이드가 미국을 제외한 전 세계에서 더욱 일반적으로 사용되고 있다는 것을 잘 알고 있었습니다. 그리고 기꺼이 시간을 내어 우리 연구진에게 도움을 주었습니다.

우리 연구진은 2016년 1월에 아마존 태블릿용 안드로이드 기반의 스크래치 주니어 앱을 출시했으며, 2016년 3월부터는 크롬북Chromebook에서도 호환되도록 하였습니다. 이로써 다양한 기기에서 스크래치 주니어 프로그램을 사용할 수 있게 되었으며, 스크래치 주니어는 전 세계에 보급되고 있습니다. 2016년 기준으로 전 세계 약 191개 국가에서 스크래치 주니어를 사용하고 있으며, 미국을 비롯한 영국, 호주, 캐나다, 스웨덴, 스페인, 핀란드, 한국, 프랑스, 그리고 중국 등의 국가에서 더욱 활발히 사용하고 있습니다.

2015년 12월에는 미국의 공영방송 서비스인 PBSPublic Broadcasting Service에서는 어린이 채널과 협력하에 "PBS KIDS ScratchJr 앱"을 출시[58]하고, 아이들이 PBS KIDS TV채널

에 등장하는 약 150여 가지의 다양한 캐릭터들을 사용하여 자신만의 게임이나 애니메이션으로 만들 수 있도록 하였습니다. 이 앱은 미국 교육부로부터 지원받아 미국의 공영방송인 CBS와 공영방송 서비스인 PBS의 "레디 투 런 이니셔티브Ready To Learn Initiative"의 일부로 개발되었습니다.[59] 2016년 기준으로 약 434,177건의 다운로드를 기록했습니다.

연구진은 2016년 1월부터 어린아이들과 교사들이 스크래치 주니어를 어떻게 사용하고 있는지를 확인할 수 있는 분석 데이터들을 수집하기 시작했습니다. 2016년 1월부터 12월까지 약 680만 개 이상의 프로젝트들이 새로 만들어졌으며, 전체 프로젝트 중에서 약 8백만 개 이상의 프로젝트들이 다시 실행되거나 수정된 것으로 나타났습니다. 약 25만 개의 프로젝트들은 이메일이나 애플의 에어드롭AirDrop 기능을 통해 공유되었습니다. 비교적 짧은 기간이지만, 약 130만 개의 프로그래밍 블록들도 사용되었습니다. 그중에서 가장 많이 사용된 명령어 블록은 "전진하기", "녹색 깃발을 누르면 실행하기", "후진하기", 그리고 "말하기"였습니다.

프로젝트에서 서로 다른 캐릭터들이 의사소통 하도록 만드는 "말하기" 블록은 스크래치 주니어에서 자주 사용되는 상위 다섯 가지 명령어 블록들 중 하나입니다. 이는 아이들이 주로 스토리텔링을 위해 스크래치 주니어를 사용한다는 것을 시사합니다.

또한, 전 세계 아이들은 평균 14분 내외로 프로젝트의 한 섹션을 완성하는 것으로 나타났습니다. 스크래치 주니어의 신규 사용자 비율은 전체의 약 20%, 재사용자 비율은 전체의 약 80%로 일관성 있게 유지되고 있습니다. 스크래치 주니어 사용률은 빠르게 증가하고 있으며, 기존의 사용자들 역시 더 많은 프로젝트를 만들기 위해 스크래치 주니어를 재방문하고 있습니다. 독자 여러분이 이 책을 읽고 있는 순간에도, 스크래치 주니어 사용자는 계속 증가하고 있습니다.

스크린 위의 놀이터

아이들은 프로젝트를 만들 때 자신의 창의력을 한껏 발휘합니다. 아이들이 가장 좋아하는 유치원 활동 중 하나는 스크래치 주니어를 활용하여 자신이 좋아하는 장소, 행동 또는 특별한 사람들을 등장시키는 애니메이션을 만드는 것입니다. 아이들은 이야기책을 읽으며 영감을 얻고, 스크래치 주니어로 자신만의 스토리텔링을 구성하기 위해 다방면으로 탐구합니다. 아이들은 스크래치 주니어 프로젝트를 만들면서 이야기의 다른 결말을 상상하거나 새로운 이야기로 구성할 수 있습니다.

예를 들어, 어떤 아이들은 지구를 구하기 위해 다른 행성으로 여행하는 용과 마법사에 대한 판타지 이야기를 만들어냈습니다. 비교적 연령이 높은 아이들은 미로나 테트리스 게임의 동작 원리를 적용한 프로젝트를 만들면서 즐거워하였습니다. 또 다른 아이들은 간단한 인터랙티브 게임을 만들면서 친구들 및 가족들과 함께 다양한 관점에서 자신의 프로젝트를 탐구합니다.

스크래치 주니어는 디지털 놀이터입니다. 앞에서 소개한 다양한 사례들이 보여주듯이, 아이들은 스크캐치 주니어로 프로그래밍하여 자신만의 이야기나 게임 또는 애니메이션을 만듭니다. 그 과정에서 재미를 느끼고 즐겁게 참여합니다. 아이들은 스크래치 주니어로 자신만의 작품을 완성하기 위해 스스로 프로그래밍하기를 원했습니다. 이 모든 것들은 아이들이 스크래치 놀이터에서 노는 과정에서 일어났습니다. 아이들은 스크래치 주니어로 코딩하고 문제해결 전략을 만드는 과정에서 자신의 상상력과 예술적 기량들을 마음껏 활용했습니다.

스크래치 주니어는 아이들이 PTD 프레임워크가 제안한 여섯 가지 바람직한 행동(6Cs : 콘텐츠 창작(Contents Creation), 창의력(Creativity), 행동 선택(Choice of Conduct), 의사소통(Communication), 협업(Collaboration), 커뮤니티 만들기(Community Building))을 모두 경험하고, 새로운 콘텐츠를 창작하도록 이끌어줍니다. 아이들은 반복적이고 창의적인 프로세스를 경험하면서 컴퓨팅 사고에 대한 기본 개념 및 기능들을 습득하고, 이들을 더욱 발전시키는 연습을 합니다. 그리고 무엇보다도 자신의 창의력을 충분히 발휘합니다.

아이들은 창의적인 방법으로 기술적 문제들을 해결하는 과정에서 학습 잠재력에 대한 자신감을 갖게 됩니다. 똑똑하고 창의적인 프로젝트들은 만들기가 어렵습니다. 그리고 완성하기까지 수많은 실패와 좌절을 겪기도 합니다. 아이들은 놀이터에서 놀 때와 마찬가지로 스크래치 주니어를 사용하면서 겪는 실패와 좌절에 적절히 대응하는 방법을 배우게 됩니다.

이것은 새로운 기술들을 배우는 데 필요한 자신감을 키워줍니다. 뜻하는 대로 일이 잘 되지 않거나 다루기 어려운 작업들을 경험하는 기회를 제공하는 교실에서는 이러한 자신감을 키워줄 수 있습니다. 아이들은 적절하게 어려운 프로젝트를 만들면서 여러 번 시도를 하고, 다양한 전략을 세우거나 도움을 요청하면서 문제해결 방법을 찾는 능력을 발전시킵니다.

PTD 프레임워크는 아이들이 협업하여 코딩하도록 장려합니다. 여러 명의 아이들이 동시에 하나의 화면을 보면서 협업하는 과정은 매우 까다롭습니다. 여러 명이 모여서 함께 작업할 수는 있지만, 오직 한 명만이 스크린 화면을 제어할 수 있기 때문입니다. 한 팀으로 구성된 아이들은 자신의 발달상의 능력들을 발휘하여 다양한 아이디어를 표현하고 논의합니다.

어린아이들은 각자의 프로젝트를 수행하는 것이 아닌 함께 협업하는 방법을 배웁니다. 여러 명의 아이들이 공동의 목적을 달성하는 과정에서 도전적인 과제들을 직면하게 됩니다. 스크래치 주니어 프로그램 자체는 아이들 간의 협력을 촉진하기 위해 별도로 설계된 기능은 없습니다. 스크래치 주니어를 사용하는 플랫폼은 개별 사용자를 위한 것들입니다. 따라서 아이들의 협력을 이끌어주기 위해서는 도구가 아닌 교수 학습 전략이 필요합니다.

의사소통에도 같은 방법이 필요합니다. 놀이터는 아이들 사이의 상호작용을 높이는 반면, 태블릿 PC는 개별 활동에 집중시킵니다. 서로 다른 아이들이 가까이 앉아서 스크래치 주니어를 사용할 수는 있지만, 이것만으로는 둘 사이의 상호작용을 이끌어낼 수 없습니다. 따라서 이들의 상호작용을 이끌어줄 수 있는 교육학적인 접근과 교수 전략이 개입되어야 합니다. 이는 PTD 프레임워크 기반의 커리큘럼 개발의 필요성과 중요성을 강조합니다. 그렇지 않으면, 어린아이들에게 코딩을 가르칠 때 반드시 가르쳐야 할 소통과 협업을 놓치기가 쉽습니다.

같은 맥락으로, 놀이터 그 자체는 커뮤니티 의식을 조성하지 못하지만, 놀이터 주변에서 함께 살아가는 이웃들은 커뮤니티를 생성하는 주요 요소입니다. 어린아이들을 위한 레지오 에밀리아 접근법에 따르면, 다양한 활동들을 이끄는 커뮤니티는 아이들이 더 크고 넓은 지역사회에 공헌할 수 있는 기회를 제공합니다.

스크래치 주니어는 아이들이 만든 프로젝트를 교사나 사랑하는 사람들과 공유할 수 있는

"공유" 기능을 지원합니다. 스크래치 주니어 연구진은 성인 사용자들을 지원하기 위한 온라인 네트워크를 형성했습니다. 더불어 우리는 스크래치 주니어 가족의 날ScratchJr family days[60]을 지정하여 아이들이 부모님 및 형제자매들과 함께 참여하여 코딩 프로젝트를 만들고 서로를 통해 배울 수 있는 기회의 장을 마련하고 있습니다.

PTD 프레임워크는 어린아이들에게 행동을 선택하고 결정하는 것이 얼마나 중요한지 알려줍니다. 아이들은 놀이터에서 놀 때 다양한 도전 과제에 직면하듯이 코딩 과정에서도 이러한 도전 과제들을 경험하게 되지만, 교사나 연구진이 이를 관찰하기란 매우 어렵습니다. 따라서 교실에서 협업을 통해 서로에게 좋은 파트너가 되고 태블릿을 다른 친구들과 공유하는 것이 대안이 될 수 있습니다.

예를 들어, 자신의 프로젝트를 완성한 아이에게 다른 친구들을 돕도록 해야 할까요, 아니면 조용히 별도의 활동을 하도록 해야 할까요? 또는 아이가 해결하기 어려운 문제를 만났을 때 계속하여 선생님에게 도움을 요청하도록 할까요, 아니면 혼자 힘으로 해결할 때까지 최선을 다하도록 이끌어주어야 할까요? 스크래치 주니어 앱 자체만으로는 이러한 문제들을 해결해주지 못합니다. 아이들 스스로가 다양한 가치를 탐구하고 자신의 행동을 선택하도록 하는 것, 그리고 자신의 성격과 성향에 대해 생각해보는 기회를 주는 것은 교사가 선택하는 교육학적 접근법과 학습 환경 조성에 따라 가능해집니다.

스크래치 주니어로는 한 가지 일을 다양한 방법으로 수행할 수 있습니다. 그래서 선택이 필요합니다. 일반적인 놀이터에서처럼, 아이들이 코딩하는 과정에서도 "만약 무엇을 하면"과 같은 질문을 하고, 이에 대한 결과들을 고려할 수 있도록 도전적 기회들이 보장되어야 합니다. 우리가 살아가는 데 필요한 도덕적이고 윤리적인 질문과 도전들 역시 코딩 과정에서 경험할 수 있어야 합니다.

우리 연구진은 스크래치 주니어를 처음 설계할 당시 일반적인 놀이터로부터 많은 영감을 받았습니다. 그리고 코딩을 조심스럽게 놀이터에 비유하였습니다. 연구진은 스크래치 주니어의 초기 버전들이 코딩 도구로써 지닌 한계점들을 확인하였습니다. 그래서 교사와 부모들이 창의적이고 즐거운 학습 환경을 조성할 수 있도록, 그리고 아이들이 PTD 프레임워크의 여섯 가지 'C'를 모두 경험할 수 있도록 커리큘럼과 활동들을 개발하였습니다. 그러나 역시나 태블릿 PC의 화면 안에서 진행되는 활동에는 제약이 따릅니다.

놀이터에서 마법처럼 일어나는 일들은 아이들이 자신의 몸과 마음을 자유롭게 움직이고 실험할 수 있기 때문에 가능한 것들입니다. 아이들은 놀이터에서 뛰어다니고, 놀이 기구에 오르기 위한 기술들을 마스터하면서 발달 시기에 필요한 신체 운동 능력을 향상시킬 뿐 아니라 다양한 인지 활동을 하게 됩니다. 놀이 공간 안에서 놀이를 하는 능력과 물체들을 손으로 만지며 조작하는 능력은 아이들이 좀 더 복잡하고 추상적인 대상을 이해하는 데 도움이 됩니다.

놀이터의 놀이 기구 자체만으로는 아이들의 상호작용이나 면대면 대화, 그리고 눈맞춤을 수반하지 않습니다. 그러나 태블릿 PC에서는 가능합니다. 우리 연구진은 키보 프로젝트에서 이러한 이슈들을 다룰 수 있었습니다. 관련 내용은 다음 장에서 자세히 소개하겠습니다.

10장 아이들의 친구, 키보 로봇

에스라, 마크, 사라는 유치원에 있습니다. 세 아이들은 커리큘럼 중 사회과 단원에서 '아이디타로드Iditarod'라는 알래스카의 개썰매 경주가 매년 4월에 열리는 것을 배웠습니다. 아이들은 인터넷상에서 알래스카 전역의 머셔musher(썰매 개를 훈련시키고 이끄는 사람)들과 썰매 개 경주를 응원하는 모습을 살펴보았습니다. 그리고 썰매 개들의 이름과 습성, 썰매 개들에게 필요한 것들, 머셔들이 가혹한 날씨에서 살아남기 위해 필요한 것들을 배웠습니다.

유치원 교실의 벽면에는 거대한 알래스카 지도가 붙어 있으며, 윌로우Willow 지역에서 놈Nome 지역으로 가기 위한 다양한 경로들이 지도 위에 표시되어 있습니다. 에스라와 마크, 그리고 사라는 개썰매 경주의 다양한 경로들을 지도 위에서 확인하였습니다. 그리고 돌란 선생님은 세 아이들에게 아이디타로드의 역사책을 큰소리로 읽어주었습니다.

1925년에 알래스카의 놈 지역에 디프테리아 전염병이 퍼지자, 공급할 수 있는 항독소가 모두 소진되었습니다. 항독소를 구할 수 있는 가장 가까운 지역은 약 500마일이 떨어져 있는 앵커리지Anchorage 지역으로, 윌로우 지역과도 가까웠습니다. 놈 지역으로 항독소를 가져오는 유일한 방법은 바로 썰매 개였습니다. 썰매 개들이 항독소를 안전하게 운송할 수 있는 경로가 확보되자, 약 20명의 머셔들이 100여 마리의 썰매 개들을 이끌고 20파운드의 항독소 세럼을 운송하는 데 성공하였습니다. 썰매 개들은 릴레이 방식으로 달렸습니다.

그 후로 디프테리아 항독소의 성공적인 운반을 기념하기 위해 매년 아이디타로드 개썰매 경주 대회가 열립니다. 돌란 선생님의 반 아이들은 위 내용들을 새로 알게 되었습니다.

에스라와 마크, 그리고 사라는 알래스카의 지역과 지리를 공부했습니다. 세 아이들은 쉽고 어려운 경로들에 대해 배웠습니다. 그리고 약 2주 동안 아이디타로드와 관련된 주제들을 학습했습니다.

오늘은 그동안 배워온 내용들을 테스트할 시간입니다. 시험을 치르거나 워크시트를 작성하는 것이 아닌 키보 로봇을 이용하여 아이디타로드 썰매개 경주 대회를 재현할 것입니다. 돌란 선생님은 아이들에게 머셔가 이끄는 키보 로봇이 지도상의 윌로우 지역에서 놈 지역까지 아픈 아이들을 낫게 해주는 약을 운반하도록 프로그래밍하도록 지시하였습니다.

각 팀은 두 개의 체크 포인트가 그려진 두꺼운 도화지와 키보 로봇을 받습니다. 첫 번째 과제로, 두꺼운 도화지 위에 아이디타로드 경주가 열리는 지역과 유사한 지형을 만들고, 두 개의 체크 포인트를 연결하는 경로를 만들어야 합니다. 두 번째로는, 경로를 따라 약을 안전하게 운반하여 다음 팀으로 전달할 수 있도록 키보 로봇을 제작해야 합니다. 키보 로봇이 약을 떨어뜨리지 않고 울퉁불퉁한 지역을 통과하게 하려면 공학 분야의 학습이 필요합니다. 마지막으로는 로봇을 프로그래밍하여 출발 지점부터 도착 지점까지 안전하게 이동시켜야 합니다.

돌란 선생님은 유치원 도서관 마룻바닥 위에 도화지들을 모아 커다란 알래스카 지도를 완성합니다. 키보 로봇으로 아이디타로드 개썰매를 재현하기 위해서는 충분히 넓은 공간이 필요하기 때문입니다. 돌란 선생님은 각 팀별로 아이들에게 예술가, 엔지니어, 그리고 프로그래머의 역할을 분담해주었습니다.

선생님은 아이들에게 필요한 재료가 있을 때마다 앞에 있는 테이블에 와서 가져가도록 했습니다. 어떤 아이들은 그들에게 주어진 역할에 대해 불평했습니다. 돌란 선생님은 아이들에게 모든 역할들을 정해진 시간만큼 돌아가면서 수행할 것이라고 설명해주었습니다. 마크는 미술 재료가 놓여 있는 테이블로 다가가 마커와 크레용, 재활용 재료, 솜으로 된 공, 그리고 접착제를 가져옵니다. 그는 도화지 위에 쌓인 눈과 나무, 그리고 여우 가족을 표현하고 싶습니다. 사라와 에스라는 모두 엔지니어가 되고 싶습니다. 몇 번의 실랑이 끝에 사라가 먼저 엔지니어를 하고, 다음 차례에는 에스라가 엔지니어가 되기로 했습니다.

사라는 로봇 테이블로 다가가서 모터 세 개와 바퀴 세 개, 그리고 나무판자 두 개를 가져왔습니다. 그녀는 키보의 전구와 센서들을 한 움큼 집어 듭니다. 사라는 아직 이 부품들이 어떤 기능을 수행하는지 잘 모르지만, 모두 가지고 싶어 합니다. 프로그래머인 에스라는 다양한 나무 블록들이 준비되어 있는 테이블로 다가갑니다. 나무 블록에는 서로 다른 색상의 이미지와 에스라가 아직 읽을 수 없는 단어들도 붙어 있습니다. 블록의 한쪽에는 못이 있고 다른 한쪽에는 구멍이 있습니다. 이 나무 블록들은 키보의 프로그래밍 명령어입니다. 에스라는 돌란 선생님의 지시에 따라, 프로그램을 시작하기 위한 녹색의 "시작하기 블록"과 프로그램을 끝내기 위한 빨간색의 "끝내기 블록"을 선택합니다. 그러고는 가능한 한 많은 블록들을 움켜쥡니다. 곧 세 아이들은 알래스카 지도 위의 한 지점에서 다시 만납니다.

도서관은 아이들이 작업하는 소리들로 북적입니다. 아이들은 결정해야 할 것들이 많습니다. 사라는 두 개의 모터와 바퀴들을 로봇의 옆면에 부착하여 바닥 위를 움직이는 로봇을 제작합니다. 그녀는 전구와 몇몇 센서들을 추가로 로봇 위에 부착합니다. 로봇의 귀로는 소리를 감지하고, 로봇의 망원경으로는 거리를 감지하고, 로봇의 눈으로는 빛을 감지하도록 합니다. 이제 로봇이 움직일 준비가 되었습니다.

그러나 로봇을 움직이기 위해서는 프로그래밍을 해야 합니다. 마크는 로봇이 도화지 위에 그려진 경로를 따라 움직이기를 원합니다. 에스라는 시작하기 블록과 끝내기 블록 사이에 파란색의 "전진하기" 블록들을 얼마나 많이 사용해야 할지 잘 모릅니다. 에스라는 네 개의 전진하기 블록들을 연속적으로 조합하자, 사라가 실행해보자고 합니다. 사라는 명령어 블록들을 로봇에 스캔하기 시작합니다. 우선, 로봇을 들고 스캐너에서 빨간색 불이 나오는지를 확인합니다. 그다음 스캐너의 불빛 앞에서 명령어 블록에 붙어 있는 바코드들을 하나씩 스캔합니다. 사라 옆에 있는 마크는 스캔이 성공적으로 완료되어 로봇에 초록불이 켜질 때마다 "성공!" 하고 말해줍니다. 로봇 프로그래밍을 모두 끝낸 아이들은 로봇을 도화지 위에 올려두고 경로를 따라 움직이는지 확인합니다.

"제대로 움직이지 않네. 적어도 전진하기 블록이 두 개는 더 있어야겠어." 하고 사라가 말하자, 옆에 있던 에스라가 "나도 그렇게 생각해. 그런데 내 생각에는 전진하기 블록이 다섯 개는 더 있어야 할 것 같아." 하고 대답합니다. 아이들은 로봇이 움직여야 할 거리를 측정하고, 로봇이 몇 번을 더 움직여야 할지를 계산하느라 분주히 움직이며 새롭게 시도할 것들을 결정합니다. 아이들은 몇 번의 시행착오 끝에 로봇이 경로를 따라 움직이게 하는 데 성공합니다.

이제 로봇의 기능들을 좀 더 다양하게 만들 준비가 되었습니다. 아이들은 로봇에 운반할

약이 실렸다는 것을 알리는 박수 소리를 감지하면 움직이는 것으로 결정했습니다. 또, 로봇이 목적지 체크 포인트에 도착하기 전에 몸을 흔들며 빨간색 불을 켜서 다음 팀에게 출발 준비를 알리기로 결정했습니다. 아이들이 직접 프로그래밍한 키보 로봇을 가지고 릴레이 경주를 시작하자, 교실은 곧 놀이터가 됩니다. 몇몇 아이들은 다른 작업을 하느라 분주합니다. 그림을 그리고 꾸미는 아이들, 나무 블록으로 프로그래밍하는 아이들, 그리고 키보 로봇의 몸체에 싣고 갈 물약을 고정시키기 위한 견고한 구조물을 만들고 테이프로 붙이는 아이들, 여러 가지 센서를 테스트하는 아이들, 로봇이 움직일 거리를 계산하는 아이들, 두 체크 포인트 사이를 이동하는 로봇을 따라가며 응원하는 아이들, 모든 아이들은 수업에 매우 적극적으로 참여합니다.

교실 안에는 아이들의 즐거운 웃음소리도 들리지만, 실패와 좌절로 인한 한숨 소리와 다양한 질문들 역시 가득합니다. 아이들은 교실 안의 또래 친구들뿐 아니라 선생님과도 상호작용합니다. 아이들은 키보 프로그래밍 활동에 완전히 몰입되어 놀라운 집중력을 보입니다. 돌란 선생님은 수업 기간이 모두 끝나기 전인 이번 주 금요일 아침에 아이들의 가족과 친구들을 초대하여 키보 로봇 경주를 진행할 예정입니다. 많은 부모들은 아직 글을 읽고 쓸 줄 모르는 자신의 아이가 프로그래밍한 로봇을 어서 빨리 보고 싶어 합니다.

키보를 위한 도구

키보는 4~7세 어린아이들을 위해 특별히 개발된 로봇입니다. 어린아이들은 직접 무언가를 하면서 배웁니다. 키보는 아이들이 다양한 일들을 직접 해볼 수 있는 기회를 제공합니다. 아이들은 직접 로봇을 제작하고, 원하는 대로 로봇을 움직이기 위해 프로그래밍합니다. 그리고 로봇을 예쁘게 꾸미기도 합니다. 키보는 아이들이 자신의 아이디어를 물리적으로, 또는 손으로 만질 수 있는 형태로 표현할 수 있게 합니다. 컴퓨터, 태블릿, 그리고 스마트폰의 스크린 화면이 없이도 말이지요.

키보의 콘셉트와 프로토타입 개발 및 관련 연구들은 제가 소속해 있는 발달테크놀로지 연구그룹의 연구진이 국립과학재단의 지원을 받아 진행하였습니다. 키보는 미치 로젠버그

Mitch Rosenberg와 공동으로 설립한 킨더랩 로보틱스KinderLab Robotics[61]를 통해 지난 2014년부터 상업적으로 판매하기 시작하였습니다.

놀이터 접근 방식으로 설계된 키보는 이야기에 등장하는 인물들, 회전목마, 춤을 추는 댄서, 개썰매 등 아이들이 무엇이든 만들 수 있도록 도와줍니다. 키보의 가능성은 아이들의 상상력만큼 무한합니다. 아이들은 나무 블록들을 일련의 순서에 맞춰 조합하여 명령어(프로그램)를 만들어냅니다. 그런 다음, 키보의 본체에 블록들을 스캔하여 수행할 작업을 지시합니다. 마지막으로, 실행버튼을 눌러서 키보 로봇을 움직입니다. 아이들은 키보를 프로그래밍하면서 직접 프로그래머, 엔지니어, 문제해결사, 디자이너, 예술가, 댄서, 안무가 그리고 작가가 되어봅니다.

키보는 로보틱스 키트로써 하드웨어와 소프트웨어로 구성됩니다. 키보 로봇의 몸체, 바퀴, 모터, 전구, 다양한 센서들 및 플랫폼 등이 하드웨어이며〈그림 10.1〉, 손으로 직접 나무 블록을 연결하고 조합하는 프로그래밍 언어는 소프트웨어입니다.

〈그림 10.1〉 키보 로봇에 센서와 전구가 부착된 모습.

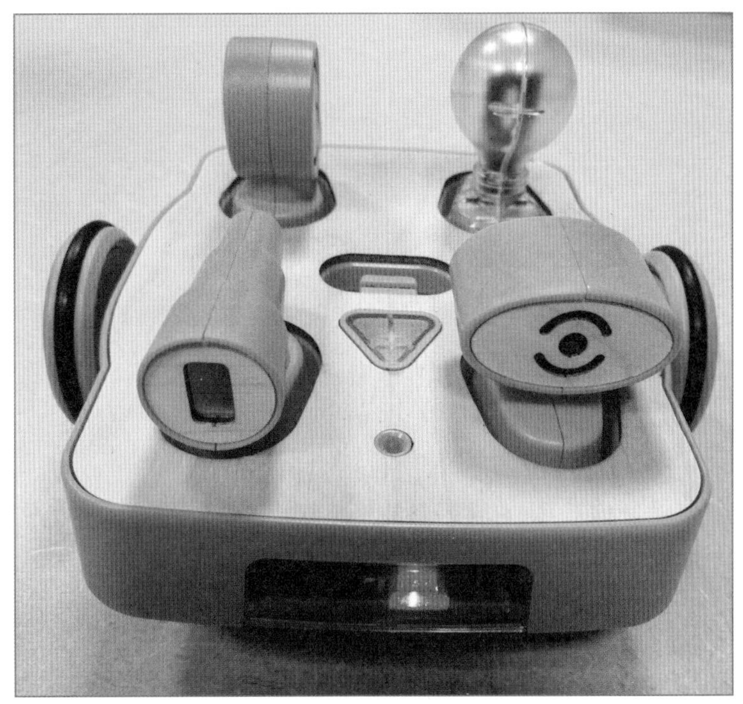

각 나무 블록에는 아이콘과 문자, 바코드가 표시된 다양한 색상의 라벨이 붙어 있습니다. 그리고 블록의 한쪽에는 나무못이, 다른 한쪽에는 그 못을 끼워 넣을 수 있는 구멍이 있습니다.〈그림 10.2〉 이러한 나무 블록들은 전기적 요소 또는 디지털 요소를 가지고 있지 않습니다. 그 대신에 키보 로봇의 몸체에 스캐너가 내장되어 있습니다.

〈그림 10.2〉 간단한 키보 프로그램.

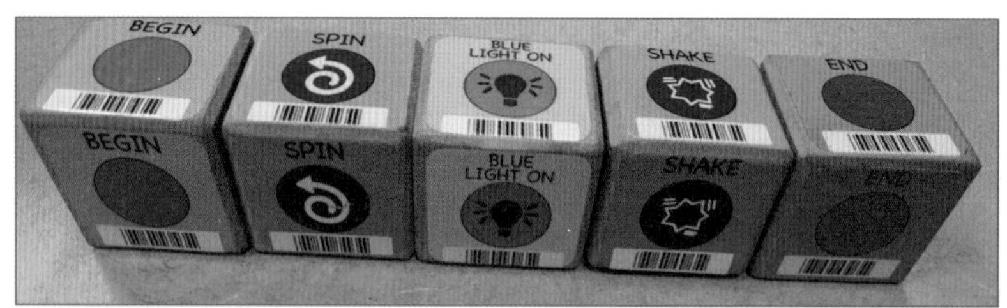

위 프로그램은 키보 로봇이 회전하고, 파란색 불빛을 켜고, 몸을 흔든 뒤 종료하도록 구성되었습니다.

스캐너를 이용하여 나무 블록에 붙어 있는 바코드를 스캔하면, 바로 로봇에게 프로그램을 보낼 수 있습니다. 컴퓨터나 태블릿 PC 화면이 없이도 프로그래밍을 할 수 있습니다. 어린아이들이 일정 시간 이상 스크린 화면에 노출되지 않게 하라는 미국 소아과학회American Academy of Pediatrics의 권고를 따른 것입니다.

키보의 프로그래밍 언어에는 열여덟 가지 이상의 개별 프로그래밍 나무 블록이 포함되어 있습니다. 어떤 블록들은 프로그래밍의 간단한 개념을 나타내지만, 어떤 블록들은 반복 루프, 조건문, 중첩 구문 등과 같이 복잡한 프로그래밍 개념을 나타내기도 합니다. 키보가 나무 블록을 사용하여 프로그래밍하는 방식은 텐저블 프로그래밍의 초기 아이디어에서 영감을 받아 고안하였습니다.

1970년대 중반, MIT 로고랩의 연구원인 래디아 펄먼Radia Perlman은 텐저블 프로그래밍에 대한 아이디어를 처음 제안하였습니다. 이 아이디어는 20년 뒤에 다시 주목받았습니다. 그 이후로 세계 곳곳에서 다양한 텐저블 프로그래밍 언어들이 개발되었습니다.

다른 유형의 컴퓨터 언어들과 마찬가지로, 텐저블 프로그래밍 언어는 프로세서에게 무엇을 해야 하는지를 알려주는 도구입니다. 프로그래머는 텍스트 기반의 언어를 사용하여 "시작하기", "만약" 또는 "반복하기"와 같은 단어를 사용하여 컴퓨터에게 지시합니다. 스크래치 주니어와 같이 비주얼 언어를 사용할 때에는 텍스트 기반의 명령어를 직접 작성하지 않고, 스크린 화면에 표현된 그림 형식의 명령어들을 연결하거나 조합합니다.

반면, 텐저블 언어는 컴퓨터 프로그래밍의 다양한 속성들을 표현하기 위해 물리적이고 실제적인 객체들을 사용합니다. 키보에서는 아이들이 로봇에 명령을 내리기 위해 나무 블록을 배열하고 연결합니다. 이러한 객체의 물리적 속성은 프로그래밍 언어의 구문을 표현하고 적용하는 데 반영됩니다. 예를 들어, 키보의 시작하기 블록의 측면에는 구멍이 없고, 나무로 된 못만 붙어 있습니다. 시작하기 블록 이전에는 다른 블록을 연결할 수 없도록 만들었기 때문입니다.〈그림 10.3〉

〈그림 10.3〉 키보의 '시작하기' 블록과 '끝내기' 블록.

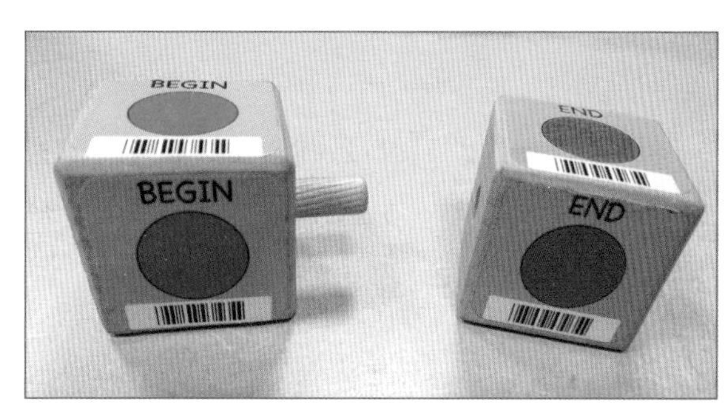

순차적으로 명령어를 조합하는 키보의 프로그래밍 언어 구문은 어린아이들이 시퀀싱 기술을 강화하는 데 도움을 주도록 설계되었습니다. 그렇다면, 프로그래밍 언어가 왜 나무 블록으로 만들어졌을까요? 나무 블록은 거의 모든 유치원 교실에서 찾아볼 수 있을 정도로 어린 아이들과 교사들에게 친숙하고 편안한 재료입니다. 나무 블록은 어린아이들에게 모양, 크기, 그리고 색상들을 가르치기 위해 이미 오래전부터 사용되어 왔습니다. 〈표 10.1〉은 현재 키보에서 사용할 수 있는 명령어 블록들입니다. 새로운 센서 모듈이 개발되면 명령어 블록도 새롭게 추가됩니다.

〈표 10.1〉 키보의 명령어 블록.

키보 블록	블록의 기능
BEGIN 시작하기	모든 프로그램의 맨 처음에 사용하는 것으로, 키보 로봇에게 동작 수행을 시킵니다.
END 종료하기	모든 프로그램을 종료하는 것으로, 키보 로봇에게 동작 수행을 모두 종료시킵니다.
FORWARD 전진하기	키보 로봇을 일정 간격만큼 앞으로 이동시킵니다.
BACKWARD 후진하기	키보 로봇을 일정 간격만큼 뒤로 이동시킵니다.
SPIN 회전하기	키보 로봇이 원형을 그리며 회전하도록 지시합니다.

흔들기	KIBO 로봇이 좌우로 흔들도록 지시합니다.
왼쪽으로 방향 전환하기	KIBO 로봇이 왼쪽으로 방향을 전환하도록 지시합니다.
오른쪽으로 방향 전환하기	KIBO 로봇이 오른쪽으로 방향을 전환하도록 지시합니다.
흰색 불 켜기	KIBO 로봇이 흰색 불을 켜도록 지시합니다.
빨간색 불 켜기	KIBO 로봇이 빨간색 불을 켜도록 지시합니다.

파란색 불 켜기	KIBO 로봇이 파란색 불을 켜도록 지시합니다.
노래하기	KIBO 로봇이 노래를 하도록 지시합니다. (예 : 자동으로 생성된 곡)
'비-' 소리내기	KIBO 로봇이 '비-' 소리를 내도록 지시합니다.
녹음된 사운드 재생하기	KIBO 로봇이 사운드 레코더로 녹음한 소리를 재생하도록 지시합니다.
박수소리 기다리기	KIBO 로봇에 '박수소리 기다리기WAIT FOR CLAP 블록'을 부착하면, 로봇이 박수소리를 감지할 때까지 특정 동작을 멈추거나 기다리도록 프로그래밍할 수 있습니다.

 반복 구문 만들기	'반복REPEAT 구문 만들기 블록'은 '반복 루프'를 만드는 데 사용됩니다. 텍스트 기반의 명령어에서 괄호를 열어서 반복 구문을 시작하는 것과 같습니다. 반복 루프는 일반 명령어 블록들과는 달리, 정해진 횟수만큼 특정 동작을 반복하여 수행시킵니다.
 반복 구문을 종료하기	'반복 루프' 를 종료합니다. 텍스트 기반의 명령어에서 괄호를 닫아서 반복 구문을 종료하는 것과 같습니다.
 만약 구문 만들기	'만약IF 구문 만들기 블록'은 조건에 따라 수행할 작업을 정의합니다. 텍스트 기반의 명령어에서 괄호를 열어서 조건문을 작성하는 것과 같습니다. KIBO 로봇은 조건문을 통해 센서 입력을 기반으로 수행할 작업을 지시합니다.
 만약 구문을 종료하기	'조건문'을 종료합니다. 텍스트 기반의 명령어에서 괄호를 닫아서 조건문을 종료하는 것과 같습니다.
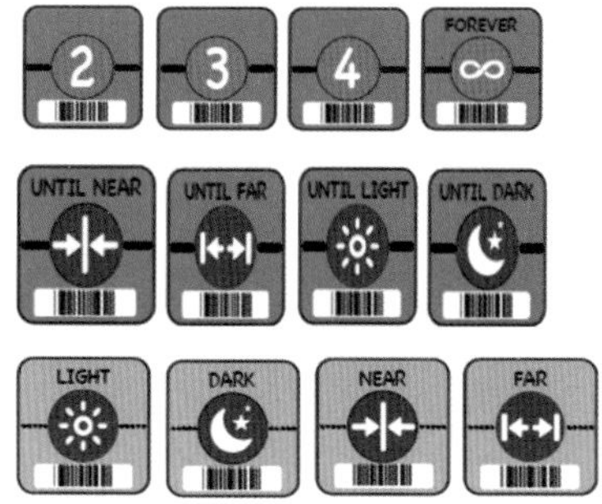 기타 블록들	18 가지의 KIBO 프로그래밍 명령어 블록들 외에도 반복 루프나 조건문을 수정하는 데 필요한 12 가지의 매개변수 블록들도 있습니다. 이 블록들은 로봇이 동작을 몇 번 수행할지, 또는 어떤 유형의 센서로 정보를 입력받고 반응할 것인지를 결정합니다.

키보 로봇은 텐저블 프로그래밍 언어 외에도 다양한 센서와 동작 부품들(모터, 전구 등), 그리고 예술 플랫폼을 지원합니다. 이러한 모듈들은 로봇의 본체에 다양한 방법으로 결합할 수 있습니다.

각각의 센서들은 미학적인 의미를 담고 있습니다. 예를 들어, 소리 센서는 키보 로봇의 귀를, 전구는 로봇의 눈을 나타내며, 거리 센서는 망원경 모양으로 만들어졌습니다. 전조작기의 후기 단계인 4~6세 아동들은 물리적이고 사회적인 환경과 상호작용하는 과정에서 이전에 배웠넌 상징적인 체계들을 적용하거나 더욱 확장시킵니다. 따라서 우리 연구진은 로봇의 외형을 설계할 때 이러한 상징적 표현을 담기 위해서도 노력했습니다.

센싱Sensing은 로봇이 주변 환경으로부터 정보를 수집하고 이에 대응하는 능력을 의미합니다. 소리 센서는 "시끄러움" 또는 "조용함"의 서로 다른 정보를 감지합니다. 소리 센서를 사용하여 로봇이 시끄러운 상황에서 어떤 동작을 수행하도록 프로그래밍할 수 있습니다. 또는 반대로 조용한 상황에서 로봇이 동작을 수행하도록 만들 수 있습니다.

빛 센서는 "어두움"과 "밝음"과 같은 서로 다른 두 가지 정보를 감지할 수 있습니다. 주변이 밝을 때 로봇이 무언가를 수행하도록 하거나 또는 반대로 주변이 어두울 때 로봇이 동작을 수행하도록 프로그래밍할 수 있습니다.

마지막으로, 거리 센서는 로봇이 특정 물건과 가까운 거리에 있는지 또는 더 멀리 있는지를 감지합니다. 거리 센서를 사용하면, 로봇이 물건과 가까이 있거나 물건에서 멀리 떨어져 있을 때를 구분하여 동작을 수행하도록 프로그래밍할 수 있습니다.

소리 녹음기 모듈은 입력과 출력을 모두 지원합니다.〈그림 10.4〉 이 소리 녹음기는 키보가 소리를 녹음(입력)하거나 녹음된 소리를 재생(출력)하도록 프로그래밍할 수 있습니다.

키보의 전구는 실제 전구 모양과 비슷하게 생겼습니다. 다른 센서들이 불투명한 재료로 만들어진 것과는 달리, 전구는 여러 색상의 투명 플라스틱 재료로 만들어졌습니다. 이 때문에 아이들은 정보를 입력하고 출력하는 센서들을 잘 구분할 수 있습니다.〈그림 10.5〉

〈그림 10.4〉 키보의 소리 녹음 및 재생과 관련된 블록들.

〈그림 10.5〉 (왼쪽부터) 거리 센서, 소리 센서, 빛 센서, 전구.

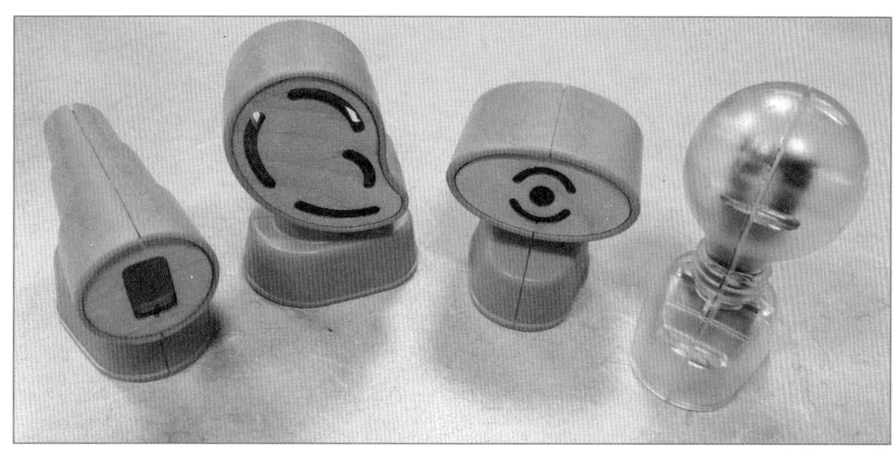

센서를 사용하는 활동은 인간과 동물의 감각을 탐구하는 초기 아동 교육 과정과도 맥락을 같이 합니다. 예를 들어, 대부분의 유치원 교실에서 아이들은 자신의 오감(시각, 청각, 미각, 촉각, 후각)을 탐구합니다. 그리고 오감을 통해 탐구하고 학습한 내용을 로보틱스 활동에 적용할 수 있습니다. 예를 들어, 키보의 소리 센서에 자신의 청각을 적용할 수 있는 것이지요.

키보 로봇에는 세 개의 모터가 포함되어 있습니다. 그중 두 개는 서로 반대쪽에 연결되어 있으며 로봇을 이동시킵니다. 나머지 하나는 아트 플랫폼Art Platforms 위에 붙여서 로봇이 회전할 때 사용하기도 합니다. 아이들은 로봇에 연결할 모터를 선택할 수 있지만, 모터의 속도는 제어할 수가 없습니다. 이러한 설계는 유연하고 동적인 학습 환경 조성의 중요성을 강조하고, 이와 동시에 아이들에게 과도한 작업 기억과 집중력을 요구하는 것을 방지합니다.

키보 키트는 아이들이 예술적 감각을 표현할 수 있도록 아트 플랫폼과 표현 모듈들을 지원합니다.〈그림 10.6〉

〈그림 10.6〉 꾸밈 재료들과 함께 놓여 있는 키보의 아트 플랫폼과 화이트보드.

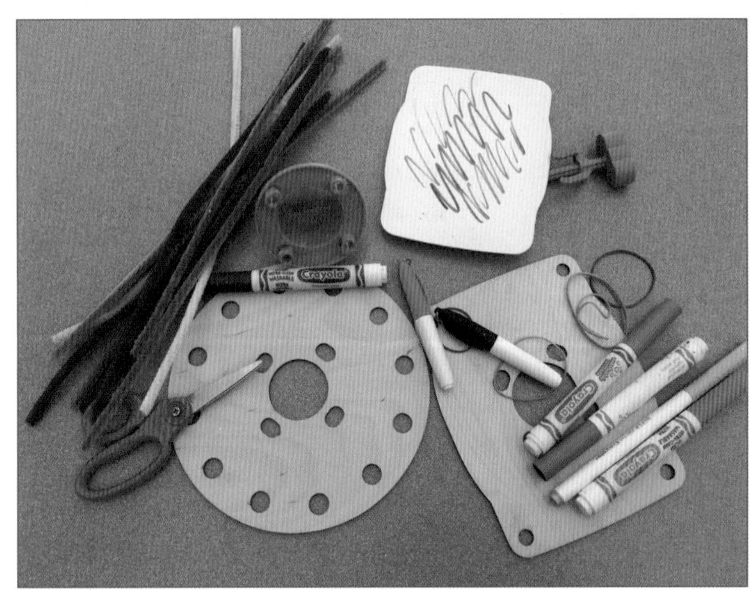

아이들은 위와 같은 재료들을 활용하여 자신의 취향이나 개성을 표현하거나 스템 분야와 통합된 프로젝트를 만듭니다. 아트 플랫폼은 키보 로봇의 상단에 부착하여 고정하거나 움직이도록 할 수 있습니다. 아이들은 다양한 재료로 아트 플랫폼을 꾸미면서 자신의 창의적인 아이디어를 표현할 수 있습니다. 또한, 모터 아트 스테이지motorized art stage는 로봇을 더욱 다양한 모습으로 설계할 수 있게 합니다.

예를 들어, 아이들은 모터 아트 스테이지를 사용하여 움직이는 조각이나 입체 모형을 만들 수 있습니다. 표현 모듈에는 화이트보드, 마커, 그리고 깃대들이 포함됩니다. 아이들은 화이트보드를 사진이나 단어들로 꾸밀 수 있고, 깃대를 세워 종이나 천 조각을 꽂기도 합니다.

키보의 탄생

2011년, 처음에는 키보가 다른 이름으로 불렸습니다. '키위Kids Invent with Imagination, KIWI'로 불렸지요. 발달테크놀로지연구그룹의 연구진들은 약자를 사용하는 것을 택했습니다. 그러나 이후에 다른 명칭과 혼동하는 것을 막기 위해 키보로 변경했습니다. 우리 연구진은 키보의 발음이 마음에 들었습니다. 그리고 키보가 아이들을 의미하는 '키즈Kids'와 '로봇Robot'을 동시에 연상시킬 수 있는 이름이라고 생각했습니다.

키보가 시장에 출시되기 전까지 우리는 수많은 프로토타입들을 제작하였습니다. 국립과학재단은 우리의 연구를 꾸준히 지원했으며, 우리 연구진은 부족한 자금을 킥스타터 캠페인을 통해 충당했습니다. 연구진은 키보의 프로토타입 개발 및 테스트를 위한 모든 과정에서 교육자와 어린이, 전문가들과도 함께 협력하였습니다. 그 결과 어린아이들의 연령에 맞는 직관적이고 매력적이며 충분히 도전적인 로보틱스 키트를 개발할 수 있었습니다.

우리 연구진은 키보가 어린아이들의 발달 수준에 적절한 활동Developmentally Appropriate Practices, DAP들을 제시해줄 수 있기를 바랐습니다. DAP는 아동의 발달 및 학습 과정을 기반으로 한 교수 접근법으로, 초기 아동 교육에 효과적인 것으로 잘 알려져 있습니다. 연구진은 아이들이 텐저블 코딩 놀이터에서 컴퓨터과학의 파워풀 아이디어를 경험하고, 컴퓨팅 사고를 향상시키며, PTD 프레임워크가 제안하는 여섯 가지 긍정적 행동들을 할 수 있도록 이끌어주기 위해서 DAP을 고려하였습니다.

키보는 다음 내용을 고려하여 개발되었습니다.

- **사용 연령의 적합성**: 어린아이들에게 재미있고 안전하며 성취 가능한 도전적 과제를 제공합니다.
- **개별 활동의 적절성**: 아이들의 개인차를 고려합니다. 어린아이들이 각자의 학습 스타일, 배경지식, 노출된 환경, 과학기술을 다루는 스킬, 발달적 역량, 그리고 자기 조절 능력 수준을 고려하여 키보를 활용할 수 있도록 합니다.
- **사회 및 문화적 적절성**: 다양한 분야의 지식들과 통합되어 사용될 수 있으며, 미국의 주 단위 또는 국가 차원에서 요구하는 교육 과정 지침을 바탕으로 한 프레임워크를 따릅니다.

키보의 초기 연구에서는 학령기 아동들을 위해 개발 및 시판된 레고 위두LEGO WeDo, 레고 마인드스톰LEGO MINDSTORMS과 같은 로보틱스 제품들로 파일럿 연구를 하였습니다. 우리 연구진은 아이들의 도전과 발견 과정을 관찰하고, 교사들과 교육 사례들을 검토하면서 많은 것을 배웠습니다. 초기 연구의 대부분은 저서 『블록에서 로봇까지Blocks to Robots』에 요약되어 있습니다.

저의 제자인 마이크 혼Mike Horn은 박사 과정 중에 수행한 'TERN 프로젝트'의 일환으로 레고 마인드스톰의 노란색 브릭을 텐저블 프로그래밍 언어로 변환하는 데 성공했습니다.[62]

이후, 연구팀 소속 학생인 조던 크루저Jordan Crouser와 데이비드 키거David Kiger가 이 프로젝트를 확장시켜 'CHERPCreative Hybrid Environment for Robotic Programming'를 개발했습니다. TERN과 CHERP 모두 데스크톱이나 노트북에 연결할 수 있는 표준형 웹캠으로 원형 바코드가 부착된 블록이나 퍼즐 조각으로 만든 프로그램을 사진으로 찍습니다. 그러면 컴퓨터가 사진을 디지털 코드로 변환합니다. 우리 연구진은 기존 로보틱스 제품들의 효과와 개선점들을 파악하기 위해 수많은 연구들을 진행했습니다.

연구진은 그간의 파일럿 테스트와 표적 집단 연구를 통해 물리적이고 직관적으로 결합할 수 있는 부품 개발의 필요성을 확인하였습니다. 가장 이상적으로는 컴퓨터 없이도 프로그래밍할 수 있기를 바랐습니다. 아이들과 교사들이 로봇의 본체에 다양한 공예품과 재활용 재료들을 부착하여 꾸미고 싶어 한다는 것도 확인할 수 있었습니다.

우리 연구진은 이러한 요구와 아이디어들을 구체화하여 초기 프로토타입을 개발하기 위해 국립과학재단의 지원을 받아 컨설턴트 팀을 고용하였습니다. 키보의 첫 번째 프로토타입인 "키위"는 CHERP로 프로그래밍되었으며, 컴퓨터와 웹캠을 사용하여 명령어 블록을 사진으로 찍고 USB로 연결된 로봇에 명령어를 전달했습니다. 이 로봇은 단단한 나무와 불투명한 파란색 플라스틱 모듈로 만들어졌습니다.〈그림 10.7〉

〈그림 10.7〉 키위 프로토타입.

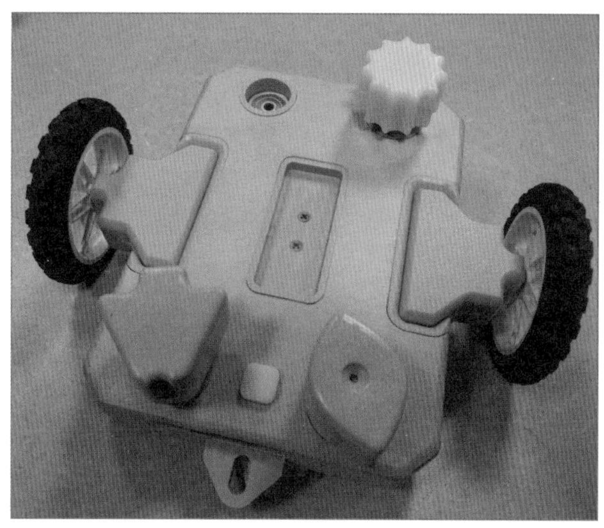

연구진은 10개의 프로토타입을 제작하여 표적 집단과 아동 발달 관련 워크숍, 그리고 교실 수업에서 테스트했습니다. 그리고 교사들을 대상으로 어린아이들을 위한 키보 활동 및 디자인 설계의 적절성과 관련된 설문을 실시하였습니다.

1) 견고한 구조물을 만드는 데 필요한 기본적인 공학적 원리 가르치기

2) 시퀀싱, 반복 루프, 그리고 조건문과 같은 기본적인 코딩 개념 가르치기

3) 개방적이고 창의적이며 예술적으로 디자인하기

교사들은 대체로 키보의 프로토타입에 흥미로워했으며, 특히 로봇 제작에 사용한 나무 재료와 단순하고 심플한 로봇 디자인을 마음에 들어 했습니다. 그러나 교실 수업에서 현실적이고 지속적으로 사용하기 위해 초기 디자인에서 몇 가지 개선점을 지적했습니다. 교실에서 로봇을 프로그래밍하기 위해서는 사용되는 컴퓨터 장치를 최소한으로 줄이거나 컴퓨터를 아예 사용하지 않는 편을 선호했습니다. 교사들은 키보 로보틱스 제품을 구입하고 관리하는 데 어려움이 따르겠지만 아이들의 발달상에는 더욱 적절한 것으로 판단하였습니다.

예를 들어, 대부분의 교사들은 유치원 교실에 컴퓨터 기자재를 충분히 보유하고 있지 않으며, 관련 기자재들을 제한적으로 사용하고 있다고 지적하였습니다. 그리고 교사들은 아동들이 장시간 스크린 화면에 노출되는 것과 키보드와 마우스를 조작하는 데 우려를 나타냈습니다.

지난 2013년, 32명의 유아 교육자들로부터 키보 프로토타입을 개선하는 데 필요한 이들의 태도와 의견, 교육 사례 등의 정보를 수집했습니다.

연구 결과, 키보의 첫 번째 버전은 아이들이 기본적인 프로그래밍 기능을 익히는 데 성공적이었음을 보여주었습니다. 그러나 로봇 부품을 결합하는 방법이 너무 쉬워서 아이들이 공학적으로 도전적인 문제를 해결하거나 예술적으로 멋진 로봇 디자인을 설계하는 기회를 충분히 제공하지 못했습니다. 우리 연구진은 첫 번째 프로토타입을 테스트하면서 새로운 컨설턴트 팀을 추가로 고용하였고, 다음 버전의 프로토타입 개발 및 연구를 함께할 자원봉사자와 교사, 아동들을 참여시켰습니다.

키보의 두 번째 프로토타입에서는 로봇의 본체에 3D 프린터로 출력한 부품을 결합시켰습니다. 또한 스캐너를 키보의 본체에 삽입하여 별도의 컴퓨터를 사용하지 않도록 하였습니다. 이는 어린아이들이 장시간 스크린 화면에 노출되는 것에 대한 교사들의 우려를 적극 반영한 것입니다.

게다가 새로운 키보는 "마법의 검정색 박스"를 사용하지 않고, 바닥을 투명한 플라스틱으로 덮어서 아이들이 내부 구조를 확인할 수 있게 했습니다. 이 투명 플라스틱 안에는 전선과 배터리, 마이크로프로세서, 그리고 로봇의 기능을 구성하는 다양한 부품들이 내장되어 있습니다.〈그림 10.8〉

<그림 10.8> 키보 로봇의 밑면이 투명 플라스틱 커버로 덮여 있는 모습.

뿐만 아니라, 아이들에게 '공학적으로' 탐구하는 기회를 제공했습니다. 두 가지 방법으로 바퀴를 모터에 결합하게 하여 아이들이 서로 다른 방법으로 바퀴를 결합하고 어떻게 다르게 움직이는지를 테스트해보게 했습니다. 아이들에게 파일럿 테스트를 적용한 결과를 반영하여 센서들의 외형과 출력 단자들을 재설계하였습니다. 예를 들어, 이전에는 아이들이 쉽게 알아보지 못했던 파란색의 거리 센서를 망원경 모양으로 변경하였습니다. 또한, 아이들이 키보에 다양한 꾸밈 재료나 공예품, 그리고 재활용 재료들을 결합하여 로봇의 외형을 다양하게 제작할 수 있도록 아트 플랫폼을 제공하였습니다.

복잡성과 단순성

새로운 프로토타입에서는 전자회로 보드, 로보틱스 구성 요소, 그리고 로봇의 외형과 기능이 조금씩 변경되었습니다. 그러나 새로운 프로토타입 역시 "단순함"이라는 원칙은 유지하였습니다. 키보는 "플러그 앤 플레이plug and play"의 연결 시스템을 가집니다.

로봇의 부품들과 모듈들은 모두 직관적이고 쉽게 연결 또는 분리할 수 있습니다. 부품들을 연결하기만 하면 추가 작업 없이도 기능을 수행합니다. 게다가 키보의 각 부품들은 본래의 사용 목적에 충실하도록 설계되었습니다. 각각의 기본적인 프로그래밍 명령어는 로보틱스의 개별 동작에 해당됩니다. 각각의 로보틱스 구성 요소는 개별 기능에 해당됩니다. 예를 들어, 하나의 동작을 수행하기 위해서는 오직 하나의 모듈만이 필요합니다. 모터 모듈은 로봇의 기어와 커넥터를 움직이는 것처럼 말입니다. 이러한 설계 방식은 아동이 향후 학업 성취를 하는 데 필요한 인지 발달상의 중요한 이정표를 만드는 것과 관련이 있습니다.

키보 로봇을 제작하고 프로그래밍하는 방법에는 제한이 따릅니다. 로봇을 제작할 수 있는 요소들은 정해진 종류와 수만큼 제공되며, 이들을 조합할 수 있는 방법 역시 일정한 수로 제한됩니다. 어린아이들은 제한된 범위 내에서 로봇을 제어합니다. 예를 들어, 아이들은 키보 로봇이 전진하거나 후진하도록 프로그래밍할 수는 있지만, 로봇이 이동하는 속도는 변경하지 못합니다. 센서들은 주변 환경으로부터 자극이 있는지 또는 없는지를 감지하지만, 자극의 크기가 변하는 과정은 감지하지 못합니다. 이것은 일반적으로 초기 아동들의 작업 기억 능력이 제한적이고, 다단계 방식의 지시문을 학습하기 시작하는 단계임을 고려하여 설계되었기 때문입니다.

우리 연구진은 키보 프로토타입 테스트를 반복하면서 키보의 심미적 특징을 의도적으로 남겨두었습니다. "미완성" 상태의 키보 외형은 아이들이 풍부한 상상력으로 직접 완성하는 기회를 줍니다. 키보는 빈 캔버스 또는 아직 조각되지 않은 점토처럼 아이들이 직접 다듬고 완성할 수 있습니다.

이는 아이들이 다양한 감각을 발휘하고 예술적 경험을 할 수 있도록 이끌어줍니다. 키보 로봇은 아이들이 부품을 쉽게 조작할 수 있으며, 견고히 부착하도록 설계되었습니다. 로봇 부품들은 아이들이 입으로 삼키지 못하도록, 충분히 크고 안전하게 제작되었습니다. 키보는 4세 아동이 물건을 다루는 전형적인 방식으로 다룰 수 있습니다. 예를 들어, 로봇이 높은 곳에서 떨어지거나 벽 쪽으로 내달리기도 합니다.

키보의 디자인은 낮은 수준의 문제가 아닌 높은 수준의 문제해결을 지향합니다. 즉, 아이들이 단순히 명령어 구문이나 연결 오류를 찾아내는 것이 아니라 문제를 해결하기 위한 프로그램을 작성하는 데 중점을 둡니다. 키보 로봇의 몸체는 어린아이들이 손으로 다룰 수 있을 만큼의 무게입니다. 로봇의 크기는 아이들의 상호작용을 촉진하기도 합니다. 이를 통해 아이들은 자기 조절 능력과 발달 단계를 고려하여 문제를 해결하기 위한 적절한 방법을 찾아냅니다. 그로 인해 로봇으로 자신을 표현하고 다른 사람들과 소통할 수 있도록 하는 컴퓨테이셔널 리터러시를 함양하는 데 도움이 됩니다.

키보는 리터러시와 쉽게 통합될 수 있습니다. 아이콘 이미지, 단순하고 짧은 단어로 표현된 프로그래밍 언어 역시 아이들이 리터러시를 발달시키는 데 필요한 기본적인 시퀀싱을 학습하도록 이끌어줍니다. 아동이 발달상 적절한 활동DAP을 하도록 기회를 주기 위해서는 학제 간 커리큘럼이 필요합니다. 키보는 통합적인 학습을 지원합니다.

예를 들어, 아이들은 키보를 다루면서 숫자, 크기, 측정, 거리, 시간, 숫자 세기, 방향성 및 예측하기와 같은 개념들을 접합니다. 이와 동시에 새로운 어휘들을 배우고 적용하며, 교사 또는 또래 친구들과 소통합니다. 뿐만 아니라 디자인 저널에 글을 쓰거나 그림을 그리기도 합니다.

세상 밖으로 나온 키보

지난 수년 동안 발달테크놀로지연구그룹의 연구진은 3D 프린터기로 출력한 키보 프로토타입에 대한 다양한 연구를 수행했습니다. 연구 결과에 따르면, 유치원에 재학 중인 아동들은 로보틱스와 프로그래밍 기술에 대한 기본적인 기술들을 습득한 반면, 초등학교 1학년과 2학년에 재학 중인 학령기 아동들은 같은 시간 동안 점점 더 복잡한 개념들을 습득한 것으로 나타났습니다.

연구진은 아이들과 교사들을 대상으로 적용한 파일럿 테스트 결과들을 기반으로 계속적으로 프로토타입을 재설계하였습니다. 우리는 키보 로보틱스 키트와 함께 커리큘럼 및 교사용 교육 자료, 그리고 평가 도구들을 개발했습니다. 이 자료들에는 게임과 노래, 그리고 로봇이나 명령어 블록 없이도 진행할 수 있는 다양한 활동들이 포함되어 있습니다. 이 활동들은 키보가 담고 있는 계산적·공학적 개념들을 잘 이해할 수 있도록 돕습니다.

우리는 스템 분야뿐만 아니라 사회과학, 리터러시, 그리고 예술 분야와 통합할 수 있는 열두 가지 내외의 키보 커리 큘럼 단위를 개발했습니다. 이 커리큘럼 단위는 미국 내에서, 그리고 전 세계적으로 통용되는 스템 표준에 부합합니다.

다음은 커리큘럼을 보여주는 일부 예시입니다.

- **물체는 어떻게 움직일까?**: 물체의 움직임, 빛, 마찰력과 관련된 기본적인 물리적 연결성을 탐구하고, 공학적이고 계산적으로 생각해보기
- **우리 주변의 정보 감지하기**: 센서가 동작하는 방법 관찰하기, 특히 키보의 빛 센서, 거리 센서, 소리 센서 관찰하기
- **전 세계의 춤 문화**: 키보 로봇이 전 세계의 다양한 문화권에서 추는 춤을 추도록 제작하고 프로그래밍하기
- **우리 주변의 패턴들**: 패턴과 관련된 수학적 지식과 로보틱스 개념 통합하기

이와 동시에 우리 연구진은 '어린아이들을 위한 로보틱스 네트워크Early Childhood Robotics Network'라는 온라인 플랫폼을 마련하고, 교육자들을 위한 온라인 자료들을 무료로 제공했습니다. 관련 자료는 http://tkroboticsnetwork.ning.com/에서 확인할 수 있습니다.

시간이 갈수록, 많은 곳에서 키보 프로토타입을 언급하기 시작했습니다. 제가 강연할 때면, 종종 아이들의 부모나 교사들, 연구자 및 유아 교육 실무자들로부터 다음과 같은 질문을 받곤 합니다.

"키보 로봇 키트를 어디서 구할 수 있나요?"

그 당시에는 키보의 프로토타입이 연구소에서 수작업으로 만들어지고 있었기 때문에 적절한 답을 해줄 수가 없었습니다. 그때마다 키보를 원하는 사람들이 아직 사용할 수 없다는 사실에 좌절감을 느꼈고, 우리의 연구 목적을 다시금 되새겼습니다.

때마침 국립과학재단 프로그램에 대해 알게 되었습니다. 이 프로그램은 키보를 상품화하는 데 도움을 주었습니다. 우리의 비즈니스를 실현하기 위해서는 관련 기술을 보유한 누군가와 파트너를 맺어야 했습니다.

어느 날 저는 친구 미치 로젠버그와 함께 보스턴 근처에 있는 월든 연못Walden Pond 산책하고 있었습니다. 그는 로보틱스 스타트업 기업들을 성장시킨 베테랑 사업가로, 스템 교육을

개선시켜보자는 저의 제안을 기꺼이 받아들였습니다. 우리 둘은 키보를 상품화해서 전 세계에 보급할 목적으로 킨더랩 로보틱스 회사KinderLab Robotics Inc.를 공동으로 창립했습니다. 이후 SBIR 프로젝트 중 'Phase I', 'Phase IB', 그리고 'Phase II'의 일환으로 킨더랩 로보틱스는 국립과학재단으로부터 지원을 받았습니다. 그리고 킥스타터 캠페인을 성공적으로 마쳐 얻은 후원금으로 지난 2014년에 킨더랩 로보틱스에서 키보의 첫 번째 상품을 출시했습니다.

다양한 곳에서 활약하는 키보

지난 2014년 키보를 출시한 이후로, 미국을 비롯한 세계 곳곳의 사립학교와 공립학교, 박물관과 도서관, 방과 후 프로그램 및 여름 캠프에서 키보를 사용하고 있습니다. 키보는 과학 분야부터 리터러시까지, 심지어는 사회적·정서적 분야까지 포괄하는 광범위한 주제의 커리큘럼에서 활용되고 있습니다. 그리고 자폐 아동들을 위한 시범 연구에까지 적용되었습니다.

서머빌Somerville, MA에 위치한 한 공립학교에서는 초기 아동들의 사회적 행동과 커뮤니티 구축을 목적으로 초등학교 2학년 커리큘럼으로 로보틱스 커리큘럼을 실시했습니다. 아이들은 자신들이 종종 잊어버리곤 하는 학교의 정해진 규칙을 로봇이 수행하도록 프로그래밍했습니다. 예를 들어, 한 학생은 동아리 활동 시간에 선생님의 말씀을 귀담아 듣도록 상기시켜 주는 로봇을 만들었습니다. 또 다른 학생은 복도에서는 조용히 이동하지만, 놀이터에서는 시끄러운 소음을 내는 로봇을 프로그래밍하였습니다.

여름 캠프에서는 키보가 아이들의 리터러시를 향상시키는 활동과 예술 활동에도 사용되었습니다. 일주일 동안 진행되는 캠프에서 아이들은 매일 서로 다른 책들을 읽고 각자가 좋아하는 이야기의 장면과 자신이 직접 구성한 결말을 로봇이 "연기"하도록 프로그래밍하였습니다. 최종 프로젝트에서는 아이들이 모리스 샌닥Maurice Sendak 작가의 『괴물들이 사는 나라』 작품을 읽었습니다. 아이들은 키보를 괴물로 제작하고, "Wild Rumpus(예를 들어, 야생 괴물 파티)"를 연기하도록 프로그래밍하였습니다.

또 다른 키보 수업에서는 학생들이 "슈퍼 히어로"라는 주제로 로봇을 제작하고 프로그래밍하였습니다. 학생들은 몇 개의 그룹으로 편성되어 "누군가를 영웅으로 만드는 것은 무엇입니까?"라는 질문에 대한 토론을 하였습니다. 초반에 아이들은 하늘을 날고, 힘이 세며, 눈에 보이지 않는 것과 같은 강력한 능력을 가진 사람들을 슈퍼 히어로라고 생각했습니다.

이러한 능력은 자신들이 좋아하는 만화에서 등장하는 슈퍼맨과 같은 초능력을 가진 슈퍼 히어로들의 특징이지요. 그러나 아이들에게 슈퍼 악당이나 고전적으로 "나쁜 사람"에 대해 연상해보도록 하자, 아이들은 "슈퍼 히어로는 세상을 위해 '좋은 일'을 하는 사람이다"와 같은 새로운 결론을 냈습니다.

이 수업에서는 소방관, 교사, 의사, 심지어 아이들의 부모님과 친구들까지 "일상에서의 영웅들"에 대해 생각해보는 시간을 가졌습니다. 아이들은 선생님을 돕거나 혼자 떨어져 있던 친구에게 먼저 다가가기, 다른 사람들을 존중하기처럼 "학교의 영웅"이 될 수 있는 방법들도 논의했습니다. 아이들은 판타지 만화 영화 속의 슈퍼 히어로뿐만 아니라 일상에서 정의로운 일들을 실천하는 진짜 영웅들로부터 영감을 받았습니다.

그리고 아이들은 키보를 슈퍼 히어로 로봇Superhero Bots으로 만들었습니다. 예를 들어, 많은 아이들이 슈퍼 키보가 뛰어난 작업을 수행하는 데 필요한 "슈퍼 감각"을 구현하기 위해 센서 부품들을 사용했습니다. 한 남자아이는 키보의 소리 센서를 사용하여 도움을 청하는 사람들의 목소리를 감지하고, 그들을 향해 로봇이 이동하도록 프로그래밍합니다.

키보는 코딩을 할 수 있는 놀이터를 제공합니다. 앞서 설명한 다양한 프로젝트들에서처럼, 아이들은 즐겁게 코딩하여 자신만의 프로젝트를 만듭니다. 이 과정에서 놀이터로서 코딩을 경험할 수 있게 하는 PTD 프레임워크의 여섯 가지 바람직한 행동들을 하게 됩니다.

키보와 PTD

어린아이들은 키보를 이용하여 자신만의 로봇을 만들고, 원하는 행동을 수행하도록 프로그래밍합니다(예를 들어, PTD의 콘텐츠 창작하기). 로봇을 제작하는 데 필요한 엔지니어링 디자인 프로세스와 프로그래밍 과정에서 요구되는 컴퓨팅 사고는 컴퓨터 리터러시와 과학기술에 대한 유창성을 향상시키는 데 도움이 됩니다.

수업 시간에 디자인 저널을 작성하게 하는 것은 아이들이 자신의 생각과 학습 과정, 그리고 시간이 지남에 따라 개선되는 프로젝트의 내용들을 더욱 명확하게 정리할 수 있게 합니다. 이것은 교사와 아이의 부모에게도 중요한 자료가 됩니다. 과학적으로 탐구하는 방법처럼, 엔지니어링 디자인 프로세스 역시 공식적인 단계들을 거칩니다. '연구 문제 수립하기, 연구 자료 수집하기, 연구 절차 계획하기, 프로토타입 개발하기, 테스트하기, 재설계하기, 문제해결 방법 공유하기'입니다. 이는 문제를 체계적으로 해결하는 데 필요한 도구를 제공합니다.〈그림 10.9〉

〈그림 10.9〉 엔지니어링 디자인 저널.

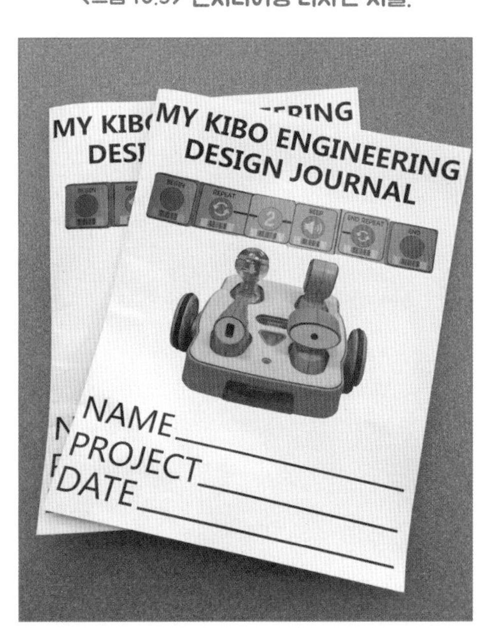

키보는 문제해결 과정에서 효율성보다는 창의력을 장려합니다. 이러한 접근법은 "타고난 성질, 정신력, 영리한 발명"을 뜻하는 라틴어에서 비롯된 'engineering'의 본래 의미를 담고 있습니다. 아이들은 창의적인 방법으로 기술적 문제를 해결하는 과정에서 학습 잠재력에 대한 자신감을 키웁니다.

'[63]내셔널 로보틱스 챌린지National Robotics Challenge'와 '퍼스트For Inspiration and Recognition of Science and Technology, FIRST[64]'와 같은 학령기 아동을 위한 로보틱스 프로그램들은 자신의 로봇이 다른 로봇들보다 주어진 작업을 성공적으로 수행하도록 경쟁하는 데 초점이 맞춰져 있습니다. 그러나 관련 연구들에 따르면 여학생들에게는 경쟁을 추구하는 교수법이 그리 효과적이지 않은 것으로 나타났습니다. 그리고 초기 아동들에게는 이러한 경쟁을 기반으로 한 교수 전략이 적절치 않은 것으로 나타났습니다.

앞서 소개한 돌란 선생님의 키보 수업에서는 아이들이 경쟁에 집중하기보다는 다른 친구들과 아이디어를 공유하고 서로를 도와주는 교실 환경을 조성하는 데 더욱 중점을 두었습니다. PTD 프레임워크는 아이들에게 소통할 수 있는 기회를 제공하는 것이 중요하다는 점을 강조합니다. 대부분의 키보 활동은 개별 팀 안에서 이루어집니다. 그러나 어린아이들이 혼자서 개별 활동을 하는 것이 아니라 또래 친구들이나 교사들 심지어는 전체 팀들과 소통할 수 있는 방법을 적용하기를 권장합니다.

유치원에서 진행되는 기술 동아리 시간에 교사는 아이들이 자신이 만든 프로젝트를 다른 친구들에게 소개하게 하고, "무엇이 계획한 대로 완성되었으며, 무엇이 뜻대로 되지 않았는지", "프로젝트를 성공시키기 위해 어떠한 노력을 했는지", "원하는 대로 성취하기 위해서는 무엇을 알아야 했는지"에 대해 답변할 수 있게 질문합니다. 즉, 교사는 아이들이 완성한 프로젝트와 질의응답을 통해 파워풀 아이디어들을 강조해줍니다.

키보와 함께하는 학습은 '힘들지만 재미'있으며, 노력이 많이 필요합니다. PTD 프레임워크에 따르면, 아이들이 만든 키보 프로젝트는 언제 어디서나 친구들이나 가족과 공유할 수 있습니다. 돌란 선생님의 유치원 수업에서처럼, 대부분의 어른들은 아이들이 만든 프로젝트를 눈으로 확인하기 전까지는 아이들이 정교한 작품을 만들 수 있다는 것을 믿지 않습니다. 공식적인 작품 발표회는 아이들이 만든 프로젝트를 다른 사람들에게 소개하는 자리이기도 하지만, 프로젝트를 만든 본인에게도 그 과정을 되돌아볼 수 있는 기회가 됩니다. PTD 프레임워크의 마지막 'C'인 행동의 선택은 교사들이 아이들에게 "만약 무엇이 일어난다면"에 대한 질문을 하고, 여기에 대한 잠재적인 결과를 예측하고 실험해보도록 권유합니다. 그러나 행동의 선택은 아이들만 하는 것이 아닙니다. 교사 역시 행동을 선택합니다. 예를 들어, 만약에 아이들에게 로보틱스 키트 전체를 배부하지 않고 교사가 키보의 센서들을 별도의 테이블에 유형별로 정렬해두고 아이들에게 가져가라고 지시했을 때, 아이들은 '가장 원했던' 센서를 선택하는 방법을 배우게 됩니다.

아이들은 협상하는 방법 역시 배울 수 있습니다. PTD 접근법은 어린아이들이 키보 로보틱스 전문가가 될 수 있도록 할 뿐만 아니라, 그 과정에서 정당하고 책임감 있게 행동하는 방법을 터득할 수 있도록 이끌어줍니다.

싱가포르의 교육 사례

앞서 소개한 사례들은 학교, 박물관이나 도서관에서 개별적으로 키보 로봇을 적용한 교육 사례들이었습니다. 그런데 싱가포르에서는 유아 및 아동 교육 과정에 키보를 적용하는 전국적인 프로젝트를 실시했습니다. 다른 국가들 중에서도 싱가포르는 학교 교육에서 엔지니어링과 컴퓨터 교육의 필요성이 점점 더 커지고 있음을 잘 알고 있습니다.

이러한 날카로운 통찰력을 기반으로, 싱가포르의 정보통신개발청Infocomm Development Authority, IDA의 부회장인 스티브 레오나르Steve Leonar는 "싱가포르가 스마트 국가로 발전하고 있으므로, 우리 아이들 역시 새로운 과학기술을 개발할 수 있어야 한다"고 발표했습니다. 이에 따라 싱가포르의 정부 기관은 최근 어린아이들에게 과학기술을 알려주기 위한 "플레이메이커 프로그램PlayMaker Programme" 사업을 시작했습니다.

이 프로그램의 목적은 4~7세 아동들에게 디지털 도구를 제공하여 즐겁게 다루고, 문제해결 과정에 적용하며, 그 과정에서 자신감과 창의력을 발달시키는 것입니다. 따라서 이 모든 과정은 아이들의 발달 단계에 적합한 활동들로 구성됩니다. 싱가포르의 정보통신미디어개발청Infocomm Media Development Authority, IMDA의 교육부 디렉터에 따르면, 유치원 교육에서 과학기술을 적용하는 방식이 스크린 기반에서 메이커 중심으로 변화하고 있습니다.

이것은 제가 제안하는 놀이터 접근법과 같습니다. 저는 어린아이들에게 "플레이메이커 프로그램PlayMaker Programme" 을 가르치는 교사들을 지원하기 위한 연수 프로그램에 초대되어 키보를 통한 학습 성과를 확인하는 연구를 진행했습니다. 싱가포르 정부는 전국 유치원 160여 곳에 아이들 연령과 발달 단계에 적합한 비봇Bee-Bot, 회로 스티커Circuit Stickers, 리틀비츠littleBits[65] 키보 등을 비롯하여 로보틱스, 프로그래밍, 제작, 엔지니어링 도구와 같은 기술 장난감들을 배부했습니다. 담당 교사들은 이러한 도구들의 사용법과 유치원 교육 과정에 적용하는 방법에 대한 연수와 현장 지원을 받았습니다.

우리의 연구는 다음과 같은 연구 문제들에 중점을 두었습니다.

1) 어린아이들이 키보를 마스터한 이후에는 어떠한 프로그래밍 콘셉트를 배워야 하는가?
2) 아이들이 키보 로보틱스 커리큘럼을 이수하는 과정이 PTD 프레임워크와 관련되는가?
3) 교육을 담당했던 교사들은 무엇을 경험하였나? 본 사업을 통해서 무엇을 성취하였으며, 어떠한 점을 개선해야 하는가?

키보 로봇에 대한 탐구 활동은 발달테크놀로지연구그룹의 연구진이 개발한 커리큘럼 중에서 "세계 각국의 춤" 단원에 구성되어 있습니다. 이 단원은 아이들이 음악, 댄스, 문화에 대한 지식을 엔지니어링과 프로그래밍 도구들과 통합시키는 스템 교육 콘텐츠입니다. 이 단원은 싱가포르의 다문화적 특성을 반영하기 위해 특별히 선정되었습니다. 싱가포르에서는 아이들이 영어를 모국어처럼 사용할 수 있도록 이중 언어 교육 정책을 실시하고 있습니다.

싱가포르의 학생들은 영어를 비롯하여 만다린Mandarin, 말레이Malay, 그리고 타미Tami어를 모국어로 사용합니다. 싱가포르의 아동들은 여러 언어를 사용하고, 다양한 문화적 배경을 갖고 있기 때문에 "세계 각국의 춤" 단원은 아이들이 사전에 배웠던 문화 수업 내용과도 쉽게 통합되었습니다. 이 단원의 내용은 PTD 프레임워크를 기반으로 구성되었습니다.

교사들은 약 7주 동안 아이들에게 새로운 로보틱스 또는 프로그래밍 개념들을 소개하였습니다. 일반적으로 대다수 교사들이 아이들에게 기술을 처음 가르쳐보는 것이었지만, 이것이 교육 활동에 장애가 되지는 않았습니다.

다음은 우리 연구에 참여한 교사의 후기 중 일부입니다.

> 아직 기술에 대해 많이 알고 있지는 못하지만, 교사들은 기술과 기술을 가르치는 것을 매우 흥미로워하고 있습니다. 우리 교사들은 기술 도구들을 직접 만져보고, 배우며, 어떻게 동작하는지를 관찰하고 있습니다.

수업은 일주일에 한 번씩 약 1시간 동안 진행되었으며, 최종 프로젝트를 수행하는 것으로 종료되었습니다. 수업 내용은 기본적인 시퀀싱에 대한 개념부터 조건 구문 개념까지 모두 다루었습니다. 아이들은 최종 프로젝트를 수행하기 위해 두 명이 한 팀이 되거나 또는 소그룹으로 편성되어 "세계 각국의 춤"을 설계하고, 제작하며, 프로그래밍하였습니다. 이러한 활동은 커리큘럼 전반에 걸쳐서 학생들의 지식 습득에 중점을 두었습니다.

최종 프로젝트를 모두 완성한 이후에는 최종 발표회를 통해 모든 그룹의 아이들이 직접 만든 키보 로보틱스 프로젝트를 시연했습니다. 모든 그룹은 최소한 2개 이상의 모터를 사용했으며 예술, 공예, 재활용 재료들을 사용하여 자신이 선택한 춤을 로봇이 추도록 표현했습니다. 많은 그룹에서 센서를 사용했으며, 반복 루프와 조건문과 같은 고급 프로그래밍 개념들을 적용했습니다. 아이들과 교사들 모두 음악과 춤, 의상, 그리고 퍼포먼스를 예술적으로 잘 표현해냈습니다.

예를 들어, 몇몇 그룹에서는 키보 로봇에 소수 민족들이 입는 옷을 입히고, 소수 민족들이 추는 전통 춤을 추도록 로봇을 프로그래밍했습니다. 아이들은 로봇과 함께 공연하고, 춤추며 노래를 불렀습니다. 교실이 곧 놀이터가 된 셈이지요. 무엇이 이것을 가능하게 하였을까요?

어린아이들의 발달 단계에 적절한 키보, 자유로운 형식의 커리큘럼, 그리고 PTD 프레임워크와 싱가포르 교육 환경의 교육학적 접근 사이의 적절한 조화와 균형 덕분입니다. 싱가포르의 정보통신미디어개발청의 교육혁신 부서의 부장인 아델린 요Adeline Yeo는 "플레이메이커PlayMaker"와 '키보' 커리큘럼을 적용했던 유치원의 학습 페스티벌에 참석했습니다. 아이들과 교사들의 노력에 감명을 받은 아델린은 감상 내용을 공유하였습니다. 다음은 그녀가 소개한 내용 중 일부입니다.

> 유치원 교사들은 키보가 회전목마처럼 돌고 또 돌 수 있도록 하기 위해 여러 가지 프로그램을 시도했습니다. 결국에는 키보의 한쪽 바퀴를 제거하고, 왼쪽 방향으로 계속 회전하도록 프로그램을 만들었습니다. 이것은 훌륭한 문제해결 방식이며, 서로의 협력을 유도합니다. 우리는 교사들을 엔지니어로 변신시키고 있습니다! ―아델린 요

<그림 10.10> 싱가포르의 학습 페스티벌에서 선보인 교사가 만든 키보 회전목마.

11장 프로그래밍 언어 개발을 위한 원칙

저는 코딩을 위한 놀이터 경험을 설계하는 사람으로서, 어린아이들의 발달적 특징을 이해하고, 아이들이 프로그래밍을 경험하는 과정과 맥락을 정확히 파악하고자 합니다.

초기 아동기는 인생에서 정말 아름다운 시기입니다. 4~7세 아동들은 호기심이 강하고 학습에 대한 의지가 높습니다. 그러나 이 시기의 아동들은 쉽게 피로해지고, 집중력을 유지하는 시간이 매우 짧습니다. 그리고 무언가를 만들거나 다른 누군가와 이야기하는 과정에서 더욱 잘 배웁니다. 초기 아동들은 활기차고 에너지가 넘치지만, 자주 휴식이 필요합니다. 아동들은 신체 운동을 활발히 하지만, 자신의 신체 운동 능력을 더욱 높은 수준으로 발달시키고 싶어 합니다. 이 시기의 아동들은 대체로 소근육을 사용하는 신체 활동들을 어려워합니다.

아동들은 잘 구성된 게임을 좋아하고, 일련의 규칙과 공정한 기준을 준수할 수 있습니다. 상상력도 풍부하며, 판타지 게임을 좋아합니다. 때로는 경쟁심을 보이거나, 자기주장을 강하게 표현하거나 자기중심적입니다. 아동들은 다른 친구들과 협력하는 방법을 배우고, 팀플레이어가 되는 방법을 배워갑니다. 타인의 감정을 이해할 수는 있지만, 자신의 행동이 타인에게 어떠한 영향을 주는지에 대해서는 정확히 알지 못합니다. 그러나 아이들은 칭찬과 인정에 매우 민감하게 반응합니다. 그리고 쉽게 상처를 입곤 합니다.

4~7세 연령대의 아동들은 일관되지 않는 행동을 할 수 있습니다. 예를 들어, 유치원이나 학교에서 하는 행동과 가정에서 하는 행동이 서로 다를 수 있습니다. 아이들은 신체적으로 피곤할 때 퇴보 행동을 할 수 있으며, 좌절감에 잘 대응하지 못합니다. 학문적으로 말하자면, 아이들의 능력 수준은 매우 다양하게 분포됩니다. 어떤 아동은 글을 쉽게 읽거나 쓰고, 덧셈이나 뺄셈을 능숙하게 하는 반면, 또 다른 아동들은 아직 문자나 숫자를 인식하는 것이 전부일 수 있습니다. 이러한 아동들의 발달적 특징들을 고려해볼 때, 어린 아동들을 위한 프

로그래밍 언어를 개발하는 것은 꽤 어려운 일입니다.

코딩을 놀이터에 비유한 표현은 꽤 많은 의미를 담고 있습니다. 코딩 놀이터는 아이들이 기술을 통해 경험할 수 있는 다양한 경험들과 아이들이 코딩하는 과정에서 서로 다른 친구들과 함께 소통할 수 있는 기회들을 모두 포함합니다. 우리가 설계한 놀이터 접근 방식은 특정 경험들을 유도하고, 장려하며, 촉진할 수 있는 반면, 또 다른 경험들은 배제하기도 합니다. 예를 들면, 키보 로봇으로 프로그래밍할 때 재활용 재료나 꾸밈 재료, 공예 재료들을 함께 사용할 수 있지만, 스크래치 주니어에서는 컴퓨터 도구로 그림을 그리고 꾸밀 수 있습니다.

각각의 도구들은 서로 다른 경험을 가능하게 하는 고유한 설계 방식을 지닙니다. 경험은 감정에 강력한 영향력을 미칩니다. 경험은 우리를 변하게 하고, 무언가에 몰입시킵니다. 경험은 우리의 세계관에 영향을 줍니다. 경험은 우리를 행동하게 합니다. 아이들을 위한 프로그래밍 언어를 설계하기 위해서는, 무엇보다도 아이들이 반드시 경험해야 할 것들을 먼저 고려해야 합니다. 놀이터 접근법에서는 아이들의 문제해결 능력을 향상시키고, 코딩 기술을 습득시키기만 하는 것이 아니라, 바람직한 아동 발달을 촉진해야 합니다.

저는 디지털 관점에서 아동에게 바람직한 경험들을 설계해주는 방법을 안내할 수 있는 몇 가지를 제시했습니다. 발달적 이정표, 커리큘럼 연결성, 기술적 인프라, 멘토링 모델, 다양성, 사용자 커뮤니티, 디자인 프로세스, 접근 환경, 제도적 맥락 등입니다.

다음 장에서는 어린아이들을 위한 코딩에 이들을 적용하는 방법을 소개합니다.

발달적 이정표

어린 코더들이 반드시 성취해야 할 발달 과업은 무엇일까요? 어린아이들에게 중요한 발달적 도전 과제와 발달적 이정표는 무엇일까요? 아이들이 겪게 될 발달상의 갈등은 무엇일까요? 아이들은 각자 다른 연령에 서로 다른 발달적 과업들을 이룹니다.

발달심리학자 에릭 에릭슨Erick Erickson은 발달상의 각 단계마다 고유한 도전 과제가 있음을 설명하였으며, 이를 “위기crises”라고 표현했습니다. 개인의 성격을 성공적으로 발달시키는 것(또는 심리사회적 발달)은 이러한 위기들을 온전히 경험하고 극복하는 데 달려 있습니다. 에릭슨의 심리사회적 프레임워크는 아동 또는 성인이 자신이 속한 발달 단계에서 경험할 수 있는 위기(서로 반대 성향의 심리가 충돌)들을 제시했습니다.

에릭슨은 영아기부터 성인기까지 총 여덟 단계의 심리사회의 발달 단계를 기술했습니다. 모든 발달 단계들은 출생으로부터 시작됩니다. 이후 자연의 섭리와 개인의 생태학적 특징, 그리고 문화적 양육 방식에 따라 발달 단계가 다르게 전개됩니다. 사람들은 각각의 발달 단계에서 새로운 도전 과제를 만나고, 이것을 성공적으로 해결합니다. 이전의 발달 단계를 성공적으로 완료하여야 다음 단계로 넘어갈 수 있습니다.

그러나 현재의 발달 단계를 마스터하지 않아도 다음 발달 단계로 이동할 수 있습니다. 특정 발달 단계에서 성취한 것이 영구적으로 지속되지 않을뿐더러, 이후의 경험들로 인해 변화될 수 있기 때문입니다. 각각의 단계는 삶을 살아가는 과정에서 직면할 수 있는 경험들과 관련이 있습니다. 즉, 각각의 발달 단계는 적정 연령이 있습니다. 에릭슨의 심리사회 발달 단계 이론은 인간이 여덟 단계의 발달 단계를 거치면서 생물학적 요구와 사회문화적 요구들에 적절히 대응하는 방법을 터득하고, 개인의 성격을 형성하는 과정을 설명합니다.

에릭슨의 심리사회적 발달 이론은 어린아이들을 위한 프로그래밍 언어 설계에 어떻게 적용될 수 있을까요? 4~7세 아동들을 위해 특별히 개발된 스크래치 주니어와 키보를 예시로 살펴봅시다.

이 프로그래밍 언어들은 에릭슨이 제시한 두 가지 발달 단계들을 포함합니다.

먼저, 4~5세 아동들은 “주도성 대 죄책감” 단계를 경험합니다. 에릭슨에 따르면, 이 시기의 아동은 목적의식이 있을 때 성공적으로 발달합니다. 한편, 5~7세 아동들은 “근면성 대 열등감” 단계를 경험하며, 자신감과 성취감을 경험하는 것으로 발달합니다.

아동은 새로운 기량을 습득하는 것뿐만 아니라 열등감이나 실패, 그리고 무력감에 적절히 대응하는 방법을 학습해야 합니다. 프로그래밍 언어는 아이들이 목적을 성취하고, 자신감을 가질 수 있도록 격려하고 보상해주어야 합니다.

우리 연구진은 이러한 이론적 배경을 바탕으로 스크래치 주니어와 키보를 개발하였습니다. 아이들은 스크래치 주니어와 키보를 다루는 과정에서 도전적인 과제를 만나기도 했지만, 자신의 프로젝트를 완성하고 다른 사람들과 공유하면서 컴퓨터 프로그래밍 방법을 습득합니다. 코딩과정에서도 아이들이 주도하는 활동이 매우 중요하기 때문에 스크래치 주니어와 키보 모두 지시적 요소들을 최소한으로 구성하였습니다. 두 가지 프로그래밍 언어 모두 아이들에게 도전적인 과제들을 제시하기도 하지만, 아이들이 지속적으로 참여할 수 있도록 격려하며 동기부여를 합니다.

스크래치 주니어와 키보 모두 피아제가 제시한 구체적 조작기 이전 아동들의 다양한 학습 스타일과 발달적 능력들을 모두 고려하여 설계되었습니다. 그리고 아이들이 다양한 감각을 사용하고, 자기 조절 능력을 발휘하도록 유도합니다. 아이들은 앞서 성취한 과제들보다 더 높은 수준의 과제들을 해결하는 과정에서 새로운 기술을 연습하고 습득합니다.

커리큘럼 연결성

코딩은 그 연령대에 적절한 개념과 기술들을 가르치는 데 도움이 될까요, 아니면 오히려 방해가 될까요? 아이들이 향후 학습을 이어가도록 하려면 어떻게 해야 할까요? 때로는 컴퓨터 프로그래밍을 배우는 것 자체가 목표가 되기도 합니다. 그러나 대체로 다른 무언가를 배우기 위해 프로그래밍을 합니다. 예를 들어, 코딩이 수반하는 순차적이고 논리적인 사고는 리터러시와 수학을 배우는 과정과도 관련이 있습니다.

프로그래밍 언어의 인터페이스를 설계할 때, 컴퓨터과학의 파워풀 아이디어뿐 아니라 기존 학교 교육 과정에서의 다양한 학습 주제들을 조화롭게 반영할 필요가 있습니다. 이러한 접근은 학제 간 연결성을 강화시킵니다.

예를 들어, 스크래치 주니어에서는 아이들이 X-Y 좌표를 쉽게 이해할 수 있도록 화면에 그리드를 표시할 수 있도록 설계했습니다. 어린아이들이 아직 사분면의 개념을 배우지 않았더라도, 소프트웨어를 통해 경험한 것들이 향후 관련 내용을 이해하는 데 도움되도록 하는 것이 중요합니다.

키보에서는 로봇이 주변 환경으로부터 정보를 입력받기 위해 센서를 사용합니다. 대부분의 초기 아동들이 오감을 적용하여 학습하기 때문에 이러한 커리큘럼 연결성이 쉽게 구성될 수 있습니다.

기술적 인프라

어린아이들을 위한 컴퓨터 프로그래밍 언어를 설계하기 위해서는 기술적 플랫폼에 대한 다양한 디지털 관점들이 필요합니다. 예를 들어, 스크래치 주니어 어플리케이션은 태블릿 PC와 컴퓨터에서 실행할 수 있습니다.

키보는 다른 플랫폼 없이도 독자적으로 실행할 수 있는 로보틱스입니다. 프로그래밍 언어를 설계하는 사람은 각각 플랫폼들의 장단점을 잘 알고 있어야 하며, 어떠한 플랫폼이 해당 언어의 유용성을 높여줄 수 있을지를 파악해야 합니다.

예들 들면, 초기 스크래치 주니어를 사용하기 위해서는 별도의 서버와 온라인 환경이 필요하였지만, 이러한 방식은 유치원 교실 수업에 현실적으로 적용하기가 어렵다는 결론을 내리고 관련 기능들을 모두 폐기하였습니다.

초기에 키보는 사용자가 직접 3D 프린터로 센서 케이스를 출력하여 로봇 제작에 사용하도록 설계되었지만, 현실적으로 유치원 교사들이 3D 프린터 사용법을 배우고 사용하기까지 많은 시간이 걸릴 것으로 보고 설계 방법을 변경하였습니다.

멘토링 모델

어린아이들을 위한 프로그래밍 언어를 개발하기 위해서는 아이들이 프로그래밍 도구를 어떻게 접하게 될지를 신중히 고민해야 합니다. 대체로 가정이나 학교 교실에서 어른들이 아이들에게 프로그래밍 언어를 가르쳐줍니다. 아이들이 코딩하는 방법을 한번 배우고 나면, 계속하여 코드를 작성하고 배울까요? 아이들은 계속하여 프로그래밍할 수 있어야 합니다. 프로그래밍은 단순히 “한 시간 동안만 작성하는 코드”가 아닙니다.

프로그래밍을 하는 것은 정말 멋진 경험이지만, 한 시간 동안 프로그래밍하는 것만으로는 컴퓨터 리터러시를 향상시킬 수 없습니다. 짧은 시간 안에 일반적인 문자 리터러시를 기르는 것이 쉽지 않은 것처럼 말입니다. 아이들이 코드를 작성할 때마다 반드시 어른이 옆에 있어 주어야 할까요? 아이들은 스스로 프로그래밍 환경을 다룰 수 있을까요?

아이들을 위한 프로그래밍 언어를 개발할 때에는 어른들이 해줄 수 있는 역할을 신중히 고민해야 합니다. 어떠한 전문 지식이 필요할까요? 아이들이 프로그래밍 언어를 배우는 동안 어른들은 옆에서 코치나 멘토 역할을 해주어야 할까요? 아니면 다양한 경험을 안내해주어야 할까요? 그렇다면 교사처럼 가르쳐주어야 할까요? 아이들은 어떤 교육을 받아야 할까요? 스크래치 주니어의 경우, 어른들이 어플리케이션을 설치해주어야 하지만, 이후에는 아이들이 직접 혼자 힘으로 프로그램을 다룰 수 있습니다. 그러나 아이들이 더욱 정교한 명령어 작성법을 배우기 위해서는 어른들의 도움을 받기도 합니다.

어린아이들 중에는 글을 읽을 수 있는 아이도 있지만, 아직 글을 읽지 못하는 아이들도 있습니다. 따라서 우리 연구진은 스크래치 주니어의 아이콘들을 명확하게 표현하기로 결심했습니다. 사용자 설문 결과, 어른들은 스크린 화면에 스크래치 주니어 사용에 대한 지침 내용을 표시해주기를 원했습니다. 그래서 우리 연구진은 사용자들이 아이콘을 터치하면 관련 지침 내용들이 표시되게 하였습니다. 즉, 스크래치 주니어는 아이들이 사용하는 동안 혼란을 겪지 않도록 하면서도, 어른들에게 필요한 도움 내용을 표시해줍니다.

키보의 경우, 처음에는 어른이 아이에게 명령어 블록을 스캔하는 방법을 보여주어야 합니다. 그러나 이후 프로그램에 따라 로봇이 움직이게 하는데는 실행버튼 하나만 누르면 됩니다. 아이들은 명령어 블록을 스캔하고 로봇을 실행시키는 방법을 한 번 터득하면, 이후에는 키보 로봇을 혼자 힘으로 다룰 수 있습니다.

다양성

"다양성"이라는 용어는 민족, 인종, 종교, 그리고 사회 경제적 구성을 떠올리게 합니다. 이러한 맥락에서 우리가 질문하고 싶은 것은 다음과 같습니다.

아이들이 코딩하는 과정에서 경험할 수 있는 다양성이란 무엇일까요?

프로젝트를 만드는 과정을 다양한 관점으로 접근하는 것일까요?

아이들은 문제해결 방법을 다양하게 생각해낼까요?

프로그래밍 언어는 무엇이든 창작할 수 있는 도구로써 잠재력이 매우 큽니다. 페인트 브러시나 페인트 팔레트처럼, 프로그래밍 언어 역시 아이들의 상상력을 확장시켜줄 수 있어야 합니다. 그러나 아이들에게 페인트 팔레트를 제공해줄 때, 너무 많은 색상을 제시하여 아이들을 압도하지 않아야 합니다.

마찬가지로, 아이들을 위한 프로그래밍 언어를 개발할 때 아이들이 다룰 수 있는 범위 내에서 프로그래밍 명령어를 제공해야 합니다. 키보와 스크래치 주니어는 아이들이 심플하고 간단한 명령어들을 조합하는 것으로 파워풀한 결과를 성취할 수 있게 돕습니다.

전문적인 성인 프로그래머가 봤을 때 변수와 같이 중요한 요소들이 빠진 것 같지만, 변수 개념을 잘 모르는 아이들에게는 그리 문제가 되지 않습니다. 아이들이 자라나면서 더욱 크고 복잡한 프로그래밍 팔레트(예를 들어, 스크래치 주니어에서 스크래치까지 또는 키보에서 레고 로봇까지)가 있는 보다 정교한 프로그래밍 언어를 만날 수 있습니다.

사용자 수

프로그래밍 언어를 사용하는 인구수는 대략 몇 명이나 될까요? 사람들이 프로그래밍 언어를 계속 사용하게 하려면 최소 몇 명이 유지되어야 할까요? 대체로 소셜 네트워크나 기술 기반의 커뮤니티를 구성하고 유지하는 데 최소 임계치가 적용되는 것처럼 말입니다.

프로그래밍 언어가 오픈 소스라서 개발자가 아닌 다른 사람들도 프로그래밍 언어를 개선할 수 있을까요? 만약에 그렇다면, 그러한 과정이 누군가에 의해 관리가 될까요? 어떠한 방법으로 관리를 할까요?

스크래치 주니어와 키보는 전 세계 많은 사람들이 사용하게 하는 것이 목표입니다. 그러나 아직 우리 연구진은 기술 내용을 성공적으로 오픈하여 운영해본 경험 및 관련 메커니즘을 갖고 있지 않기 때문에 다른 개발자들이 이들을 개선하도록 열어두지 않았습니다. 스크래치 주니어의 어플리케이션은 이미 영어를 비롯한 일곱 가지 언어로 번역되어 사용되고 있으며, 관련 커리큘럼 자료와 서적 역시 다양한 언어로 번역되었습니다. 스크래치 주니어 팀은 스크래치 주니어 앱을 3~6개월 간격으로 버전을 업데이트하고 새로운 언어로 번역하여 게시하고 있습니다. 키보 로봇 역시 미국 전역의 48개 주 공립학교 및 사립학교를 비롯한 가정에서 사용되고 있습니다. 키보는 스크래치 주니어와는 달리 별도의 번역이 없어도 사용할 수 있기 때문에 이미 43개국에서 사용되고 있으며, 점차 사용자 수가 증가하고 있습니다.

사용자 커뮤니티

대부분의 프로그래밍 언어들은 초기에 성공적으로 안착되면, 사용자 커뮤니티를 구축하기 시작합니다. 몇몇 커뮤니티들은 가상의 공간이나 면대면 환경에서 이루어집니다. 일부는 사용자 멤버들을 지원하는 메커니즘을 개발하거나 온라인 튜토리얼이나 블로그를 운영하고, 유튜브 채널을 지원하는 등 누구보다도 적극적으로 활동합니다.

어린아이들을 위한 프로그래밍 언어의 경우, 다음과 같은 질문을 고려해야 합니다.

누가 사용자 커뮤니티에 참여하게 될까요?

아이들이 사용자 커뮤니티에 스스로 참여하고 활동할까요?

부모나 교사, 또는 다른 어른들이 커뮤니티에 참여할까요?

얼마나 다양한 커뮤니티가 구성되어야 할까요?

커뮤니티를 어떻게 관리하고 유지해야 할까요?

위와 같은 질문들에 어떻게 답을 하는지에 따라 서로 다른 전략들이 세워집니다.

스크래치 주니어와 키보는 수천 명의 사용자 메일링 리스트를 보유하고 있습니다. 스크래치 주니어의 메일링 리스트로 최신 이슈와 업데이트 사항, 커뮤니티 이벤트들을 보내는 것처럼, 키보 역시 메일링 리스트에 기재된 사용자들에게 새로 개발된 키보의 모듈 학습 자료와 혁신적인 키보 수업 사례 등의 내용이 포함된 월간 뉴스레터를 발송합니다. 뿐만 아니라, 스크래치 주니어와 키보 모두 어린이를 위한 커뮤니티와 성인들을 위한 커뮤니티를 동시에 운영하고 있으며, 온 가족이 참여하고 서로 협력하여 코딩을 배울 수 있도록 '가족의 날' 행사를 진행하고 있습니다.

디자인 프로세스

어떤 제품을 개발할 때에는 잠재적인 사용자들 역시 고려해야 합니다. 어린아이들을 위한 프로그래밍 언어를 개발하기 위해서는 아이들의 부모, 아이들을 가르치는 교사들, 그리고 아이들 모두를 함께 고려해야 합니다. 이 세 가지 집단은 프로그래밍 언어를 서로 다른 목적으로 사용하기 때문에, 이들을 모두 고려하는 것은 매우 복잡하고 어려운 작업이 될 수 있습니다. 그러나 세 그룹의 목소리를 모두 들어야 합니다. 어린아이들은 성인들처럼 온라인 설문조사나 표적 집단 조사에 응하기 어렵습니다. 프로그래밍 언어의 프로토타입을 사용하도록 하고, 그 과정에서 아이들의 의견과 선호 여부를 확인해야 합니다.

아이들이 무언가를 직접 만들면서 배우는 것처럼learn by doing, 우리 연구진은 아이들을 보고 관찰하며 배웁니다. 교사들은 프로그래밍 언어를 일상적인 교육 활동에 어떻게 접목시킬 것인가에 대해 고민해야 합니다. 프로토타입에 관한 초기 연구들은 프로그래밍 언어 실습이 가능한 유치원 교실이나 다른 교육 환경에서 수행되어야 합니다.

연구실 내에서 수행하는 파일럿 테스트로 그치지 않아야 합니다. 해당 프로그래밍 언어를 사용하게 될 잠재적인 사용자들까지 모두 고려하여 연구를 진행하기 위해서는 많은 시간과 노력이 요구됩니다. 키보와 스크래치 주니어 역시 상품으로 출시되기 전에 최소 3년 이상 프로토타입 연구를 수행했습니다.

접근 환경

프로그래밍 언어를 사용하기 위해서는 해당 언어에 접근할 수 있어야 합니다. 어린아이들이 혼자서 프로그래밍 언어에 접근할 수 있을까요? 아니면 교사나 부모의 도움을 받아야 할까요? 학교에서는 아이들이 필요한 기술을 사용할 수 있도록 교사가 코디네이터의 역할을 수행합니다. 그러나 가정에서는 상황이 다릅니다. 예를 들어, 스크래치 주니어는 태블릿 PC에서 실행됩니다.

만약, 독자 여러분에게 어린 자녀가 있다면, 자녀가 여러분의 태블릿 PC를 혼자서 사용합니까? 아니면, 다른 가족들과 함께 하나의 태블릿 PC를 사용합니까? 대부분 가정에서는 일정 시간 동안에만 아이들이 태블릿을 자유롭게 사용하도록 허락해주고 있습니다.

어린아이들이 스크래치 주니어와 같은 프로그래밍 어플리케이션을 사용하기 위해서는 태블릿 PC에 설치되어 있는 비디오 게임이나 만화 동영상의 유혹을 뿌리쳐야 합니다. 한편, 키보는 아이들이 보관함에서 쉽게 꺼내어 사용하고, 다시 집어넣을 수 있습니다. 그러나 키보 역시 스크래치 주니어와 유사한 질문을 받습니다. 예를 들어, 부모들은 키보 로보틱스 키트를 아이들의 침실이나 놀이 공간에 다른 장난감들과 함께 비치해둘까요? 아니면 키보 제품을 '값비싼 기술 제품'으로 생각하고 아이들의 손이 잘 닿지 않는 선반 위에 올려둘까요? 프로그래밍 언어 제품들을 보관하는 방식(아이들이 프로그래밍을 위한 도구에 접근하는 방식)에 따라 아이들이 놀이터로서 코딩을 경험하는 방식이 달라집니다.

제도적 맥락

사용자들이 특정 프로그래밍 언어를 지속적으로 사용하기 위해서는 어떠한 재정 모델이 필요할까요? 이 질문은 프로그래밍 언어 개발의 초기 단계에서 필요합니다. 교육 시장에 새로운 상품이 출시되면, 교사들은 이것을 사용하기 위한 연수를 받아야 하고, 교실에 적용하기 위해 커리큘럼을 새로 조직하기도 하며, 관련 교육 자료들을 새로 구입해야 합니다.

새롭게 개발된 프로그래밍 언어가 지속적으로 제공되고 지원될 것이라는 확신이 있어야만 이러한 변화들이 일어날 수 있습니다. 아이들을 위한 프로그래밍 언어를 개발하는 것은 아주 중요한 일입니다. 그러나 개발만큼이나 재정적인 지원을 꾸준히 하는 것 역시 프로그램을 출시하고 업데이트하며 버그들을 개선해 나가는 데 필수적입니다.

프로젝트에 착수하기 전에 재정적인 부분을 어떻게 준비할지를 고려해야 합니다. 스크래치 주니어와 키보 연구는 국립과학재단으로부터 많은 지원을 받아 수행되었습니다. 현재는 스크래치 재단Scratch Foundation에서 스크래치 주니어를 운영하는 데 필요한 자금을 지원해주고 있습니다. 그래서 스크래치 주니어를 무료 프로그램으로 제공해오고 있습니다. 한편, 킨더랩 로보틱스는 국립과학재단에서 중소기업에 지원하는 SBIR 지원금과 엔젤 펀딩, 판매 수익금 등으로 운영되며 전 세계를 무대로 키보를 판매하고 있습니다.

여기서는 특별한 기술적 특징에 주목하지 않지만, 기술이 사용될 환경과 맥락 등을 고려하기 위한 시야를 제공합니다. 어린아이들을 위해 아동 발달에 적절한 기술 도구들을 개발하는 것도 중요하지만, 아이들이 코딩을 배우고 컴퓨팅 사고를 향상시키는 과정은 교육 과정의 맥락 차원에서 이루어진다는 것을 이해하는 것 역시 중요합니다.

다음 장에서는 코딩 놀이터를 만들기 위한 교수 전략을 중점적으로 소개합니다.

12장

아이들에게 코딩을 재미있게 가르치는 방법

저는 대학원에 진학하기 이전에 저널리스트로 잠시 일을 했습니다. 그 일을 하면서 '무엇을, 왜, 어디서, 언제, 그리고 어떻게'에 대해 질문하는 것을 배울 수 있었습니다. 이 책의 후반부에 다다른 지금, 이 다섯 가지 질문들에 대답할 것입니다. 이 책의 핵심 질문인 "무엇을"에 대한 답은 바로 코딩과 컴퓨터과학 분야의 파워풀 아이디어입니다.

"왜"에 대한 질문 역시 이 책을 통해 계속 답했는데, 특히 Part 1에서 코딩의 인지적·개인적·사회적·감정적 측면을 다룰 때 자세히 서술되어 있습니다.

"어디서"와 "언제"에 대한 질문에 대해서는 상황이나 맥락에 따라 답변이 달라집니다. 예를 들어, 스크래치 주니어와 키보를 소개한 부분에서 다룬 것처럼 가정, 학교, 방과 후 교실, 도서관, 메이커 스페이스 기타 등등이 모두 답이 될 수 있습니다.

마지막으로 "어떻게"에 대한 답변은, PTD 프레임워크를 기반으로 놀이터로서 코딩에 접근하는 것입니다.

교사들에게는 이론적 프레임워크가 필요합니다. 이를 통해 커리큘럼을 설계하고, 수행하며, 평가할 수 있기 때문입니다. 이 장에서는 어린아이들에게 코딩을 가르치기 위한 교수 전략을 공유합니다. 이 전략들은 지난 수년간 연구를 통해 검증된 것으로, 많은 교사들에게 도움이 될 것입니다. 교수법은 아이들이 파워풀 아이디어를 경험하고 탐구하기 위해 필요한 조건들을 만드는 것입니다.

시모어 페퍼트의 저서 『마인드스톰』에 대해서 살펴보겠습니다. 그는 독자들이 이 책의 핵심 개념을 어린이와 컴퓨터라고 생각하는 것을 유감스럽게 생각했습니다. 페퍼트의 관점에서 이 책의 핵심은 '파워풀 아이디어'였습니다. 파워풀 아이디어는 페퍼트가 추구하는 '교육을 위한 구성주의적 접근'에 대한 복잡한 개념들을 이해하는 것들 중 하나이며, 이것은 아마도 가장 지적으로 보람된 것일 겁니다.

교육용 컴퓨터는 아이들이 파워풀 아이디어를 경험하고 탐구할 수 있게 하는 잠재적 힘이 있습니다. 이 책에서는(특히 5장과 6장에서) 파워풀 아이디어가 무엇인지 살펴보고, 파워풀 아이디어가 어떠한 방법으로 아이들의 컴퓨팅 사고 참여에 기여하는지 확인하였습니다.

지난 몇 년간 파워풀 아이디어를 학습 과정에서 의미 있는 인지적 도구들의 집합으로 언급하는 연구자와 교육자들이 늘어났습니다. 이들을 중심으로 전문가 커뮤니티를 구성하게 되었습니다. 그러나 전문가 커뮤니티 내에서도 파워풀 아이디어에 대한 합의된 정의가 없어서 지금껏 다양한 관점에서 논의되고 있습니다.

페퍼트의 구성주의는 파워풀 아이디어에 관한 것입니다. 그는 컴퓨터가 오래된 것들과 새로운 것들에 대한 아이디어를 모두 포용하여 교육의 변화를 이끌 수 있다고 생각했습니다. 학교를 개혁하는 문제는 아주 복잡하지만, 페퍼트의 구성주의는 교실 환경에 코딩을 적용하여 학습을 재구성하고, 파워풀 아이디어에 접근하도록 합니다. 페퍼트와 그의 동료들은 아이디어와 사고에 대한 모든 것들이 피아제가 제시한 "인식론epistemology"에서 파생되는 것으로 보았습니다.

즉, 우리가 알고 있는 것을 어떻게 알게 되었는지, 우리가 지식을 어떻게 구성하는지, 우리는 어떻게 사고하는지에 대해 접근하는 것에서부터 아이디어와 사고가 비롯된다고 보았습니다. 초기 아동 교육에 코딩을 도입해야 하는 핵심적인 이유는 바로 '사고思考하는 것'입니다. 코딩은 아이들이 체계적이고 순차적인 방법으로 사고하는 데 도움이 됩니다.

이 책은 아이들이 즐거운 방법으로 코딩을 경험하는 방법들을 소개합니다. 바위 위에 앉아 한 손으로는 턱을 받치고 깊게 숙고하는 모습의 남자를 표현한 로뎅Auguste Rodin의 〈생각하는 사람〉 동상은 사고활동을 정적이고 수동적인 것으로 표현합니다. 그러나 관련된 연구들에 따르면 우리가 활동에 참여해야 '생각'이 일어나고 더욱 구체화될 수 있습니다. 놀이를 비롯한 모든 종류의 활동으로부터 생각이 시작됩니다. 아이들은 코딩을 하는 동안 알고리즘, 모듈화, 제어 구조, 재현, 디자인 프로세스, 디버깅, 하드웨어와 소프트웨어뿐만 아니라 자신의 아이디어와 생각에 대해서도 생각을 하게 됩니다.

파워풀 아이디어는 인지적 도구입니다. 파워풀 아이디어는 감정 반응을 불러일으킵니다. 아이들은 파워풀 아이디어를 개인적 관심, 열정, 이전의 경험들과 연결시킬 수 있습니다. 유아 교육은 아이들이 이러한 연결고리를 만들 수 있도록 학습 환경을 조성하는 데 특히 더 주의를 기울입니다. 발현적 교육 과정Emergent curriculum은 아동의 관심과 아이디어에 대한 반응, 흥미, 스스로 질문하는 것으로부터 시작됩니다. 미국 유아교육협회National Association for the Educational Young Children, NAEYC가 제시하는 통합 교육 과정을 위한 가이드라인 역시 파워풀 아이디어에 대한 구성주의적 접근에 가깝습니다.

이러한 가이드라인은 아이들이 다양한 분야에서 새로운 아이디어와 개념을 더욱 발전시키는 데 도움을 줍니다. 그리고 아동의 개인적 흥미와 관심으로부터 출현되는 것들에 관심을 갖고, 이들을 연결하고 확장시키는 데 효과적인 지침을 제공합니다.

아이들을 위한 커리큘럼 개발하기

잘 구성된 커리큘럼은 서로 긴밀하게 연결된 여러 파워풀 아이디어들을 적절한 방법으로 경험할 수 있게 합니다. 만약, 아이들이 즐겁게 코딩하는 과정에서 컴퓨팅 사고를 향상시킬 수 있도록 하려면, 다음 내용을 참고하기 바랍니다.

1) **페이싱**Pacing: 아이들이 컴퓨터과학에 대한 파워풀 아이디어를 경험하게 하려면 활동의 범위와 연속성에 대해 신중히 생각해야 합니다. 일주일 동안 집중 교육을 할 수도 있고, 몇 달 동안 일주일에 1~2회 수업을 하거나 1년 과정으로 커리큘럼을 설계할 수도 있습니다.
2) **코딩 활동 유형**: 아이들에게 도전 과제가 포함된 코딩 활동을 제시하거나, 아이들이 자유롭게 코딩과 탐구 활동을 하도록 합니다. 잘 구조화된 도전 과제는 아이들에게 모듈화된 형식으로 파워풀 아이디어를 경험하게 하고, 모든 아이들이 동일한 과제를 수행하게 합니다. 반면, 자유롭게 탐구하는 활동은 아이들이 즐겁게 노는 과정에서 스스로 새로운 아이디어를 발견하고 적용할 수 있는 기회를 줍니다. 아이들에게 자유롭게 탐구할 수 있는

시간을 주는 것은 코딩에 대한 기본기를 탄탄히 다질 수 있게 합니다.

3) **재료**: 코드를 작성하려면 도구가 필요합니다. 서로 다른 프로그래밍 명령어를 종이에 출력하여 이를 조합하는 활동으로도 컴퓨팅 사고를 경험할 수 있지만, 이렇게 낮은 수준의 기술 재료를 사용하는 것만으로는 충분치 않습니다. 좋은 재료들을 사용해야 합니다. 예를 들면, 로보틱스 수업을 하기 위해서는 교사가 아이들에게 잘 구성된 로보틱스 키트를 제공합니다. 아이들이 모둠별로 하나씩 보로틱스 키트를 받게 되면, 키트 위에 모둠 이름을 써 붙이고 수업 시간 내내 함께 사용할 수 있습니다.

교사는 키트 안에 있는 부품들을 모아서 교실의 중앙에 배치하고, 아이들이 필요에 따라 선택하고 사용할 수 있게 합니다. 만약 태블릿 PC로 코딩 활동을 할 경우에는 아이들에게 태블릿을 사용하기 전 반드시 충전해야 한다고 일러주어야 합니다. 일부 유치원 또는 초등학교에서는 태블릿 카트Tablet carts[66]를 교실 안까지 운반할 수 있어서, 태블릿 PC의 배터리 부족을 걱정하지 않아도 됩니다. 다른 교실에는 자체 장비가 있으므로 교사가 모든 것을 사용할 준비가 되어 있어야 합니다. 기술 플랫폼에 관계없이 재료 사용 및 처리 방법에 대한 기대치를 설정하는 것이 중요합니다.

이러한 문제는 교육 과정을 논리적으로 쉽게 구현할 수 있을 뿐만 아니라 레지오 에밀리아 접근법에서 설명된 바와 같이 환경이 "제3의 교사"로 작용할 수 있기 때문에 중요합니다.

4) **교실 관리**: 유아 및 아동을 위한 교육 환경은 신중히 설계되어야 하고, 지속적으로 관리 및 개선을 해야 합니다. 교실에서 사용하는 기술 도구들의 특징에 따라 교육 환경이 다양한 방법으로 구성되고 관리될 수 있습니다. 수업에서 활용할 도구들의 특징과 교재 내용을 잘 파악하여 교실 환경을 구성하고, 수업 내용에 필요한 재료들을 효과적으로 사용하기 위해 수업 시간을 짜임새 있게 구성해야 합니다. 예를 들어, 유치원 커리큘럼에 기술 동아리 시간을 편성하고, 해당 동아리 시간에 주요 활동 시간과 재료 정리 시간을 적절히 배분하는 것이 필요합니다.

5) **그룹 크기**: 코딩 활동은 일반적인 유아 교육 활동에서처럼, 전체 그룹이나 소그룹으로 진행할 수 있으며, 두 명이 짝지어 참여하거나 개인 활동으로도 진행할 수 있습니다. 개별 활동 가능 여부는 사용할 수 있는 학습 자료에 따라 결정됩니다.

그러나 가능하면 아동들이 소그룹으로 활동하는 것을 권장합니다. 몇몇 유치원에서는 "센터 타임center time[67]"에 기술 수업을 편성하기도 합니다. 이때, 아이들은 여러 개의 교실에 순차적으로 들어가서 각 교실에서 제시하는 서로 다른 활동을 합니다. 이러한 수업은 교사에게 활동에 대한 정보들을 더 많이 제공하기 때문에 교사가 아동에게 강의 내용뿐 아니라 피드백을 적절히 제공할 수 있습니다. 교사는 전체 학생들을 대상으로 수업할 때보다, 소그룹 또는 개인 단위의 수업을 할 때 진행 상황을 더 쉽게 파악하고 평가할 수 있습니다.

아동이 소그룹으로 활동하는 것은 개인 활동을 하는 것과 다릅니다. 리터러시 차원에서 살펴봅시다. 아동이 글 쓰는 방법을 배울 때에는 다른 친구들과 펜을 공유하여 사용하지 않습니다. 아동들은 각자 자신의 펜을 사용하여 오랜 시간 글쓰기 연습을 합니다. 그룹 활동은 대화를 통해 다양한 의견과 관점을 제시할 수 있는 장점이 있지만, 개별 활동을 충분히 확보하는 것 역시 중요합니다.

6) **미국의 주State와 국가 프레임에 대한 내용**: 이 책을 집필하는 2016년까지도 아동에게 컴퓨팅 사고와 코딩을 적용하기 위한 국가 차원의 프레임워크가 마련되지 않았습니다. 이를 위해 미국 교육 혁신 및 개선국, 컴퓨터과학교사협회 등에서 많은 노력을 기울이고 있으며, 이미 몇몇 주요 국가를 중심으로 코딩 교육이 정규교과로 의무 실시되고 있습니다.

컴퓨팅 사고와 관련된 파워풀 아이디어 중 일부는 수학, 리터러시, 엔지니어링, 그리고 과학 교과 학습의 기초가 됩니다. 코딩은 다양한 분야의 지식과 기술들을 통합하는 강력한 방법을 제공하기도 합니다. 따라서 우리는 코딩으로 경험할 수 있는 파워풀 아이디어가 다양한 분야의 지식 또는 기술들과 어떻게 연관될 수 있는지를 파악하고, 이를 연방 또는 국가 차원의 교육 프레임워크에 반영하기 위한 노력을 해야 합니다.

7) **평가**: 놀이터로서 코딩을 접근하면, 아동들이 코딩을 하면서 즐겁게 놀 수 있습니다. 그러나 아동의 학습 과정과 결과를 평가하는 것 역시 중요합니다. 코딩 활동을 평가할 수 있는 방법은 여러 가지가 있습니다. 아동이 만든 프로젝트를 문서화하기, 프로젝트에 관련된 내용을 다른 사람들에게 소개하고 공유하기, 아동이 작성한 디자인 저널 분석하기, 포트폴리오 수집하기 등이 있습니다.

특히 디자인 저널은 아동이 하나의 프로젝트를 완성하기 위해 비슷한 작업을 여러 번했던 과정까지 확인할 수 있도록 합니다. 발달테크놀로지연구그룹 연구진이 개발한 "솔브잇츠Solve-Its"와 "엔지니어링 라이센스Engineering licenses"는 아이들이 코딩에 대한 개념과 지식들을 어느 수준으로 성취했는지 확인할 수 있는 평가도구입니다.

이 두 가지 평가 도구들 모두 그룹 활동을 하였더라도, 아동의 개별적인 성취수준을 평가할 수 있는 장점이 있습니다.

유아 교육에 코딩을 적용하기 위해서는 위에 제시한 일곱 가지 조건들을 고려하는 것이 도움이 됩니다. 컴퓨터과학에 대한 파워풀 아이디어를 담고 있는 커리큘럼은 다양한 교수방법으로 전달될 수 있습니다. 이 책은 PTD 프레임워크의 '6Cs'와 놀이터 및 코딩 수업에서 볼 수 있는 긍정적 행동들을 기반으로 하여 코딩에 대한 놀이터 접근법을 제시합니다. PTD 프레임워크를 다시 살펴보면 다음과 같습니다.〈그림 12.1〉

〈그림 12.1〉 버스(2012)가 개발한 PTD 프레임워크.

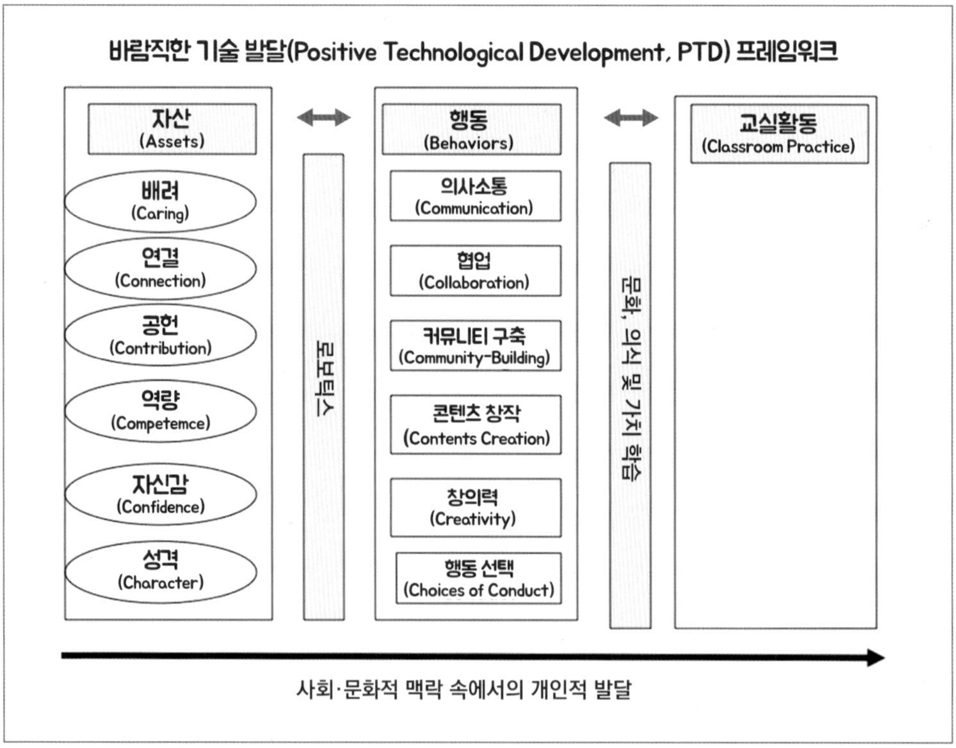

PTD 프레임워크는 새로운 교육용 기술을 활용한 교육 프로그램을 지원하기 위해 여섯 가지 바람직한 행동6Cs을 제시합니다. 6Cs는 콘텐츠 창작Contents Creation, 창의력Creativity, 의사소통Communication, 협업Collaboration, 커뮤니티 만들기Community Building, 행동 선택Choice of Conduct입니다.

프레임워크의 세 번째 항목인 '교육 프로그램 수행'은 교사들을 위해 일부러 비워둔 것으로, 교사들이 자신의 교실 문화와 환경에 따라 요소들을 채워 넣어 독자적으로 완성할 수 있게 했습니다.

1) **콘텐츠 창작**: 아동이 프로젝트를 만들거나 이를 완성하기 위해 프로그래밍하는 것을 의미합니다. 프로그래밍 과정에서 고려되는 디자인 프로세스와 컴퓨팅 사고는 컴퓨터 리터러시 및 기술 유창성을 향상시키는 데 기여합니다.
2) **창의력**: 아동이 책자나 교육 자료의 지시를 따라 그대로 과제를 수행하는 것이 아니라, 자신의 아이디어가 담긴 프로젝트를 수행하며 아이디어를 더욱 발전시킬 수 있도록 충분한 기회와 다양한 교육 자료를 제공해야 합니다. 이를 통해 아동은 기술적 문제를 창의적인 방법으로 해결하고, 학습 잠재력에 대한 자신감을 갖게 됩니다.
3) **협업**: 아동이 팀 활동을 통해 자원을 서로 공유하고, 팀원들을 배려할 수 있도록 학습 환경을 구성합니다. 다른 사람에게 프로젝트를 수행하는 데 필요한 도움을 주거나 혹은 받는 것을 비롯하여 친구와 함께 프로그래밍하기, 자원을 빌려 쓰거나 빌려주기, 공동의 목표를 이루기 위해 함께 작업하기 등이 모두 협업에 포함됩니다.
4) **의사소통**: 아동이 또래 친구들이나 교사, 부모 및 성인들과 함께 소통하며 의미 있는 관계를 맺고 지속하는 것을 의미합니다. 유치원의 기술 동아리 시간은 아동이 커뮤니티를 구성하여 함께 문제를 해결하기 위한 좋은 기회입니다. 아동들이 집중력을 잃지 않고, 중요한 아이디어들을 계속 유지할 수 있도록 한 번에 모든 것을 진행하는 것이 아니라 여러 번에 나눠서 진행하는 것이 좋습니다. 아동들이 기술 동아리 활동에 집중하게 하는 또 다른 방법으로는 '로봇 또는 태블릿 주차장'을 만들어서 지금 당장 사용하지 않는 도구들을 한곳에 모아두는 것도 좋습니다.

5) 커뮤니티 만들기: 다양한 아이디어가 집약되어 있는 학습 커뮤니티는 아동에게 스캐폴딩을 제공합니다. 우리의 장기적인 교육 목표는 어린아이들뿐 아니라 교사들이 컴퓨팅 사고와 기술 유창성을 향상하는 것뿐만 아니라 폭넓은 학습 커뮤니티를 구축하는 것입니다. 누구에게나 열려 있는 이 커뮤니티 공간은 아동이 직접 만든 프로젝트나 프로젝트 수행 과정, 실물로 완성한 작품들을 다른 사람들에게 소개하고 축하받을 수 있는 확실한 기회입니다. 아동은 이 열린 공간에서 가족이나 친구들, 수업에 함께 참여했던 커뮤니티 구성원들에게 자신의 프로젝트를 소개합니다.

아동들은 개별적으로 컴퓨터나 태블릿 PC를 사용하여 프로젝트를 수행할 수 있어야 할 뿐 아니라, 다른 사람들에게 프로젝트를 어떻게 만들었고, 프로그래밍은 어떠한 방법으로 했으며, 문제를 어떻게 해결했는지에 대해 설명할 수 있어야 합니다.

6) 행동 선택: 아동에게 "만약에 무엇을"에 대한 질문과 잠재적인 결과에 대해 생각해보고, 다양한 가치들과 자신의 성격에 대해 탐구할 수 있는 기회를 제공해야 합니다. 책임감 있는 학습 커뮤니티를 구성하고 더욱 성장시키기 위해서는 학습 자원을 관리하는 방법, 규칙을 준수하여 기술 도구를 사용하는 것, 역할 분담 및 수행 등이 중요합니다.

교사는 아동에게 "특별한 배지"을 달아주어 다른 친구에게 특정 주제의 학습 내용을 알려주도록 책임을 부여할 수 있습니다. 이것은 아동이 새로운 역할에 시도하고, 융통성 있게 행동할 수 있게 격려합니다. 아동이 코드를 배우는 것만큼이나 아동 스스로가 자신의 행동을 공정하고 책임감 있게 이끌어 가기 위한 내면의 나침반을 만들 수 있도록 이끌어주는 것 역시 중요합니다. 아동의 행동 선택은 아동에 의해서만 결정되는 것이 아닙니다. 교사가 아동에게 자료를 보여주고 소개하는 방법 역시 아동이 행동을 선택하는 데 영향을 미칩니다.

어린아이들에게 코딩을 가르치기 위해서는 아동의 발달 수준에 적절한 프로그래밍 언어를 제공하는 것이 중요합니다. 이 책은 코딩 교육이 기존의 "문제해결을 위한 코딩"과는 반대로 "리터러시로서 코딩"의 관점으로 설계될 때 가장 효과적일 수 있다는 점을 보여줍니다. 이러한 관점은 아동이 다른 사람들에게 공유할 수 있는 프로젝트를 만드는 과정에서 프로그래밍 언어를 습득하고 유창하게 사용하게 된다는 것을 의미합니다.

아동은 프로그래밍을 하는 과정에서 수많은 문제들을 해결합니다. 그러나 코딩 교육의 궁극적인 목표는 문제해결에 그치지 않아야 합니다. 코딩 교육의 목표는 자기표현과 의사소통입니다.

어린아이들에게 읽고 쓰는 방법을 가르칠 때, 아이의 발달 수준에 적합한 다양한 책과 글쓰기 자료들을 제공해줍니다. 다양한 학습 자료를 사용하는 것이 리터러시 경험을 풍부하게 합니다. 코딩 도구들 역시 마찬가지입니다. 스크래치 주니어와 키보를 비롯한 다른 프로그래밍 언어들을 유창하게 사용하는 것은 컴퓨팅 사고를 풍부하게 합니다. 어린 아동에게 코딩을 가르치고자 하는 교사들에게는 프로그래밍 언어 도구도 필요하지만, 컴퓨터과학에 대한 파워풀 아이디어를 이끌어줄 수 있는 커리큘럼 역시 필요합니다. 도구와 커리큘럼 모두 아동의 발달 수준에 적절하여야 하며, 전체적인 아동 발달 과정을 고려해야 합니다.

지금까지 어린아이들의 바람직한 성장을 돕는 인지적·개인적·사회·정서적 그리고 도덕적 차원의 요소들을 통합한 PTD 프레임워크를 소개했습니다. 그리고 아이들이 코딩 놀이터에서 경험해야 할 여섯가지 바람직한 행동들을 제안했습니다.

아이들에게 적절한 프로그래밍 언어, 커리큘럼, 프레임워크가 주어진다면 아이들은 놀이터로서 코딩을 마음껏 즐기게 될 것입니다.

끝내며

지금은 화창한 월요일 오후 3시입니다. 저는 방금 보스턴 지역의 수백 명의 유아 교육자들을 대상으로 강연을 마치고 돌아왔습니다. 돌아오는 길에 한 아이의 엄마를 만났습니다. 그녀는 자신의 6살 자녀가 스크래치 주니어를 사용하도록 허락해야 하는지, 얼마나 자주 사용하도록 해야 하는지를 물었습니다. 저는 그녀를 향해 미소를 지었습니다. 이러한 질문은 이전에도 많이 받았습니다.

저는 아이 엄마에게 다음과 같이 물어보았습니다.

"당신은 아이가 동화책을 읽도록 허락해주나요? 얼마나 자주 허락해주지요? 아이가 직접 글을 쓰는 것도 허락해주나요? 얼마나 자주 쓰게 하지요? 항상 허락해주나요?"

아이 엄마는 이렇게 대답했습니다.

"때마다 달라요. 아이가 책을 읽고 싶어 하거나 글을 쓰고 싶어 하는지에 달렸지요. 가족들이 모두 모여 식사하는 자리에서는 글을 쓰지 않도록 할 것이고, 성인들을 위한 책 역시 아이가 읽지 않도록 할 거예요. 무서운 내용이 포함되어 있을 수도 있거든요."

그녀는 아이의 상황을 신중하게 고려하여 답을 하였습니다. 아이들이 기술을 사용하는 데에도 비슷한 논리가 적용됩니다. 때와 상황에 따라 다르지요.

어린아이들에게 코딩은 놀이터가 될 수 있습니다. 아이들은 코딩을 하면서 배우고, 성장하며, 탐구력과 창의력을 발휘하고, 새로운 기량들을 습득하며, 생각하는 방식을 학습합니다. 아이들은 놀이터에서만 놀지 않습니다. 아이들은 놀이터 외에도 다른 장소에서 다양한 방법으로 학습하고 성장할 수 있습니다. 그러나 아이들이 놀이터에서 놀 때만큼은 놀이터가 아이들의 발달 수준에 적절한 공간이어야 합니다.

이 책은 어린아이들에게 코딩이 어떠한 의미가 있는지를 살펴봅니다. 저는 바람직한 기술 개발 프레임워크PTD를 개발했습니다. PTD 프레임워크는 아동이 컴퓨팅 사고를 발전시키고 컴퓨터과학에 대한 파워풀 아이디어를 탐구할 수 있도록 돕습니다. 아이들의 중요한 발달적 이정표와 즐겁고 유의미한 학습경험을 이해하는 데 도움을 주지요. PTD 프레임워크를 기반으로 한 커리큘럼은 기술적으로 풍요로운 삶을 살아가는 아이들이 단순히 기술을 소비하는 것이 아닌 생산자로 참여할 수 있도록 이끌어줍니다.

제가 제시하는 놀이터로서 코딩은 코딩을 기술적 스킬로 생각한 기존 관점에서 벗어난 것입니다. 코딩은 리터러시입니다. 코딩은 우리가 새로운 방식으로 생각하고, 무언가를 만들어내는 능력을 높여줍니다. 심지어는 코딩을 통해 기존에 누군가가 만든 작품에 나만의 의미를 더해 개선하거나 새로운 것으로 만들 수도 있습니다. 무엇을 만들고자 하는 의지와 열정, 다른 누군가와 소통하고자 하는 사람이 있는 한 코딩은 우리에게 많은 기회를 줍니다.

코딩은 일반적인 글쓰기처럼 인간을 표현하기 위한 수단이자 도구입니다. 우리는 코딩을 통해 이전과는 다른 방식으로 우리 자신을 표현할 수 있습니다. 그리고 코딩을 통해 새로운 사고방식을 배우며, 다양한 감정을 느끼도 하고, 다른 누군가와 소통할 수 있습니다. 기존의 코딩 교육이 아이들의 문제해결 능력을 향상시켜주기 위한 것이었다면, 이 책은 기존과는 다른 관점을 제시합니다. 저는 코딩의 궁극적인 목적을 문제해결이라고 생각하지 않습니다. 코딩은 아이들이 자신의 아이디어와 생각을 유창하게 표현하는 기회가 되어야 합니다.

어린아이들은 코딩 놀이터에서 자신의 프로젝트를 창작하고, 다른 친구들과 소통하며, 서로가 누구인지를 표현합니다. 아이들에게는 키보와 스크래치 주니어처럼 발달 수준에 적절한 도구가 필요합니다. 아이들은 코딩을 통해 문제를 해결하거나 스토리텔링을 합니다. 그리고 그 과정에서 시퀀싱 개념과 기술을 익히고, 알고리즘적 사고를 발전시킵니다.

아이들은 초기 아이디어에서부터 다른 사람들과 공유할 수 있는 최종 프로젝트에 이르기까지 디자인 절차를 경험합니다.

어려운 문제에 직면했을 때에는 포기하기 않고 실패와 좌절에 적절히 대응하고 해결책을 찾는 방법을 배웁니다. 아이들은 프로젝트를 디버깅하기 위한 전략을 세웁니다. 또래 친구들과 협업하는 방법을 배우고, 함께 어려운 일을 완수한 데 대해 뿌듯함을 느낍니다.

아이들은 코딩 놀이터에서 즐겁게 배웁니다. 아이들은 새로운 개념과 아이디어들을 스스로, 즐겁게 탐구하고, 새로운 기술을 개발합니다. 이러한 과정에서 실패를 겪기도 하지만, 아이들은 언제든 다시 시작할 수 있습니다.

장차 프로그래머와 엔지니어가 될 아이들뿐 아니라 모든 아이들이 코딩 놀이터에서 컴퓨터에 대한 파워풀 아이디어를 경험할 수 있을까요?

코딩은 21세기의 새로운 리터러시입니다. 글을 읽고 쓰는 능력처럼 말입니다. 코딩은 되도록이면 일찍 시작해야 합니다.

오늘날, 디지털 기술을 사용하는 것뿐만 아니라 직접 생산할 수 있는 사람은 자신의 운명을 변화시킬 수 있습니다. 리터러시는 인간이 지닌 힘의 매개체입니다. 글을 읽고 쓸 수 있는 사람들은 자신의 목소리를 내어 주장할 수 있습니다. 이들은 자신의 권리를 다른 누군가로부터 박탈당하지 않습니다.

21세기에 코드를 작성하지 못하는 사람은 어떨까요? 계산적으로 생각하지 못하는 사람들은 어떨까요?

어린아이들에게 코딩을 가르치고 컴퓨팅 사고를 향상시켜주는 것은 어른들의 책무입니다. 리터러시로서 코딩은 우리가 아직 예상하지 못하는 세상을 향한 문을 열어줄 것입니다. 어린아이들은 코딩을 배우기에 아직 많이 어리다는 것을 잘 알고 있습니다. 따라서 우리가 할 수 있는 최선을 다해 아이들을 이끌어주어야 합니다.

어린아이들에게 코딩을 잘 가르치기 위해서는 초등학교 또는 고등학교의 컴퓨터과학 커리큘럼을 참고하는 것만으로는 충분하지 않습니다. 학년이 높은 아이들을 위해 개발된 프로그래밍 언어는 어린아이들의 발달 수준에 적합하지 않습니다.

우리는 어린아이들에게 코딩을 가르치는 교사로서 아이들의 인지적·사회적·감정적 요구를 잘 파악하고, 이를 반영하여 아이들의 발달 수준에 맞는 교육용 테크놀로지와 커리큘럼을 개발해야 합니다. 이것은 우리가 새롭게 노력해야 할 영역입니다 아이들은 우리의 연구를 도와주는 최고의 협력자입니다. 아이들의 복잡한 사고방식은 우리가 나아갈 바를 안내해주기 때문입니다.

우리는 연구자로서 아이들이 코드를 학습하는 전략뿐 아니라 아이들이 컴퓨팅 사고를 발달시키는 과정을 명확히 알아내어야 합니다. 우리는 4살 아동이 자신의 키보 로봇이 호키포키 춤을 추도록 프로그래밍하고, 5살 아동이 스크래치 주니어로 애니메이션을 만드는 과정을 온전히 이해해야 합니다.

스템 교육을 향한 움직임이 점차 커지고 관련 연구들이 증가하고 있습니다. 우리는 학습 과정을 명확하게 밝혀주는 리터러시에 관한 연구들에도 주목할 필요가 있습니다. 코딩은 문제해결을 위한 메커니즘일뿐 아니라 다른 사람들과 공유할 수 있는 무언가를 창작하는 과정으로 연구될 수 있기 때문입니다. 즉, 코딩 역시 인간의 표현의 산물로서 바라보아야 합니다.

전 세계의 수많은 교사들이 어린아이들에게 코딩과 컴퓨팅 사고를 가르치고 있습니다. 따라서 기존의 유아 교육에 코딩이 어떻게 통합되고 있는지를 분명히 파악할 필요가 있습니다.

어린아이들에게 코딩을 가르치고자 하는 교사 및 교육자들은 어린아이들의 발달 과정을 넓은 시야로 이해할 수 있어야 합니다.

어린아이들은 문제해결뿐 아니라 자신의 목소리를 내고, 자신의 생각을 표현하기 위해 코딩을 합니다. 어린아이들이 코딩 놀이터에서 즐겁게 배울 수 있도록 곁에서 많이 격려해주기 바랍니다.

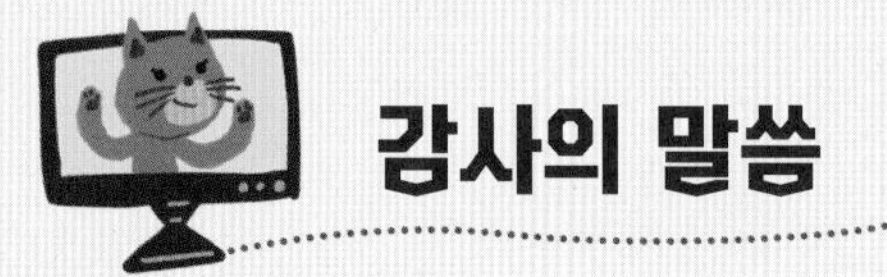

감사의 말씀

저는 선생님들로부터 많은 것을 배웠습니다. 동료들로부터는 더 많은 것을 배웠습니다. 그러나 그 누구보다도 제가 가르쳤던 제자들에게 가장 많이 배웠습니다. —《탈무드》

이 책은 지난 수년간의 논의와 탐구, 협업과 관찰의 결과물입니다.

코딩을 향한 저의 여정은 1970년대 중반, 조국인 아르헨티나의 부에노스아이레스에서 시작되었습니다. 부모님은 제가 겨우 8살이 되었을 때 컴퓨터 프로그래밍 수업을 듣게 했습니다. 어린아이들을 위한 교육용 프로그래밍 언어인 로고를 배우는 수업이었지요.

수십 년 후, 로고의 창시자인 시모어 페퍼트[68]가 저의 멘토가 되리라고는 상상조차 못했습니다. 저는 페퍼트 교수의 지도를 받아 매사추세츠공과대학교 미디어랩에서 박사 학위를 받았습니다. 그는 제가 스스로에게 던져야 할 좋은 질문들을 찾아가도록 가이드를 해주었을 뿐만 아니라, 저의 꿈과 열정을 북돋아주셨습니다.

제가 박사 과정 재학 당시 미첼 레스닉 역시 물심양면으로 저를 이끌어주었습니다. 레스닉 교수와 공동으로 스크래치 주니어 프로젝트를 진행한 것은 제게 큰 영광이며 특권이라 생각합니다. 그가 직접 만든 빵을 아침식사로 함께 먹으며 아이디어를 나누었던 것도요.

저의 박사논문을 검토해주었던 셰리 터클 교수는 지금껏 제게 많은 영감을 주고 있습니다. 터클 교수는 지난 30년 동안 사람들과 기술의 관계를 연구해왔으며, 기술에서 인간성 회복의 중요성을 강조합니다.

저는 매사추세츠공과대학교에서 주로 초등학생과 고등학생들을 위한 프로그래밍 언어와 교육용 로보틱스를 연구했습니다. 제게 세 명의 아이들이 생기고, 터프츠대학교의 조교수가 되면서 어린아이들에게도 컴퓨터과학 분야의 아이디어가 필요하다는 것을 깨닫게 되었습니다.

엘리엇-피어슨 아동 및 인간 발달학과 동료들은 제게 좋은 스승이 되어주었습니다. 엘리엇 피어슨 아동 학교Eliot Pearson Children's School의 교장인 데이비 리 캐넌, 유아 교육 프로그램의 디렉터인 베키 뉴, 데이비드 엘킨, 데이비드 헨리 펠드만, 그리고 리처드 러너에게 많은 것을 배웠습니다.

터프츠대학교의 기계공학과 교수이자 대학부설 엔지니어링 교육 및 아웃리치센터Center for Engineering Education and Outreach, CEEO의 설립자인 크리스 로저스 교수는 제게 "훌륭한 파트너"가 되어주었습니다. 그는 늘 저와 함께 산책할 준비가 되어 있었지요. 우리는 산책길에서 협동 교수 과정, 교육용 장난감 설계, 메이커 스페이스maker spaces[69], 3D 프린팅 등에 대한 논의를 하였고, 때로는 서로를 위한 조언들을 나누었습니다.

저는 일반적인 텍스트 언어와 프로그래밍 언어가 비슷한 특성을 갖고 있다는 사실에 흥미를 느낍니다. 그리고 리터러시로서 코딩의 잠재력에 늘 매료되지요. 코딩은 우리가 생각하는 방식에 영향을 주고, 교육과 사회를 변화시킬 수 있습니다.

저는 이 책을 쓰기 위해 리터러시와 말하기 능력에 대한 자료들을 다시 읽었습니다. 모두 제가 부에노스아이레스대학교Univeridad de Buenos Aires에 재학하고, TA 조교로 근무하였을 때 공부했던 것들입니다.

최근에 리터러시와 말하기 능력에 대한 오래된 책과 자료들을 다른 관점에서 읽어보았습니다. 언어와 이야기, 소통과 표현 등의 역할에 대해 공부하고 고민해보았습니다. 22년 만에 다시금 아주 중요한 생각을 하고 있습니다. 다시 원점으로 돌아온 것입니다.

저는 운 좋게도 지난 수년 동안 터프츠대학교에서 발달테크놀로지연구그룹을 이끌고 있습니다. 연구진은 학부생, 대학원생, 그리고 연구 스태프들로 구성됩니다.

이 책에 소개된 스크래치 주니어와 관련된 자료와 에피소드, 삽화들을 준비하는 데 아만다 스트로왜커와 케이틀린 레이들이 많은 도움을 주었습니다.

아만다 설리반Amanda Sullivan은 저의 든든한 조력자로서, 지금껏 진행되었던 키보 연구에 모두 참여하였습니다. 그녀는 문헌 검토, 에피소드와 삽화, 그리고 편집 작업 등을 두루 도와주었습니다. 설리반에게 실로 많은 빚을 졌습니다.

저는 키보를 상용화하고 전 세계로 보급시키기 위해 미치 로젠버그와 함께 공동으로 킨더랩 로보틱스를 설립하였습니다. 그리고 우리 삶을 변화시키는 여정을 시작하였습니다. 저를 믿고 이 여정에 열정과 혼신을 다해준 로젠버그에게 진심으로 감사의 마음을 전합니다.

저를 따뜻하게 사랑해주고, 많은 것을 배려해준 남편 파투 오도넬에게도 진심으로 감사한 마음을 전합니다. 저는 제 삶을 온전히 살아가고 있습니다.

저는 세 아이들 탤리, 앨런 그리고 니코로부터 많은 것을 배웠습니다. 세 아이들 모두 제가 새로 개발한 프로그래밍 환경에 대해 가혹할 정도로 비평을 쏟아내곤 하지요. 고마워 얘들아~!

어린 시절 저에게 컴퓨터 프로그래밍을 소개해주신 어머니는 저의 꾸준한 팬이자 후원자입니다. 어머니의 도움이 없었다면 저는 연구와 일들을 할 수 없었을 것입니다. 저의 아버지는 너무 일찍 돌아가셨지만, 제가 하는 모든 일에 영감을 주셨습니다.

저의 출판 작업을 후원해준 미국 국립과학재단, 이 책의 초안을 읽고 소중한 의견을 주신 아만다 설리반, 아만다 스트로왜커, 폴라 본타, 신시아 솔로몬, 아델린 요, 클라우디아 미흐, 클라라 힐에게도 감사를 전합니다.

끝으로 오랜 기간 저의 연구에 참여해준 수많은 어린이들, 유아 교육자, 교장 선생님 및 교육 행정가 분들께도 감사드립니다. 저는 책으로 배울 수 없는 것들을 저와 함께한 많은 이들로 부터 배울 수 있었습니다.

저자 소개

마리나 유머시 버스Marina Umaschi Bers는 아르헨티나에서 태어나 대학원에 진학하기 위해 1994년에 미국으로 왔습니다. 보스턴대학교Boston University에서 교육미디어 전공으로 석사 학위를 취득하였고, 매사추세츠공과대학교MIT 미디어랩Media Lab에서 석사 및 박사 학위를 취득하면서 시모어 페퍼트 교수와 함께 연구를 했습니다.

현재는 터프츠대학교Tufts University의 엘리엇-피어슨 아동 및 인간 발달학과 교수이자 컴퓨터과학과를 겸임하는 교수로 재직 중입니다. 그리고 터프츠대학교의 학제 간 연구 그룹인 발달테크놀로지연구그룹Developmental Technologies Research Group, DevTech[70]을 이끌고 있습니다. 기술 연구 그룹에서는 코딩 및 로보틱스와 관련된 학습 기술들이 어린이들의 발달과 학습에 어떠한 도움을 주는지를 중점적으로 연구합니다. 또한 혁신적인 학습 기술을 설계하고 적용하여 어린이들의 바람직한 성장을 이끌어주는 연구들을 진행하고 있습니다.

지난 2005년에는 과학자·기술자 대통령상을, 미국 국립과학재단으로부터 젊은 과학자 상을, 미국 교육연구협회로부터 신진 연구자 상을 수상하였습니다.

버스 박사는 지난 20년 동안 로보틱스에서 가상 세계에 이르기까지 다양한 교육용 테크놀로지들을 구상하고, 설계하였으며, 평가했습니다. 그녀는 사랑스러운 세 아이들 탤리, 앨런 그리고 니코를 낳고 기르면서 4~7세 어린이들을 위한 테크놀로지 환경 연구에 집중하기로 결심하였습니다.

그녀는 연구비를 지원받아 어린아이들을 위한 무료 프로그래밍 언어인 스크래치 주니어와 나무 블록으로 프로그래밍을 하는 로보틱스 키트 키보를 개발하고 연구했습니다. 지난 2015년에는 〈보스턴 비즈니스 저널〉에서 키보 연구 및 판매로 인해 주목할 여성 상을 수상하였습니다. 버스 박사는 제자 양성에도 힘쓰고 있습니다. 지난 2016년에는 터프츠대학교에서 대학원생 연구지도 상을 수상했습니다. 키보는 2013년에 공동 창업한 킨더랩 로보틱스를 통해 판매되고 있습니다.

교육용 테크놀로지 개발에 대한 마리나 박사의 철학과 이론적 접근 방법(교육학적 접근, 커리큘럼, 평가 방법 등)은 다음의 저서들에서 확인할 수 있습니다.

블록에서 로봇으로 : 과학기술을 활용한 유아 교육(티처스칼리지 출판부, 2007)[71]

바람직한 아동 발달을 위한 디지털 경험 설계 : 놀이 울타리부터 놀이터까지(옥스퍼드대학 출판부, 2012)[72]

스크래치 주니어 공식 가이드 북(No Starch Press, 2015)[73]

한편, 버스 박사는 교사들을 대상으로 학습 테크놀로지에 관련된 세미나를 진행하고 있으며, 학교, 박물관, 방과 후 교실, 장난감 회사, 미디어 회사, 비영리 단체 등을 대상으로도 컨설팅을 해주고 있습니다.

마리나 유머시 버스 박사에 대해 더 자세한 정보는 www.tufts.edu/~mbers01/에서 확인할 수 있습니다.

옮긴이 주

1 PICO(Playful Invention Company) 공식 홈페이지는 www.playfulinvention.com/ 입니다.

2 스크래치 주니어 공식 홈페이지는 http://www.scratchjr.org/ 입니다.

3 키보 공식 홈페이지는 http://kinderlabrobotics.com/kibo/ 입니다.

4 소프트웨어의 '버그'에 대한 개념은 초기 컴퓨터 개발자 중 한 명인 그레이스 호퍼(Grace Brewster Murray Hopper)에 의해 창안되었습니다. 1945년 여름, Mark II 컴퓨터가 계속해서 오작동을 일으켜 컴퓨터 내부를 살펴보니, 죽은 나방이 끼어 있었습니다. 이를 계기로 컴퓨터 프로그램이나 시스템의 오류, 결함, 또는 오류로 인해 올바르지 않거나 예기치 않은 결과가 발생하거나 의도하지 않은 방식으로 작동하는 것을 "버그"라고 표현합니다. 그리고 이러한 오류나 결함을 제거하거나 수정하는 것을 "디버깅(debugging)"이라고 합니다.

5 미국은 과학기술 분야 우수 인재를 확보하기 위해 K-12(유치원~고등학생)들을 대상으로 '스템(STEM)' 교육을 실시하고 있습니다. 스템은 과학(S), 기술(T), 공학(E), 수학(M)의 줄임말로, 두 개 이상의 교과 사이의 내용과 과정을 통합하는 교육 방식입니다. 우리나라는 스템에 인문 · 예술(A) 요소를 덧붙여 창의성을 기르는 스템 교육에 중점을 두고, 창의융합 인재 양성에 힘쓰고 있습니다.

6 놀이 울타리(playpen)는 유아나 어린아이가 안전하게 놀 수 있도록 작은 구역에 빙 둘러 치는 '아기 놀이울'을 뜻합니다.

7 오바마 전 미국 대통령은 지난 2014년 9월 코드 닷 오알지(Code.org)의 '코딩 시간(Hour of Code)' 캠페인과 백악관 컴퓨터과학 교육 주간을 시작하기 위한 공식 행사에 참석하였습니다. 이 행사에서 오바마 전 대통령은 중학생들과 함께 한 줄짜리 자바스크립트(JavaScript)를 작성했습니다.

8 2018년 7월 기준으로, 미국은 전체 50개 주로 이루어져 있습니다.

9 미국은 우리나라와는 달리 국가 차원의 표준교육과정이 없습니다. 컴퓨터교사협회인 CSTA(Computer Science Teachers Association)와 국제교육기술학회 ISTE(International Society for Technology in Education) 등을 중심으로 컴퓨터과학 커리큘럼을 위한 지침, 프레임워크, 교육 및 연구 자료를 개발하여 보급하면 지역이나 학교 단위에서 교육과정을 구성하여 적용합니다.

10 '코딩 시간'은 전 세계 학생들이 1시간 동안 컴퓨터과학에 대해 배워보자는 교육 캠페인입니다. 이 행사를 운영하는 코드 닷 오알지(Code.org) 단체는 누구나 코딩의 기초, 개념, 원리를 쉽게 배울 수 있도록 다양한 튜토리얼을 제공하고 있습니다. 학생들뿐 아니라 교사와 학부모, 일반 성인들을 위한 교육 자료도 제공합니다.

11 2018년 7월 27일 기준, '코딩 시간'의 총 누적 교육 시간은 609,343,238시간입니다.

12 2018년 7월 27일 기준, 공유된 스크래치 프로젝트의 수는 37,273,906개입니다.

13 이 책에서는 코더(Coder)와 프로그래머(Programmer)를 혼용해서 사용합니다. 코더 또는 프로그래머를 프로그램을 개발하는 사람을 통칭하는 용어로 이해하면 됩니다.

14 백악관 심포지엄 영상은 https://www.youtube.com/watch?v=iUvEks2tutw에서 확인할 수 있습니다. 이 책의 저자인 마리나 유머시 버스의 강연은 36분부터 약 6분간 진행됩니다.

15 여기에서 코딩은 명사가 아닌 동사이며, 시간이 지남에 따라 발현되는 것을 의미합니다.

16 텔레타이프(Teletype, TTY 또는 Teleprinter)는 여러 개의 통신 채널을 통해 메시지를 주고받을 수 있는 전자식 타자 기계입니다.

17 텔레타이프 터미널은 컴퓨터 또는 컴퓨팅 시스템에 데이터를 입력하고 표시하거나 인쇄하는 데 사용되는 전자 또는 전자 기계 하드웨어 장치입니다.

18 출처: 위키피디아. https://en.wikipedia.org/wiki/PDP-1
(크롬 및 익스플로어에서 검색 요망)

19 출처: 컴퓨터 역사 박물관 홈페이지.
http://www.computerhistory.org/revolution/punched-cards/2
출처: 컴퓨터역사박물관 홈페이지.
(크롬 및 익스플로어에서 검색 요망)
http://www.computerhistory.org/pdp-1/800cb38e3226a3a2bdf9a6df9e028f98/
(크롬 및 익스플로어에서 검색 요망)

20 로고(LOGO)는 어린아이들을 위해 개발된 교육용 프로그래밍 언어로, 리스프(LISP) 프로그래밍 언어를 변형하여 만든 것입니다. 유아와 어린이를 비롯한 초보자도 로고를 이용하여 자신만의 프로젝트를 만들

수 있습니다. 가장 인기 있는 로고 환경은 거북(Turtle)이였습니다. 거북이 로봇에 명령어를 입력하면 원하는 방향으로 움직이거나 모양을 바꾸는 등 다양한 방법으로 제어할 수 있습니다.

21 리스프(LISP) 프로그래밍 언어는 1958년에 처음 보급되었으며, 포트란(Fortran) 프로그래밍 언어 다음으로 두 번째로 오래된 고급 프로그래밍 언어입니다. 프로그래밍 언어를 작성할 때 괄호를 사용하는 것이 주요 특징입니다.

22 출처: 위키피디아.
https://commons.wikimedia.org/wiki/File:LISPCourse.gif
https://commons.wikimedia.org/wiki/File:LISPCourse.gif

23 출처: 로고재단 공식 홈페이지.
http://el.media.mit.edu/logo-foundation/what_is_logo/logo_and_learning.html

24 시모어 페퍼트(Seymour Papert, 1928.2~2016.7)는 1949년에 위트워터스랜드대학교(University of the Witwatersrand)에서 철학 전공으로 학사 학위를, 1952년에 수학 전공으로 박사 학위를 취득하였습니다. 1959년에는 케임브리지대학교(University of Cambridge)에서 수학 전공으로 두 번째 박사 학위를 취득하였습니다.

25 레고 마인드스톰(LEGO MINDSTORMS)은 레고(LEGO) 블록과 지능형 브릭 컴퓨터, 모듈식 센서, 모터 등의 부품으로 로봇을 만들고, 프로그래밍하여 로봇을 제어할 수 있도록 개발된 하드웨어와 소프트웨어 플랫폼입니다. 시모어 페퍼트의 철학을 담아 개발한 제품으로, 페퍼트 교수가 쓴 책『마인드스톰』의 제목을 제품 이름으로 사용했습니다.

26 저자는 앞서 '시작하며'에서 "놀이터 대 놀이울타리(playground vs. playpen)" 비유를 소개했습니다. 놀이 공간에 울타리가 둘러있는 놀이울타리는 놀이터보다 더 안전합니다. 그러나 이 울타리로 인해 아이들은 놀이 활동에 일부 제약을 받는 반면, 놀이터는 아이들이 성장하고 학습하는 데 필요한 무한한 가능성을 줍니다. 이러한 의미로 저자는 놀이울타리가 아닌 놀이터로서 코딩을 소개하고 있습니다.

27 시모어 페퍼트는 두 번째 박사 학위 취득한 후 스위스 제네바대학교에 머물게 됩니다. 이곳에서 만난 스위스의 저명한 철학자이자 발달심리학자인 장 피아제의 구성주의에 깊은 영감을 받습니다. 페퍼트는 실존하는 세계에 있는 물체를 만지며 즐겁게 탐구하고, 생각하며, 자신만의 창의적인 프로젝트를 만드는 과정에서 의미 있는 학습을 하게 된다는 구성주의 이론으로 피아제의 철학을 확장시켰습니다.

28 출처: 데일리 페퍼트 공식 홈페이지.
http://dailypapert.com/seymour-papert-on-logo/

29 피아제는 인간의 지적 능력이 동화(assimilation)와 조절(accommodation) 과정을 거쳐 발달된다고 하였습니다. 피아제의 인지 발달 이론에 따르면 인간은 각자 고유한 인지적 체계와 구조를 가지고 있습니다. 인지적 체계와 구조가 외부 환경의 사건들을 잘 받아들이고(동화), 때로는 환경의 요구에 따라 인지 구조를 수정(조절)하여 평형(equilibration)을 이룹니다. 평형이 일어날 때마다 새로운 인지적 요인들이 추가되거나 재구성됨으로써 더 나은 형태의 지식을 얻게 됩니다. 피아제는 이것을 최적 평형화(optimizing equilibration)로 정의했습니다(『피아제의 인지발달 이론』, 학지사).

30 시퀀싱(sequencing)이란 해결해야 할 문제를 작은 단위로 나누고 일련의 순서대로 정리하는 것을 의미합니다.

31 월터 옹이 표현한 '단어들에 대한 기술(Technologizing of the Word)'은 단어들을 목적에 맞게 잘 조합하여 말 또는 글로 표현하는 능력을 뜻합니다.

32 레지오 에밀리아식 접근(Reggio Emilia Approach) 2차 세계대전 이후 이탈리아의 레지오 에밀리아 유치원에서 시작되었습니다. 유아 및 초등 교육에 중점을 둔 교육 철학으로, 어린아이들의 자기주도 학습과 사회적 관계 속에서 경험을 통해 학습하는 것의 중요성을 강조합니다. 모든 아이들은 태어날 때 자신의 성격을 형성하고 자신의 아이디어를 표현할 수 있도록 "100개의 언어(a hundred languages)"를 부여받았다고 가정하고, 일상생활에서 이러한 언어들(예를 들어, 그림, 조각, 드라마 등 상징적 언어)을 효과적으로 사용하도록 이끌어줍니다.

33 놈 촘스키(Avram Noam Chomsky, 1928~)는 언어학자이자 철학자, 인지과학자, 역사학자, 사회 평론가 및 정치 활동가였습니다. "현대 언어학의 아버지"로 묘사되는 촘스키는 분석철학의 주요 인물이자 인지과학 분야의 창시자 중 한 명입니다.

34 레프 비고츠키(Lev Vygotsky, 1896~1934)의 주요 연구는 발달 심리학에 관한 것이었습니다. 인간의 심리적 발달이 사회적 환경과의 대인 관계 및 행동을 통해 이루어진다는 관점을 제시하였습니다.

35 파울로 프레이리(Paulo Freire, 1921~1997)는 브라질의 교육학자이자 철학자로, 1929년 대공황 시기에 빈곤과 기아를 경험하면서 빈민 문제와 대중 교육에 대한 관심을 가졌습니다. 이후 교육의 혜택을 받지 못하는 약자들에게 이들의 처지를 일깨우고 삶을 변화시키는 의식화의 수단으로 리터러시(literacy, 읽기와 쓰기)를 가르쳐야 한다는 운동을 펼쳤습니다.

36 미셸 푸코(Michel Foucault, 1926~1984)는 프랑스의 저명한 철학자, 사상가, 사회 이론가 및 문학 비평가였습니다. 그는 주로 권력과 지식의 관계를 조명하고, 사회 제도 안에서 이들이 어떻게 사회적 통제를 가능케 하는지를 연구하였습니다. 그의 연구들은 향후 커뮤니케이션, 사회학, 문화 연구, 문학 이론, 페미니즘 및 비판 이론 등의 학계에 영향을 주었습니다.

37 자바(JAVA) 프로그래밍 언어는 오늘날 가장 많이 사용되는 프로그래밍 언어 중 하나이며, 객체 지향의 고급 프로그래밍 언어입니다. 미국의 대규모 온라인 미디어콘텐츠 서비스 회사인 넷플렉스와 세계 최대 규모의 온라인 쇼핑몰 아마존 역시 자바 기반의 온라인 플랫폼을 구축, 운영하고 있습니다.

38 키보는 저자 마리나 유머시 버스가 4~7세 어린아이들을 위해 개발한 로보틱스 플랫폼입니다. 아이들은 별도의 스크린 없이도 나무로 만들어진 키보 블록을 가지고 놀면서 프로그래밍과 엔지니어링을 배울 수 있습니다. 이러한 과정에서 예술과 공예를 통합하기도 합니다.

39 Mark I 컴퓨터는 1937년, 하버드대학교 대학원생이던 하워드 에이킨(Howard H. Aiken)이 자신의 연구에 필요한 수리와 물리 문제들을 해결하려고 개발한 것입니다. 당시 IBM 사와 협력하여 Mark I을 상품화했으며, 이후 군사 목적으로도 사용되었습니다.

40 사이먼 세이즈(Simon Says) 놀이는 세 명 이상의 아이들이 참여하는 게임으로 한 명이 사이먼이 되어 다른 친구들에게 점프하기, 혓바닥 내밀기 등의 신체적 행동을 지시합니다. 다른 친구들은 지시문 앞에 “사이먼 세이즈(Simon Says)”가 붙은 행동들만 따라 해야 합니다. 사이먼의 지시를 틀리지 않고 끝까지 살아남은 사람이 게임에서 승리합니다. 만약 모든 사람이 사이먼의 지시를 틀리게 수행하면, 사이먼 역할을 한 사람이 게임에서 승리하게 됩니다.

41 비고츠키는 아이들의 실제 발달 수준과 잠재적 발달 수준 사이의 영역을 근접 발달 영역(Zone of Proximal Development, ZPD)이라 정의하였습니다. ZPD는 아동이 혼자서는 해결할 수 없지만 또래 친구들이나 멘토 또는 교사의 도움을 받아 해결할 수 있는 과제의 범위를 의미합니다. 이때 아동에게 적절한 도움을 주는 것을 “스캐폴딩(scaffolding) 또는 비계(scaffold) 설정”이라고 합니다.

42 미하이 칙센트미하이(Mihaly Csikszentmihalyi, 1934~)는 헝가리에서 태어난 미국의 저명한 심리학자입니다. 주로 인간이 창의적이고 행복한 삶을 살아가기 위한 방법에 대한 연구를 해왔으며, 현재는 클레어몬트대학원(Claremont Graduate University)의 심리학과 전임교수이자 ‘삶의 질 연구센터(Quality of Life Research Center, QLRC)’의 책임자입니다. 삶의 질 연구센터는 비영리 연구소로, 주로 긍정 심리학, 강점으로서 낙관주의, 창의력, 내재적 동기, 그리고 책임감 관련 연구를 하고 있습니다.

43 피아제의 놀이 발달 단계 이론에 따르면, 0~2세의 감각 운동기의 유아는 부모나 주변 사람들의 행동을 따라 하고 반복하는 놀이를 합니다. 2~6,7세의 전조작기는 상징적 표상이 가능한 시기로, 아이들은 나무토막 하나로도 전화기, 배, 우주선 등 어떤 것이라도 나타낼 수 있습니다. 또한 놀이에서 필요한 역할을 만들고, 누가 어떠한 역할을 할 것인지 협상하며, 놀이의 주제나 가상의 시나리오를 만들어내기도 합니다. 상징적 놀이 과정에서는 아동의 자기중심적 성향이 많이 반영됩니다. 마지막으로 7~11세의 구체적 조작기와 11세 이후의 형식적 조작기 아동들은 놀이 과정에서 사회적 상호작용을 시작, 통제, 유지 및 종료하기 위해 규칙을 만들고 적용합니다. 어떤 규칙들은 공식적이고 정형화되기도 합니다(『정신의 도

구』, 이화여자대학교 출판부).

44 메이크 빌리브 게임(make believe game) 또는 가상 놀이(pretend play)는 일종의 롤 플레이 게임으로, 아이들이 다양한 역할을 수행하면서 창의력과 상상력, 그리고 욕구 등을 표현하는 놀이입니다. 아이들은 자신이 아닌 다른 무언가가 되어보고, 일상에서 실제로 겪는 것이 아닌 가상의 경험을 함으로써 즐거움을 느끼고 창의적으로 생각하게 됩니다. 뿐만 아니라, 놀이를 통해 이전에 습득한 지식을 통합하고 강화시킬 수 있습니다.

45 리버스 엔지니어링(Reverse Engineering)은 특정 기계나 프로그램의 라이브러리를 만들고 싶을 때, 기존의 것을 분해하여 그 속의 구조를 살펴보고 원리를 이해하는 것입니다.

46 ALGOL은 알고리즘 언어(Algorithmic Language)의 약자입니다. 알고리즘 연구 개발을 위해 표준화된 방식으로 개발된 것으로, 알고리즘 언어들을 모두 총칭하는 개념입니다.

47 컴퓨터학회(Association of Computing Machinery, ACM)는 컴퓨터과학 분야의 학술 연구를 목적으로 1947년에 설립된 협회입니다. 컴퓨터과학 분야의 연구자, 교육자를 중심으로 미국의 컴퓨터과학 교육 과정 표준 지침서를 개발 및 보급하는 일에도 많은 노력을 기울이고 있습니다.

48 fMRI(Functional magnetic resonance imaging)는 혈류와 관련된 변화를 감지하여 뇌 활동을 측정하는 기술입니다.

49 미국은 컴퓨터과학 교과에 대한 국가수준의 표준 교육 과정이 없습니다. 컴퓨터학회(Association of Computing Machinery, ACM)와 컴퓨터과학 교사 협회(Computer Science Teachers Association, CSTA)를 중심으로 한 컴퓨터교육협의회를 통해 컴퓨터과학 및 컴퓨팅 사고 관련 가이드라인을 개발, 배배포하고 있습니다. 각 주(state), 지역사회, 단위학교, 교사들이 관련 자료를 참고하여 교육 과정을 개발 및 적용합니다.

50 언플러그드(unplugged)는 컴퓨터가 없는 환경에서 컴퓨터과학 원리나 개념을 쉽게 이해하고 학습할 수 있도록 놀이나 퍼즐을 이용하여 배우는 컴퓨터과학 분야의 교수 학습 방법입니다. 팀벨(Tim Bell) 교수의 언플러그드 공식 홈페이지(https://csunplugged.org/en/)에는 활동 예시나 교육 자료가 무료로 공개되어 있습니다.

51 디지털 비디오 레코더(Digital video recorder)는 영상을 저장하거나 재생할 수 있는 기계입니다.

52 0~3세 사이의 유아들은 배고프거나 불편할 때, 원하는 것을 가질 수 없거나 자신이 뜻대로 되지 않을 때

화를 내는 특징이 있습니다. 이 시기를 발끈 화내는 단계(tantrum stage)라고 말합니다. 이 시기에는 아동이 표현할 수 있는 언어가 적어서 신체적인 표현으로 감정이나 의사를 표현하며 언어 능력이 향상됨에 따라 화를 내는 경우가 점점 감소하게 됩니다. 부모는 아동이 화를 내거나 부정적인 감정을 표현하면 적절히 대응하여 아이가 좌절감을 다루는 방법을 배우고, 부모에 대한 신뢰를 가질 수 있도록 해야 합니다.

53 틴커러(tinkerers)는 분명한 목적 없이도 자신의 흥미와 관심 분야의 일을 즐겁게, 반복적으로, 꾸준히 진행하여 기대하지 않았던 뜻밖의 성취를 이루는 사람들을 의미합니다. 그리고 이러한 과정을 틴커링(tinkering)이라 합니다. 처음에는 특별한 의도 없이 레고 블록을 이리저리 쌓고 있었던 아동이 '판타지성'을 만들기로 결심하고 완성하는 것 역시 틴커링의 예시입니다.

54 브리콜레어(bricoleurs)는 문제를 분석하여 해결하는 방식이 아닌, 다양한 방법을 시험하고 테스트하며 즐기는 방식으로 해결하는 것을 의미합니다. 브리콜레어 방식으로 문제를 해결하는 것은 자신만의 사고 방식을 계발하는 데 도움이 됩니다.

55 바람직한 청소년 발달(Positive Youth Development, PYD) 프레임워크는 아동과 청소년이 건강한 비전을 갖고, 생산적이고, 바람직하게 성장할 수 있도록 지역사회 및 관련 정책 역시 함께 협력해야 함을 보여줍니다. 프레임워크는 Asset, Agency, Contribution, Enabling 등의 주요 요소로 구성되며, 이 중에서 자산(Asset)은 청소년이 바람직한 성장을 하는 데 필요한 개인적 자원, 기술 및 역량 등을 의미합니다.

56 에드워드 스노든(Ed Snowden, 1983~)은 중앙정보국(CIA)과 미국 국가안보국(NSA)에서 일했던 컴퓨터 기술자입니다. 그는 지난 2013년 〈가디언〉 지를 통해 미국 내 통화감찰 기록과 PRISM 감시 프로그램 등 NSA의 다양한 기밀문서를 공개했습니다. 스노든은 자신의 폭로가 대중의 이름으로 자행되는 내부 문제들을 대중들에게 알리기 위한 방법이라 생각했습니다. 그러나 스노든의 내부 문서 공개는 미국 내외에서 수많은 논란을 불러일으켰습니다.

57 스크래치 주니어의 명령어 블록 살펴보기.
https://www.scratchjr.org/learn/blocks

58 PBS KIDS ScratchJr 공식 홈페이지. http://pbskids.org/learn/scratchjr/
(크롬 및 익스플로어에서 검색 요망)

59 'CPB-PBS Ready To Learn Initiative 2010-2015' 프로젝트는 미국의 공영방송 기구인 CPB와 공영방송 서비스인 PBS가 협력하여 진행한 프로젝트입니다. 미국은 이 프로젝트를 통해 유치원에 다니지 않는 미국의 3~4세 아동들에게 TV, 온라인 및 모바일 매체를 통한 교육 콘텐츠를 제공하고, 특히 저소득층의 아동들이 취학 전에 일정 수준 이상의 수학 능력 및 리터러시 함양하는 데 도움을 주었습니다.

60 스크래치 주니어 가족의 날.
https://www.scratchjr.org/outreach/about

61 킨더랩 로보틱스(KinderLab Robotics) 공식 홈페이지.
http://www.kinderlabrobotics.com/

62 스크린 화면에서 그래픽 명령어 블록을 조합하거나 텐저블 나무 블록을 조합하여 프로그래밍할 수 있습니다.

63 내셔널 로보틱스 챌린지(National Robotics Challenge) : 1986년, 노던 미시간 대학교(Northern Michigan University)의 톰 메라비(Tom Meravi)교수와 제임스 하네만(James Hannemann) 박사가 로봇 공학 및 엔지니어링 챌린지를 개최한 것을 시작으로 매년 로보틱스 경진대회를 개최하고 있습니다. 초등학생 · 중학생 · 고등학생 등 학교급 별 대회에 참여할 수 있습니다.
※ 내셔널 로보틱스 챌린지 공식 홈페이지 http://www.thenrc.org/

64 퍼스트(For Inspiration and Recognition of Science and Technology, FIRST) : 발명가 딘 카멘(Dean Kamen)이 청소년들의 과학기술 분야에 대한 관심과 참여를 높이기 위해 1989년에 설립한 비영리 단체입니다. 매년 9~12학년 대상 '퍼스트 로봇공학 대회(FIRST Robotics Competition)', 7~12학년 대상 '퍼스트 테크 챌린지(FIRST Tech Challenge)', 4~8학년 대상 '퍼스트 레고 리그(FIRST Lego League)', 유치원부터 4학년 대상 '퍼스트 레고 리그 주니어 대회(FIRST Lego League JR.)'를 개최하고 있습니다.
청소년들은 퍼스트 대회를 통해 엔지니어 멘토들의 도움을 받아 대회에 출전시킬 로봇을 직접 설계, 제작, 프로그래밍, 테스트해 봅니다. 우수 로봇은 백악관에 초청되기도 합니다.
※ FIRST 공식 홈페이지 https://www.firstinspires.org/

65 리틀비츠(LittleBits): 어린이, 초보자들도 쉽고 재미있게 전자 발명품을 만들 수 있도록 구성된 키트입니다. 복잡한 프로그래밍을 하지 않아도, 원격 제어 장치와 스마트 홈 제품들까지도 만들 수 있는 키트들이 다양하게 출시되어 있습니다.
※ 리틀비츠 공식 홈페이지 https://www.littlebits.com/

66 태블릿 카트(Tablet carts) : 여러 대의 태블릿 PC들을 한꺼번에 보관 및 운반할 수 있는 카트로, 태블릿을 충전시킬 수 있는 개별 충전기가 내장되어 있는 상품들이 출시되어 있습니다.

67 센터 타임(center time) : 아동이 여러 교실이나 교실 주변의 장소에 찾아가서 활동을 하는 시간으로, 아동의 수학이나 리터러시 향상을 위한 활동뿐 아니라 예술활동, 신체활동 등의 다양한 주제의 활동으로 구성됩니다. 아이들은 센터 타임에 소그룹 또는 개인 단위로 참여하며, 활동을 통해 사회적 상호작용, 시간관리, 자기조절 등에 대해서도 학습할 수 있습니다.

〉〉 출처 : FUN A DAY 공식 홈페이지 "WHAT ARE CENTERS IN PRESCHOOL AND WHY ARE THEY IMPORTANT?"
https://fun-a-day.com/centers-in-preschool-kindergarten/

68 시모어 페퍼트는 "교육용 컴퓨팅의 아버지"라 불립니다. 그는 어린이들이 컴퓨터를 다루며 즐겁게 탐구하고 실험하며 학습할 수 있기를 바랐습니다. 어린아이들을 위한 프로그래밍 언어인 로고를 1967년에 창시하였으며, 구성주의(Constructionism) 교육 철학의 이론적 토대를 마련하였습니다.

69 메이커 스페이스(MakerSpace)는 학교나 도서관, 공공 또는 민간 시설에서 운영하는 공동 작업 공간입니다. 여러 명의 사람들이 함께 작품을 만들고, 탐구하고, 학습할 수 있도록 3D 프린터, 레이저 커터, CNC 기계 등 테크놀로지 도구들이 구비되어 있습니다.

70 발달테크놀로지연구그룹(Developmental Technologies Research Group, DevTech)에서는 인지과학, 교육, 아동발달, 기계 공학, 인간 요인(human factors), 컴퓨터과학과 같은 다양한 분야의 연구자들이 함께 협력하여 학제 간 연구를 진행하고 있습니다.

71 *Blocks to Robots: Learning With Technology in the Early Childhood Classroom*(2008, Teacher's College Press)

72 *Designing Digital Experiences for Positive Youth Development: From Playpen to Playground*(2012, Oxford University Press)

73 *The Official ScratchJr Book*(2015, No Starch Press)

이 책을 소개합니다

A Framework for K12 Computer Science Education. (2016). A Framework for K12 computer science education. N.p. Web. 13 July 2016. Retrieved from https://k12cs.org/about/

Australian Curriculum Assessment and Reporting Authority. (2015). Digital technologies: Sequence. Retrieved from www.acara.edu.au/_resources/ Digital_Technologies_-_Sequence_of_content.pdf

Balanskat, A., & Engelhardt, K. (2015). Computing our future. Computer programming and coding. Priorities, school curricula and initiatives across Europe. European Schoolnet, Brussels.

Barron, B., Cayton-Hodges, G., Bofferding, L., Copple, C., Darling- Hammond, L., & Levine, M. (2011). Take a giant step: A blueprint for teaching children in a digital age. New York: The Joan Ganz Cooney Center at Sesame Workshop.

Bers, M. U. (2008). Blocks, robots and computers: Learning about technology in early childhood. New York: Teacher's College Press.

Bers, M. U. (2012). Designing digital experiences for positive youth development: From playpen to playground. Cary, NC: Oxford.

Bers, M. U., Seddighin, S., & Sullivan, A. (2013). Ready for robotics: Bringing together the T and E of STEM in early childhood teacher education. Journal of Technology and Teacher Education, 21(3), 355 - 377.

Code.org. (2016). Promote computer science. Retrieved from https://code. org/promote

Computer Science Education Week. (2016). Retrieved from https://csed week.org/

Cunha, F., & Heckman, J. (2007). The technology of skill formation. American Economic Review, 97(2), 31 - 47.

DevTech Research Group. (2016). Retrieved from ase.tufts.edu/devtech/

Digital News Asia. (2015). IDA launches S$1.5m pilot to roll out tech toys for preschoolers.

Elkin, M., Sullivan, A., & Bers, M. U. (2014). Implementing a robotics curriculum in an early childhood Montessori classroom. Journal of Information Technology Education: Innovations in Practice, 13, 153 - 169.

European Schoolnet. (2014). Computing our future: Computer programming and coding. Belgium: European Commission.

Heckman, J. J., & Masterov, D. V. (2004). The productivity argument for investing in young children. Technical Report Working Paper No. 5, Committee on Economic Development.

ISTE (International Society for Technology in Education). (2007). NETS for students 2007 profiles. Washington, DC: ISTE. Retrieved from www.iste.org/standards/netsforstudents/netsforstudents2007profiles. aspx#PK2

Kazakoff, E. R., & Bers, M. U. (2014). Put your robot in, Put your robot out: Sequencing through programming robots in early childhood. Journal of Educational Computing Research, 50(4).

Learning First Alliance. (1998). Every child reading: An action plan of the Learning First Alliance. American Educator, 22(1 - 2), 52 - 63.

Lifelong Kindergarten Group. (2016). Scratch. Retrieved from https://llk. media.mit.edu/projects/783/

Livingstone, I. (2012). Teach children how to write computer programs. The Guardian. Guardian News and Media. Retrieved from www.the guardian.com/commentisfree/2012/jan/11/teachchildrencomputer programmes

Madill, H., Campbell, R. G., Cullen, D. M., Armour, M. A., Einsiedel, A. A., Ciccocioppo, A. L., & Coffin, W. L. (2007). Developing career commitment in STEM-related fields: Myth versus reality. In R. J. Burke, M. C. Mattis, & E. Elgar (Eds.), Women and minorities in science, technology, engineering and mathematics: Upping the numbers (pp. 210 - 244). Northhampton, MA: Edward Elgar Publishing.

Markert, L. R. (1996). Gender related to success in science and technology. The Journal of Technology Studies, 22(2), 21 - 29.

McIntosh, K., Horner, R. H., Chard, D. J., Boland, J. B., & Good III, R. H. (2006). The use of reading and behavior screening measures to predict non-response to schoolwide positive behavior support: A longitudinal analysis. School Psychology Review, 35(2), 275.

Metz, S. S. (2007). Attracting the engineering of 2020 today. In R. Burke & M. Mattis (Eds.), Women and minorities in science, technology, engineer- ing and mathematics: Upping the numbers (pp. 184 - 209). Northampton, MA: Edward Elgar Publishing.

National Association for the Education of Young Children (NAEYC) & Fred Rogers Center. (2012). Technology and interactive media as tools in early childhood programs serving children from birth through age 8. Retrieved from www.naeyc.org/files/naeyc/file/positions/PS_technology_WEB2.pdf

Sesame Workshop. (2009). Sesame workshop and the PNC Foundation join White House effort on STEM education. Retrieved from www.sesame workshop.org/newsandevents/pressreleases/stemeducation_11212009

Siu, K., & Lam, M. (2003). Technology education in Hong Kong: Interna- tional implications for implementing the "Eight Cs" in the early childhood curriculum. Early Childhood Education Journal, 31(2), 143 - 150.

Smith, M. (2016). Computer science for all. The White House blog. Retrieved from www.whitehouse.gov/blog/2016/01/30/computerscienceall

Steele, C. M. (1997). A threat in the air: How stereotypes shape intellectual identity and performance. American Psychologist, 52, 613 - 629.

Sullivan, A., & Bers, M. U. (2015). Robotics in the early childhood class- room: Learning outcomes from an 8-week robotics curriculum in pre-kindergarten through second grade. International Journal of Technology and Design Education. Online First.

Sullivan, A., & Bers, M. U. (2017). Dancing robots Integrating art, music, and robotics in Singapore's early childhood centers. Internat

어떻게 코딩을 가르칠 것인가

1장 프로그래밍 언어의 유래

Ackermann, E. (2001). Piaget's Constructivism, Papert's Constructionism: What's the difference? Future of Learning Group Publication, 5(3), 438.

Bers, M. U. (2008). Blocks to robots: Learning with technology in the early childhood classroom. New York, NY: Teachers College Press.

Diffily, D., & Sassman, C. (2002). Project based learning with young children. 88 Post Road West, PO Box 5007, Westport, CT 06881 - 5007: Heinemann, Greenwood Publishing Group, Inc.

Hafner, K., & Lyon, M. (1996). Where wizards stay up late: The origins of the Internet (1st Touchstone ed.). New York: Simon and Schuster.

Krajcik, J. S., & Blumenfeld, P. (2006). Project based learning. In R. K. Saw- yer (Ed.), Cambridge handbook of the learning sciences (pp. 317 - 333). New York: Cambridge University Press.

MIT LOGO Memos. (1971 - 1981). Memo collection. Retrieved from www. sonoma.edu/users/l/luvisi/logo/logo.memos.html

Papert, S., & Harel, I. (1991). Situating constructionism. Constructionism, 36(2), 1 - 11.

Rinaldi, C. (1998). Projected curriculum constructed through documentation Progettazione: An interview with Lella Gandini. In C. Edwards, L. Gandini, & G. Forman (Eds.), The hundred languages of children: The Reggio Emilia approach Advanced reflections (2nd ed., pp. 113 - 125). Greenwich, CT: Ablex. Solomon, C. (2010). Logo, Papert and Constructionist learning. Retrieved Novemb

2장 코딩으로 읽고 쓰다

Bhola, H. S. (1984). Campaigning for literacy: Eight national experiences of the twentieth century, with a memorandum to decision makers. Paris: UNESCO.

Bhola, H. S. (1997). What happened to the mass campaigns on their way to the twenty-first century? NORRAG, Norrag News, 21, August 1997, 27 - 29. Retrieved from http://norrag.t3dev1.crossagency.ch/en/ publications/norragnews/onlineversion/ thefifthinternationalconference onadulteducation/detail/whathappenedtothemasscampaignsont heirway tothetwentyfirstcentury.html (Accessed 07 March 2014).

Bruner, J. S. (1975). The ontogenesis of speech acts. Journal of Child Language, 2, 1 - 19.

Bruner, J. S. (1985). Child's talk. Cambridge: Cambridge University Press.

Chomsky, N. (1976). On the biological basis of language capacities. In The neuropsychology of language (pp. 1 - 24). New York: Springer.

DiSessa, A. A. (2001). Changing minds: Computers, learning, and literacy. Cambridge, MA: MIT Press.

Dyson, A. H. (1982). Reading, writing, and language: Young children solving the written language puzzle. Language Arts, 59(8), 829 - 839.

Foucault, M., Martin, L. H., Gutman, H., & Hutton, P. H. (1988). Technologies of the self: A seminar with Michel Foucault. Amherst, MA: University of Massachusetts Press.

Graham, S., McKeown, D., Kiuhara, S., & Harris, K. R. (2012). A meta-analysis of writing instruction for students in the elementary grades. Journal of Educational Psychology, 104(4), 879.

Graham, S., & Perin, D. (2007). Writing next: Effective strategies to improve writing of adolescents in middle and high schools. A report to Carnegie Corporation of New York. Washington, DC: Alliance for Excellent Education.

Graves, D. H. (1994). A fresh look at writing. 361 Hanover St., Portsmouth, NH 03801 - 3912: Heinemann. (ISBN0435088246, $20).

Katz, L. G., & Chard, S. C. (1996). The contribution of documentation to the quality of early childhood education. ERIC Digest. Champaign, IL: ERIC Clearinghouse on Elementary and Early Childhood Education. ED 393 608.

Ong, W. (1982). Orality and literacy: The technologizing of the word. London: Methuen.

Ong, W. (1986). Writing is a technology that restructures thought. In G. Baumann (Ed.), The written word: Literacy in transition (pp. 23 - 50). Oxford: Clarendon Press; New York: Oxford University Press.

Papert, S. (1987). Computer criticism vs. technocentric thinking. Educational Researcher, 16(1), 22 - 30.

Papert, S. (2005). You can't think about thinking without thinking about thinking about something. Contemporary Issues in Technology and Teacher Education, 5(3 - 4), 366 - 367.

Resnick, M., & Siegel, D (2015 Nov 10). A different approach to coding: How kids are making and remaking themselves from Scratch [Web blog post]. Bright: What's new in education. Retrieved June 29, 2017 from https:// brightreads.com/a-different-approach-to-coding-d679b06d83a

Taylor, D. (1983). Family literacy: Young children learning to read and write. 70 Court St., Portsmouth, NH 03801: Heinemann Educational Books Inc.

Tjosvold, D., & Johnson, D. W. (1978). Controversy within a cooperative or competitive context and cognitive perspective taking. Contemporary Educational Psychology, 3(4), 376 - 386.

Tudge, J., & Rogoff, B. (1999). Peer influences on cognitive development: Piagetian and Vygotskian perspectives. Lev Vygotsky: Critical Assessments, 3, 32 - 56.

Tudge, J. R., & Winterhoff, P. A. (1993). Vygotsky, Piaget, and Bandura: Perspectives on the relations between the social world and cognit

3장 아이 수준에 맞는 프로그래밍 언어

BeeBot Home Page. (n.d). Retrieved November 17, 2016, from www.beebot.us/

Biggs, J. (2013). LightBot teaches computer science with a cute little robot and some symbol based programming. Tech Crunch. Retrieved from https://techcrunch.com/2013/06/26/lightbotteachescomputerscience withacutelittlerobotandsomesymbolbasedprogramming/

Daisy the Dinosaur on the App Store. (n.d). Retrieved November 17, 2016, from www.daisythedinosaur.com/

Eaton, K. (2014). Programming apps teach the basics of code. The New York Times. Retrieved from www.nytimes.com/2014/08/28/technology/ personaltech/getcrackingonlearningcomputercode.html

Lightbot. (n.d). Retrieved November 17, 2016, from http://lightbot.com/

Maney, K. (2014). Computer programming is a dying art. Newsweek. Retrieved from www.newsweek.com/2014/06/06/computerprogramming dyingart252618.html

Shapiro, D. (2015). Hot seat: The startup CEO guidebook. New York: O

4장 코딩은 아이들의 놀이터

American Academy of Pediatrics. (2016). Media and young minds. Pediatrics, 138(5). doi: 10.1542/peds.2016-2591, 1 - 8.

Berk, L. E., & Meyers, A. B. (2013). The role of make-believe play in the development of executive function: Status of research and future directions. American Journal of Play, 6(1), 98.

Byers, J. A., & Walker, C. (1995). Refining the motor training hypothesis for the evolution of play. American Naturalist, 146(1), 25 - 40.

Csikszentmihalyi, M. (1981). Some paradoxes in the definition of play. In A. T. Cheska (Ed.), Play as context (pp. 14 - 26). West Point, NY: Leisure Press.

Dennison, P. E., & Dennison, G. (1986). Brain gym: Simple activities for whole brain learning. Glendale, CA: EduKinesthetics, Inc.

Erickson, R. J. (1985). Play contributes to the full emotional development of the child. Education, 105, 261 - 263.

Fromberg, D. P. (1990). Play issues in early childhood education. In C. Seedfeldt (Ed.), Continuing issues in early childhood education (pp. 223 - 243). Columbus, OH: Merrill.

Fromberg, D. P., & Gullo, D. F. (1992). Perspectives on children. In L. R. Williams & D. P. Fromberg (Eds.), Encyclopedia of early childhood education (pp. 191 - 194). New York: Garland Publishing, Inc.

Frost, J. L. (1992). Play and playscapes. Albany, NY: Delmar, G.

Garvey, C. (1977). Play. Cambridge, MA: Harvard University Press.
Johnsen, E. P., & Christie, J. F. (1986). Pretend play and logical operations. In K. Blanchard (Ed.), The many faces of play (pp. 50 - 58). Champaign, IL: Human Kinetics.

Lakoff, G., & Johnson, M. (1980). Metaphors we live by Chicago. Chicago University.

McElwain, E. L., & Volling, B. L. (2005). Preschool children's interactions with friends and older siblings: Relationship specificity and joint contributions to problem behaviors. Journal of Family Psychology, 19, 486 - 496.

Papert, S. (1980). Mindstorms: Children, computers, and powerful ideas. New York: Basic Books, Inc.

Pellegrini, A., & Smith, P. (1998). Physical activity play: The nature and function of a neglected aspect of play. Child Development, 69(3), 577 - 598. Piaget, J. (1962). Play, dreams, and imitation in childhood. New York: W. W.Norton & Co.

Russ, S. W. (2004). Play in child development and psychotherapy. Mah-wah, NJ: Earlbaum.

Scarlett, W. G., Naudeau, S., Ponte, I., & Salonius-Pasternak, D. (2005). Children's play. Thousand Oaks, CA: Sage Publications.

Shaheen, S. (2014). How child's play impacts executive function—Related behaviors. Applied Neuropsychology: Child, 3(3), 182 - 187.

Singer, D. G., & Singer, J. L. (2005). Imagination and play in the electronic age. Cambridge, MA: Harvard University Press.

Strawhacker, A. L., & Bers, M. U. (2015). "I want my robot to look for food": Comparing children's programming comprehension using tangible, graphical, and hybrid user interfaces. International Journal of Technology and Design Education, 25(3), 293 - 319.

Strawhacker, A. L., Lee, M.S.C., & Bers, M. (2017). Teaching tools, teacher's rules: Exploring the impact of teaching styles on young children's programming knowledge in ScratchJr. The International Journal of Technology and Design Education. doi: 10.1007/s10798-017-9400-9

SuttonSmith, B. (2009). The ambiguity of play. Cambridge, MA: Harvard University Press.
Vygotsky, L. (1966). Play and its role in the mental development of the child. Soviet Psychology, 5(3), 6 - 18.

Vygotsky, L. (1978).

아이들에게 필요한 컴퓨팅 사고력

5장 컴퓨팅 사고는 무엇일까

A Framework for K-12 Computer Science Education. (2016). A framework for K12 computer science education. N.p. Web. 13 July 2016. Retrieved from https://k12cs.org/about/

Allan, W., Coulter, B., Denner, J., Erickson, J., Lee, I., Malyn-Smith, J., & Martin, F. (2010). Computational thinking for youth. White Paper for the NSF(National Science Foundation)'s Innovative Technology Experiences for Students and Teachers (ITEST) Small Working Group on Computational Thinking (CT). Retrieved from: http://stelar.edc.org/sites/stelar.edc.org/ files/

Computational_Thinking_paper.pdf

Barr, V., & Stephenson, C. (2011). Bringing computational thinking to K-12: What is involved and what is the role of the computer science education community? ACM Inroads, 2(1), 48 - 54.

Bell, T. C., Witten, I. H., & Fellows, M. R. (1998). Computer science unplugged: Off-line activities and games for all ages. Computer Science Unplugged

Bers, M. (2008). Blocks to robots: Learning with technology in the early childhood classroom. New York, NY: Teachers College Press.

Bers, M. U. (2010). The tangible K robotics program: Applied computational thinking for young children. Early Childhood Research and Practice, 12(2).

Bers, M. U., & Fedorenko. (2016). The cognitive and neural mechanisms of computer programming in young children: Storytelling or solving puzzles?, NSP Proposal.

Bers, M. U., Ponte, I., Juelich, K., Viera, A., & Schenker, J. (2002). Teachers as designers: Integrating robotics in early childhood education information technology in childhood education. In AACE (123 - 145).

Brennan, K., & Resnick, M. (2012). New frameworks for studying and assessing the development of computational thinking. Proceedings of the 2012 annual meeting of the American Educational Research Association, Vancouver, Canada.

Cejka, E., Rogers, C., & Portsmore, M. (2006). Kindergarten robotics: Using robotics to motivate math, science, and engineering literacy in elementary school. International Journal of Engineering Education, 22(4), 711 - 722.

Clements, D. H., & Gullo, D. F. (1984). Effects of computer programming on young children's cognition. Journal of Educational Psychology, 76(6), 1051 - 1058. doi: 10.1037/0022-0663.76.6.1051

Clements, D. H., & Meredith, J. S. (1992). Research on logo: Effects and efficacy. Retrieved from http://el.media.mit.edu/logo-foundation/pubs/ papers/research_logo.html

Flannery, L. P., & Bers, M. U. (2013). Let's dance the "robot hokey-pokey!": Children's programming approaches and achievement throughout early cognitive development. Journal of Research on Technology in Education, 46(1), 81 - 101.

Grover, S., & Pea, R. (2013). Computational thinking in K - 12: a review of the state of the field. Educational Researcher, 42(1), 38 - 43.

Guzdial, M. (2008). Paving the way for computational thinking. Communications of the ACM, 51(8), 25 - 27.

International Society for Technology Education and The Computer Science Teachers Association 2011.

ISTE & Computer Science Teachers Association. (2011). Operational definition of computational thinking for K - 12 education.

Kamenetz, A. (2015). Engage kids with coding by letting them design, create, and tell stories. Retrieved from https://ww2.kqed.org/mindshift/2015/12/15/ engage-kids-with-coding-by-letting-them-design-create-and-tell-stories/

Kazakoff, E. R., & Bers, M.U. (2011). The Impact of Computer Programming on Sequencing Ability in Early Childhood. Paper presented at American Educational Research Association Conference(AERA), 8 - 12 April, 2011, Louisiana: New Orleans.

Kazakoff, E. R., & Bers, M. U. (2014). Put your robot in, put your robot out: Sequencing through programming robots in early childhood. Journal of Educational Computing Research, 50(4), 553 - 573.

Kazakoff, E., Sullivan, A., & Bers, M. U. (2013). The effect of a classroom- based intensive robotics and programming workshop on sequencing ability in early childhood. Early Childhood Education Journal, 41(4), 245 - 255. doi: 10.1007/s10643-012-0554-5

Lee, I., Martin, F., Denner, J., Coulter, B., Allan, W., Erickson, J., . . . Werner, L. (2011). Computational thinking for youth in practice. ACM Inroads, 2, 32 - 37.

Maguth, B. (2012). In defense of the social studies: Social studies programs in STEM education. Social Studies Research and Practice, 7(2), 84.

National Academies of Science. (2010). Report of a workshop on the scope and nature of computational thinking. Washington, DC: National Academies Press.

National Research Council (US). (2010). Report of a workshop on the scope and nature of computational thinking. Washington, DC: National Academies Press.

Papert, S. (1980). Mindstorms: Children, computers and powerful ideas. New York: Basic Books.

Perlis, A. (1962). The computer in the university. In M. Greenberger (Ed.), Computers and the world of the future (pp. 180 - 219). Cambridge, MA: MIT Press.

Perlis, A. J. (1982). Epigrams on programming. Sig Plan Notices, 17(9), 7 - 13.

Perlman, R. (1976). Using Computer Technology to Provide a Creative Learning Environment for Preschool Children. MIT Logo Memo #24, Cambridge, MA.

Portelance, D. J., & Bers, M. U. (2015). Code and Tell: Assessing young children's learning of computational thinking using peer video interviews with ScratchJr. In Proceedings of the 14th International Conference on Interaction Design and Children (IDC '15). ACM, Boston, MA, USA.

Resnick, M., & Siegel, D. (2015). A different approach to coding. Bright/Medium.

Robelen, E. W. (2011). STEAM: Experts make case for adding arts to STEM. Education Week, 31(13), 8.

Solomon, J. (2005). Programming as a second language. Learning & Leading with Technology, 32(4), 34 - 39.

STEM to STEAM. (2016). Retrieved July 27, 2016, from http://stemtosteam.org/

Sullivan, A., & Bers, M.U. (2015). Robotics in the early childhood class- room: Learning outcomes from an 8-week robotics curriculum in prekindergarten through second grade. International Journal of Technology and Design Education. Online First.

Wilson, C., Sudol, L. A., Stephenson, C., & Stehlik, M. (2010). Running on empty: The failure to teach K-12 computer science in the digital age. New York, NY: The Association for Computing Machinery and the Computer Science Teachers Association.

Wing, J. (2006). Computational thinking. Communications of the ACM, 49(3), 33 - 36.

Wing, J. (2008). Computational Thinking and Thinking About Computing [Powerpoint Slides]. Retrieved from: https://www.cs.cmu.edu/afs/cs/usr/ wing/www/talks/ct-and-tc-long.pdf

Wing, J. (2011). Research notebook: Computational thinking—What and why? The Link Magazine, Spring.

6장 아이들을 위한 코딩 커리큘럼

Bers, M. (2008). Blocks to robots: Learning with technology in the early childhood classroom. New York, NY: Teachers College Press.

Brennan, K., & Resnick, M. (2012). New frameworks for studying and assessing the development of computational thinking. In Proceedings of the 2012 Annual Meeting of the American Educational Research Association, April, Vancouver, Canada (pp. 1 - 25).

Bruner, J. (1960). The Process of education. Cambridge, MA: Harvard University Press.

Bruner, J. S. (1975). Entry into early language: A spiral curriculum: The Charles Gittins memorial lecture delivered at the University College of Swansea on March 13, 1975. University College of Swansea.

Eggert, R. (2010). Engineering design (2nd ed.). Meridian, Idaho: High Peak Press.

Ertas, A., & Jones, J. (1996). The engineering design process (2nd ed.). New York, NY: John Wiley & Sons, Inc.

Fisher, A., & Margolis, J. (2002). Unlocking the clubhouse: The Carnegie Mellon experience. ACM SIGCSE Bulletin, 34(2), 79 - 83.

Google for Education. (2010). Exploring computational thinking. Retrieved from www.google.com/edu/resources/programs/exploring-computational- thinking/index.html#!home

International Technology and Engineering Education Association. (2007). Standards for technological literacy. Retrieved from www.iteea.org/ 67767.aspx

Mangold, J., & Robinson, S. (2013). The engineering design process as a problem solving and learning tool in K-12 classrooms. Published in the proceedings of the 120th ASEE Annual Conference and Exposition. Georgia World Congress Center, Atlanta, GA, USA.

Massachusetts Department of Education. (2001). Massachusetts science and technology/engineering curriculum framework. Malden, MA: Massachusetts Department of Education.

National Governors Association Center for Best Practices, & Council of Chief State School Officers. (2010). Common core state standards. Washington DC: National Governors Association Center for Best Practices, Council of Chief State School Officers.

O'Conner, B. (2000). Using the design process to enable primary aged children with severe emotional and behavioural difficulties (EBD) to communicate more effectively. The Journal of Design and Technology Education, 5(3), 197 - 201.

Papert, S. (2000). What's the big idea? Toward a pedagogy of idea power. IBM Systems Journal, 39(3.4), 720 - 729.

Portelance, D. J., Strawhacker, A. L., & Bers, M. U. (2015). Constructing the ScratchJr programming language in the early childhood classroom. International Journal of Technology and Design Education, 29(4), 1 - 16.

Richmond, G. (2000). Exploring the complexities of group work in science class: A cautionary tale of voice and equitable access to resources for learning. Journal of Women and Minorities in Science and Engineering, 6(4), 295 - 311.

Rosser, S. V. (1990). Female-friendly science: Applying women's studies methods and theories to attract students. London: Pergamon.

Sadler, P. M., Coyle, H. P., & Schwartz, M. (2000). Engineering competitions in the middle school classroom: Key elements in developing effective design challenges. The Journal of the Learning Sciences, 9(3), 299 - 327.

Sullivan, A., & Bers, M. U. (2015). Robotics in the early childhood class- room: Learning outcomes from an 8-week robotic

7장 코딩하기

Bers, M. (2008). Blocks to robots: Learning with technology in the early childhood classroom. New York, NY: Teachers College Press.

International Society for Technology in Education (ISTE). (2016). Standards for students. Retrieved from www.iste.org/standards/standards/ for-students-2016

Massachusetts Department of Elementary and Secondary Education. (2016). 2016 Massachusetts science and technology/engineering curriculum framework. Retrieved from www.doe.mass.edu/frameworks/scitech/2016-04.pdf

Resnick, M. (2001). Lifelong Kindergarten. In Presentation delivered at the Annual Symposium of the Forum for the Future of Higher Education, Aspen, Colorado.

Resnick, M. (2007). All I really need to know (about creative thinking) I learned (by studying how children learn) in kindergarten. In Proceedings of the 6th ACM SIGCHI Conference on Creativity & Cognition, June (pp. 1 - 6). ACM.

Resnick, M. (2008). Sowing the seeds for a more creative society. Learning & Leading with Technology, 35(4), 18 - 22.

Turkle, S.

8장 아이들의 성장을 돕는 코딩

Abraham Joshua Heschel. (n.d.). BrainyQuote.com. Retrieved May 10, 2017, from BrainyQuote.com Web site www.brainyquote.com/quotes/ quotes/a/abrahamjos106291.html

Baltes, P. B. (1997). On the incomplete architecture of human ontogeny: Selection, optimization, and compensation as foundation of develop- mental theory. American psychologist, 52(4), 366 - 380.

Bamford, J. (2014). Edward Snowden: The untold story. WIRED Magazine, August.

Beals, L., & Bers, M. U. (2009). A developmental lens for designing virtual worlds for children and youth. The International Journal of Learning and Media, 1(1), 51 - 65.

Bers, M. (2001). Identity construction environments: Developing personal and moral values through the design of a virtual city. The Journal of the Learning Sciences, 10(4), 365 - 415. NJ: Lawrence Erlbaum Associates, Inc.

Bers, M. U. (2010a). Beyond computer literacy: Supporting youth's positive development through technology. New Directions for Youth Development, 128, 13 - 23.

Bers, M. U. (2010b). The tangible K robotics program: Applied computational thinking for young children. Early Childhood Research and Practice, 12(2).

Bers, M. U. (2012). Designing digital experiences for positive youth development: From playpen to playground. Cary, NC: Oxford.

Bers, M. U., Matas, J., & Libman, N. (2013). Livnot u'lehibanot, to build and to be built: Making robots in kindergarten to explore Jewish identity. Diaspora, Indigenous, and Minority Education: Studies of Migration, Integration, Equity, and Cultural Survival, 7(3), 164 - 179.

Bers, M. U., & Urrea, C. (2000). Technological prayers: Parents and children exploring robotics and values. In A. Druin & J. Hendler (Eds.), Robots for kids: Exploring new technologies for learning experiences (pp. 194 - 217). New York: Morgan Kaufman.

Biermann, F., & Pattberg, P. (2008). Global environmental governance: Taking stock, moving forward. Annual Review of Environment and Resources, 33, 277 - 294.

Blair, C. (2002). School readiness: Integrating cognition and emotion in a neurobiological conceptualization of children's functioning at school entry. American Psychologist, 57(2), 111.

Blum-Kulka, S., & Snow, C. E. (Eds.). (2002). Talking to adults: The contribution of multiparty discourse to language acquisition. Mahwah, NJ: Erlbaum.

Cassidy, S., & Eachus, P. (2002). Developing the computer user self-efficacy (CUSE) scale: Investigating the relationship between computer self- efficacy, gender and experience with computers. Journal of Educational Computing Research, 26(2), 133 - 153.

Clements, D., & Sarama, J. (2003). Young children and technology: What does the research say? Young Children, 58(6), 34 - 40.

Coffin, R. J., & MacIntyre, P. D. (1999). Motivational influences on computer related affective states. Computers in Human Behavior, 15(5), 549 - 569.

Colby, A., & Damon, W. (1992). Some do care: Contemporary lives of moral commitment. New York: Free press.

Cordes, C., & E. Miller, eds. (2000). Fool's Gold: A Critical Look at Computers in Childhood. College Park, MD: Alliance for Childhood. Retrieved from: http://drupal6.allianceforchildhood.org/fools_gold

Cunha, F., & Heckman, J. (2007). The technology of skill formation. American Economic Review, 97(2), 31 - 47.

Damon, W. (1990). Moral child: Nurturing children's natural moral growth. New York: Free Press.

Dweck, C. S. (2006). Mindset: The new psychology of success. New York: Random House.

Freund, A. M., & Baltes, P. B. (2002). Life-management strategies of selection, optimization and compensation: Measurement by self-report and construct validity. Journal of personality and social psychology, 82(4), 642 - 662.

Gellman, B., Blake, A., & Miller, G. (2013). Edward Snowden comes forward as source of NSA leaks. The Washington Post, 6(9), 13.

Heckman, J. J., & Masterov, D. V. (2007). The productivity argument for investing in young children. Applied Economic Perspectives and Policy, 29(3), 446 - 493.

Kato, H., & Ide, A. (1995, October). Using a game for social setting in a learning environment: AlgoArena—a tool for learning software design. Published in the proccedings of the first international conference on Computer support for collaborative learning (pp. 195 - 199). Indiana University, Bloomington, Indiana, USA.

Kohlberg, L. (1973). Continuities in childhood and adult moral development revisited. Moral Education Research Foundation.

Lee, K., Sullivan, A., & Bers, M. U. (2013). Collaboration by design: Using robotics to foster social interaction in kindergarten. Computers in the Schools, 30(3), 271 - 281.

Lerner, R. M. (2007). The Good Teen: Rescuing adolescence from the myths of the storm and stress years. New York, NY: Three Rivers Press.

Lerner, R. M., Almerigi, J., Theokas, C., & Lerner, J. (2005). Positive youth development: A view of the issues. Journal of Early Adolescence, 25(1), 10 - 16.

Monroy-Hernández, A., & Resnick, M. (2008). Empowering kids to create and share programmable media. Interactions, 15, 50 - 53. ACM ID, 1340974.

Muller, A. A., & Perlmutter, M. (1985). Preschool children's problem-solving interactions at computers and jigsaw puzzles. Journal of Applied Developmental Psychology, 6, 173 - 186.

New, R., & Cochran, M. (2007). Early childhood education: An international encyclopedia (Vols. 1 - 4). Westport, CT: Praeger.

Oppenheimer, T. (2003). The flickering mind: Saving education from the false promise of technology. New York: Random House.

Piaget, J. (1965). The child's conception of number. New York: W. W. Norton & Co.

Piaget, J. (1977). Les operations logiques et la vie sociale. In Etude sociologique. Geneva: Libraire Droz.

Portelance, D. J., & Bers, M. U. (2015). Code and tell: Assessing young children's learning of computational thinking using peer video interviews with ScratchJr. In Proceedings of the 14th International Conference on Interaction Design and Children (IDC '15). ACM, Boston, MA, USA.

Resnick, M. (2006). Computer as paintbrush: Technology, play, and the creative society. In Play = Learning: How Play Motivates and Enhances Children's Cognitive and Social-Emotional Growth (192 - 208).

Resnick, M. (2008). Sowing the seeds for a more creative society. Learning & Leading with Technology, 35(4), 18 - 22.

Resnick, M., & Siegel, D (2015 Nov 10). A different approach to coding: How kids are making and remaking themselves from Scratch [Web blog post]. Bright: What's new in education. Retrieved June 29, 2017 from https://brightreads.com/a-different-approach-to-coding-d679b06d83a

Rimm-Kaufman, S. E., & Pianta, R. C. (2000). An ecological perspective on the transition to kindergarten: A theoretical framework to guide empirical research. Journal of Applied Developmental Psychology, 21(5), 491 - 511.

Rinaldi, C. (1998). Projected curriculum constructed through documentation—Progettazione: An interview with Lella Gandini. In C. Edwards, L. Gandini, & G. Forman (Eds.), The hundred languages of children: The Reggio Emilia approach—Advanced reflections (2nd ed., pp. 113 - 126). Greenwich, CT: Ablex.

Rogoff, B. (1990). Apprentices in thinking: Cognitive development in a social context. New York: Oxford.

Roque, R., Kafai, Y., & Fields, D. (2012). From tools to communities: Designs to support online creative collaboration in Scratch. In Proceedings of the 11th International Conference on Interaction Design and Children (pp. 220 - 223). ACM.

Subrahmanyam, K., & Greenfield, P. (2008). Online communication and adolescent relationships. The Future of Children, 18(1), 119 - 146.

Sullivan, A. (2016). Breaking the STEM stereotype: Investigating the use of robotics to change young children's gender stereotypes about technology & engineering (Unpublished doctoral dissertation). Tufts University, Medford, MA.

Suzuki, H., & Hiroshi, K. (1997). Identity formati

아이들을 위한 새로운 언어

9장 디지털 놀이터, 스크래치 주니어

Bers, M. U. (2010). The tangible K robotics program: Applied computational thinking for young children. Early Childhood Research and Practice, 12(2), 1 - 20.

Bers, M. U. (2012). Designing digital experiences for positive youth development: From playpen to playground. Cary, NC: Oxford.

Bers, M. U., & Resnick, M. (2015). The official ScratchJr book. San Francisco, CA: No Starch Press.

Flannery, L. P., Kazakoff, E. R., Bont□, P., Silverman, B., Bers, M. U., & Resnick, M. (2013). Designing ScratchJr: Support for early childhood learning through computer programming. In Proceedings of the 12th International Conference on Interaction Design and Children (IDC '13). ACM, New York, NY, USA (1 - 10). doi: 10.1145/2485760.2485785

Lakoff, G., & Johnson, M. (1980). The metaphorical structure of the human conceptual system. Cognitive science, 4(2), 195 - 208.

Lee, M.S.C. (2014). Teaching tools, teacher's rules: ScratchJr in the classroom (Master's Thesis). Retrieved from http://ase.tufts.edu/devtech/ Theses/Melissa%20SC%20Lee%20Thesis.pdf

Papert, S. (1980). Mindstorms: Children, computers, and powerful ideas. New York: Basic Books.

Portelance, D. J. (2015). Code and tell: An exploration of peer interviews and computational thinking with ScratchJr in the early childhood classroom (Master's Thesis). Retrieved from http://ase.tufts.edu/devtech/ Theses/DPortelance_2015.pdf

Portelance, D. J., & Bers, M. U. (2015). Code and tell: Assessing young children's learning of computational thinking using peer

10장 아이들의 친구, 키보 로봇

Notes

1. Steve Leonard was the executive deputy chairman of IDA Singapore from June 2013 to June 2016.

2. IMDA

American Academy of Pediatrics Council on Communications and Media. (2016). Media and young minds. Pediatrics, 138(5).

Bers, M. (2008). Blocks to robots: Learning with technology in the early childhood classroom. New York, NY: Teachers College Press.

Bers, M. U. (2010). The tangible K robotics program: Applied computational thinking for young children. Early Childhood Research and Practice, 12(2).

Bers, M. U. (2012). Designing digital experiences for positive youth development: From playpen to playground. Cary, NC: Oxford.

Bers, M. U., Seddighin, S., & Sullivan, A. (2013). Ready for robotics: Bringing together the T and E of STEM in early childhood teacher education. Journal of Technology and Teacher Education, 21(3), 355 - 377.

Bredekamp, S. (1987). Developmentally appropriate practice in early childhood programs serving children from birth through age 8. National Association for the Education of Young Children.

Chambers, J. (2015). Inside Singapore's plans for robots in pre-schools. GovInsider.

Copple, C., & Bredekamp, S. (2009). Developmentally appropriate practice in early childhood programs serving children from birth through age 8. 1313 L Street NW Suite 500, Washington, DC 22205 - 4101: National Association for the Education of Young Children.

DevTech Research Group. (2015). Dances from around the world robotics curriculum. Retrieved from http://tkroboticsnetwork.ning.com/page/ robotics-curriculum

Digital News Asia. (2015). IDA launches $1.5m pilot to roll out tech toys for preschoolers. Retrieved from: https://www.digitalnewsasia.com/ digital-economy/ida-launches-pilot-to-roll-out-tech-toys-for-preschoolers Froebel, F. (1826). On the education of man (Die Menschenerziehung). Keilhau/Leipzig: Wienbrach.

Google, Research. (2016, June). Project Bloks: Designing a development platform for tangible programming for children [Position paper]. Retrieved from https://projectbloks.withgoogle.com/static/Project_ Bloks_position_paper_June_2016.pdf

Horn, M. S., Crouser, R. J., & Bers, M. U. (2012). Tangible interaction and learning: The case for a hybrid approach. Personal and Ubiquitous Computing, 16(4), 379 - 389.

Horn, M. S., & Jacob, R. J. (2007). Tangible programming in the classroom with tern. In CHI'07 extended abstracts on human factors in computing systems (pp. 1965 - 1970). ACM.

IDA Singapore. (2015). IDA supports preschool centres with technology enabled toys to build creativity and confidence in learning. Retrieved from www.ida.gov.sg/About-Us/Newsroom/Media-Releases/2015/IDA- supports-preschool-centres-with-technology-enabled-toys-to-build- creativity-and-confidence-in-learning

Manches, A., & Price, S. (2011). Designing learning representations around physical manipulation: Hands and objects. In Proceedings of the 10th International Conference on Interaction Design and Children (pp. 81 - 89). ACM.

McNerney, T. S. (2004). From turtles to tangible programming bricks: Explorations in physical language design. Personal and Ubiquitous Computing, 8(5), 326 - 337.

Montessori, M., & Gutek, G. L. (2004). The Montessori method: The origins of an educational innovation: Including an abridged and annotated edition of Maria Montessori's the Montessori method. Lanham, MD: Row-man & Littlefield Publishers.

Perlman, R. (1976). Using Computer Technology to Provide a Creative Learning Environment for Preschool Children. MIT Logo Memo #24, Cambridge, MA.

Shonkoff, J. P., Duncan, G. J., Fisher, P. A., Magnuson, K., & Raver, C. (2011). Building the brain's "air traffic control" system: How early experiences shape the development of executive function. Working Paper No. 11.

Smith, A. C. (2007). Using magnets in physical blocks that behave as programming objects. In Proceedings of the 1st International Conference on Tangible and Embedded Interaction (pp. 147 - 150). ACM.

Sullivan, A., & Bers, M. U. (2015). Robotics in the early childhood classroom: Learning outcomes from an 8-week robotics curriculum in prekindergarten through second grade. International Journal of Technology and Design Education. Online First.

Sullivan, A., & Bers, M. U. (2017). Dancing robots: Integrating art, music, and robotics in Singapore's early childhood centers. International Journal of Technology and Design Education. Online First. doi:10.1007/ s10798-017-9397-0

Sullivan, A., Elkin, M., & Bers, M. U. (2015). KIBO robot demo: Engaging young children in programming and engineering. In Proceedings of the 14th International Conference on Interaction Design and Children (IDC '15). ACM, Boston, MA, USA.

Suzuki, H., & Kato, H. (1995). I

11장 프로그래밍 언어 개발을 위한 원칙

Bers, M. U. (2012). Designing digital experiences for positive youth development: From playpen to playground. Cary, NC: Oxford.

Bers, M.U. & Resnick, M. (2015). The Official ScratchJr Book. San Francisco, CA: No Starch Press.

Brown, T. (2009). Change by design: How design thinking transforms organizations and inspires innovation. New York: Harper Collins.

Case, R. (1984). The process of stage transition: A neo-Piagetian view. In R. Sternberg (Ed.), Mechanisms of cognitive development (pp. 19 - 44). San Francisco, CA: Freeman.

Erikson, E. H. (1950). Childhood and society. New York: Norton.

Feldman, D. H. (2004). Piaget's stages: The unfinished symphony of cognitive development. New Ideas in Psychology, 22, 175 - 231. doi: 10.1016/ j.newideapsych.2004.11.005

Fischer, K. W. (1980). A theory of cognitive development: The control and construction of hierarchies of skills. Psychological review, 87(6), 477 - 531.

Gmitrova, V., & Gmitrova, J. (2004). The primacy of child-directed pretend play on cognitive competence in a mixed-age environment: Possible interpretations. Early Child Development and Care, 174(3), 267 - 279.

Leseman, P. P., Rollenberg, L., & Rispens, J. (2001). Playing and working in kindergarten: Cognitive co-construction in two educational situations. Early Childhood Research Quarterly, 16(3), 363 - 384.

Piaget, J. (1951). Egocentric thought and sociocentric thought. J. Piaget, Sociological Studies, 270 - 286.

Piaget, J. (1952). The origins of intelligence in children (Vol. 8, No. 5, pp. 18 - 1952). New York: International Universities Press.

Scarlett, W. G., Naudeau, S., Ponte, I., & Salonius-Pasternak, D. (2005)

12장 아이들에게 코딩을 재미있게 가르치는 법

Bers, M. (2008). Blocks to robots: Learning with technology in the early childhood classroom. New York, NY: Teachers College Press.

Bers, M. U. (2012). Designing digital experiences for positive youth development: From playpen to playground. Cary, NC: Oxford.

Bredekamp, S., & Rosegrant, T., eds. (1995). Reaching potentials: Transforming early childhood curriculum and assessment (Vol. 2). Washington, DC: NAEYC.

Code.org, Computing Leaders ACM, and CSTA. (2016). Announcing a new framework to define K-12 computer science education [Press release]. Code.org. Retrieved from https://code.org/framework-announcement

Darragh, J. C. (2006). The environment as the third teacher. Retrieved from www.eric.ed.gov/PDFS/ED493517.pdf

DevTech Research Group. (2015). Sample engineer's license. Retrieved from http://api.ning.com/files/HFuYSlzj6Lmy18EzB9-sGv4ftGAZpfkGS fCe6lHFFQmv8PaeIQB-4PB8kS6BunpzNhb tYhqnlmEWpFBwQJdfH7y FrJrgUUrl/BlankEngineerLicense.jpg

Hutchins, E. (1995). Cognition in the Wild. Cambridge, MA: MIT Press.

Kiefer, M., & Trumpp, N. M. (2012). Embodiment theory and education: The foundations of cognition in perception and action. Trends in Neuroscience and Education, 1(1), 15 - 20.

Papert, S. (1980). Mindstorms: Children, computers, and powerful ideas. New York: Basic Books, Inc.

Papert, S. (2000). What's the big idea? Toward a pedagogy of idea power. IBM Systems Journal, 39(3 - 4), 720 - 729.

Papert, S., & Resnick, M. (1996). Paper presented at Rescuing the Powerful Ideas, an NSF-sponsored symposium at MIT, Cambridge, MA.

Rinaldi, C. (1998). Projected curriculum constructed through documentation Progettazione: An interview with Lella Gandini. In C. Edwards, L. Gandini, & G. Forman (Eds.), The hundred languages of children: The Reggio Emilia approach Advanced reflections (2nd ed., pp. 113 - 125). Greenwich, CT: Ablex.

Strawhacker, A. L., & Bers, M. U. (2015). "I want my robot to look for food": Comparing children's programming comprehension using tangible, graphical, and hybrid user interfaces. International Journal of Technology and Design Education, 25(3), 293 - 319.

U.S. Department of Education, & Office

어린 시절부터 프로그래밍을 하면,
성인이 되어도 프로그래밍 언어를 읽을 수 있습니다.

앨런 펄리스